中国学术期刊（光盘版）全文收录期刊

中国—东盟研究

CHINA—ASEAN STUDIES

2017年第四辑（总第四辑）

中国—东盟区域发展协同创新中心◎编

中国社会科学出版社

图书在版编目(CIP)数据

中国—东盟研究. 2017 年. 第四辑：总第四辑 / 中国—东盟区域发展协同创新中心编. —北京：中国社会科学出版社，2017. 12

ISBN 978 - 7 - 5203 - 3134 - 0

Ⅰ. ①中…　Ⅱ. ①中…　Ⅲ. ①自由贸易区—区域经济发展—研究—中国、东南亚国家联盟　Ⅳ. ①F752. 733

中国版本图书馆 CIP 数据核字（2018）第 209611 号

出 版 人　赵剑英
责任编辑　陈雅慧
责任校对　王　斐
责任印制　戴　宽

出　　版　中国社会科学出版社
社　　址　北京鼓楼西大街甲 158 号
邮　　编　100720
网　　址　http://www.csspw.cn
发 行 部　010 - 84083685
门 市 部　010 - 84029450
经　　销　新华书店及其他书店

印　　刷　北京明恒达印务有限公司
装　　订　廊坊市广阳区广增装订厂
版　　次　2017 年 12 月第 1 版
印　　次　2017 年 12 月第 1 次印刷

开　　本　710 × 1000　1/16
印　　张　13. 75
插　　页　2
字　　数　226 千字
定　　价　58. 00 元

《中国—东盟研究》编辑部

魏　玲：外交学院中国外交理论研究中心主任

李晨阳：云南大学社会科学处处长、缅甸研究院院长

张振江：暨南大学国际关系学院院长、华人华侨研究院院长

李建军：中央财经大学金融学院院长

范宏伟：厦门大学南洋研究院副院长、《南洋问题研究》主编、编辑部主任

范祚军：广西大学中国—东盟研究院常务副院长

李明江：新加坡南洋理工大学副教授

胡逸山：马来西亚战略与国际问题研究所研究员

程　成：广西大学中国—东盟研究院研究员

特约编审：

谭秀英：原任中国社科院《世界经济与政治》副主编，现任国际关系学院《国际安全研究》主编。

马燕冰：清华大学国际关系学院《国际政治科学》杂志主编。

主编兼编辑部主任：范祚军

执行主编兼编辑部副主任：程成

副主编：王海峰、盛玉雪

责任编辑：赵乐子、甘若谷、刘静、杨卓娟

英文总审校：蓝襄云

目录

CONTENTS

特　稿

区域发展

国别研究

人文交流

会议综述

附　　录

Contents

Feature Article

Regional Development

Country Studies

People and Culture

Conference Review

Appendix

特　稿

Feature Article

新时代的中国—东盟关系：新成就、新动力、新趋向

江瑞平　王海峰

【摘要】2018 年是中国—东盟建立战略伙伴关系 15 周年，双方关系正处于提质升级的关键阶段。近年来，中国—东盟关系全面发展，双方经济互利显著增强、政治互信显著改善、人文互动显著扩大、机制互补显著优化。源自中国、东盟、全球、区域四个方面的新动力，进一步支撑中国—东盟关系步入新时代。展望新时代，发展中国—东盟关系的目标更加明确，路径更为清晰，框架更趋完善，机制更加健全。中国—东盟关系将开展更高层级的合作、实现更为全面的发展、取得更大幅度的进步。

【关键词】中国—东盟关系　新时代　新成就　新动力　新趋向

【作者简介】江瑞平，外交学院，副院长，教授；王海峰，广西大学中国—东盟研究院，讲师

当前中国—东盟关系正由“成长期”迈入“成熟期”，处于提质升级的关键阶段。2018 年是中国—东盟建立战略伙伴关系 15 周年，为了加强对双方关系发展进行中长期规划，打造更高水平的中国—东盟战略伙伴关系，构建更为紧密的中国—东盟命运共同体，中方提出推进制定“中国—东盟战略伙伴关系 2030 年愿景”的倡议并得到东盟方面的积极回应和广

泛赞同。[①] 随着新时代双边关系的全面提升，中国—东盟关系将开展更高层级的合作、实现更为全面的发展、取得更大幅度的进步。

一 新成就促成中国—东盟关系新时代

近年来，中国—东盟关系取得全面发展，突出表现在经济互利显著增强、政治互信显著改善、人文互动显著扩大、机制互补显著优化等多个层面，可谓新成果丰硕，新成就显著。正是这些新成就，共同促成中国—东盟关系在建立战略伙伴关系 15 周年的重要历史节点，步入了一个新时代。

（一）经济互利显著增强

经济互利是中国—东盟关系发展的重要基础和强劲动力。双边贸易是双方经济合作与互补互利的主要支柱。中国—东盟双边贸易在 1991 年建立对话关系之初只有 79.6 亿美元，而到 2017 年已快速增长至 5148 亿美元，26 年间增长了 63.7 倍。2017 年，双边贸易较上年增长了 13.8%，超过中国外贸平均增速，且中国对东盟进口的增速远高于出口增速。其中，中国向东盟出口达 2791 亿美元，增长 9%；中国从东盟进口达 2357 亿美元，增长 20%。[②] 双向投资是双方经济合作与互补互利的另一主要支柱。从 2007 年至 2016 年，中国对东盟直接投资（FDI）流量总体呈现逐年增长的态势，分别为 9.7 亿美元、24.8 亿美元、27 亿美元、44 亿美元、59.1 亿美元、61 亿美元、72.7 亿美元、78.1 亿美元、146 亿美元、102.8 亿美元。其中增长最快的 2015 年比上年增长达 86.9%。[③] 截至 2016 年，双向

---

① 《王毅：打造更高水平的中国—东盟战略伙伴关系》，中国外交部网站，2017 年 8 月 6 日，http://www.fmprc.gov.cn/web/gjhdq_676201/gjhdqzz_681964/dmldrhy_683911/xgxw_683917/t1482789.shtml，登录时间：2017 年 12 月 10 日。

② 东盟十国中，与中国的贸易额排前三位的是：越南、马来西亚、泰国；中国向东盟出口排前三位的是：越南、新加坡、马来西亚；中国从东盟进口排前三位的是：马来西亚、越南、泰国。中国商务部网站，2018 年 1 月 26 日，http://images.mofcom.gov.cn/yzs/201801/20180126092557402.docx，登录时间：2018 年 1 月 27 日。

③ 中国商务部，《2015 年中国对外投资报告》，第 42 页，http://img.project.fdi.gov.cn//21/1800000121/File/201703/201703030924502483589.pdf，登录时间 2017 年 12 月 12 日；《2016 年中国对外投资报告》，第 32 页，http://img.project.fdi.gov.cn//21/1800000121/File/201710/201710091003427086429.pdf，登录时间：2017 年 12 月 12 日。

直接投资累计近2000亿美元。

经贸往来快速增长的结果是，双方相互依存关系不断强化。东盟方面的贸易数据表明，2008年全球金融危机爆发以来，东盟对欧盟、美国等发达经济体出口波动较大，或者出现下滑，或者增速放缓；与此同时，东盟与中国的贸易额总体增长较快。2009年，中国正式超越欧盟、美国、日本成为东盟第一大贸易伙伴，且在此之后连续8年成为东盟最大贸易伙伴，东盟对中国的贸易依存度2007—2016年也逐年上升，分别为10.6%、10.4%、11.6%、11.8%、12.3%、12.9%、13.9%、14.5%、15.7%、16.5%（具体贸易数据详见表1）。[①] 东盟对欧盟、美国、日本的贸易依存度总体较为稳定，但有所下降。按中方统计数据，东盟连续6年成为中国第三大贸易伙伴，2012—2017年中国对东盟的贸易依存度分别为10.3%、10.7%、11.2%、12%、12.3%、12.5%，呈现出逐步上升态势。[②]

相互依存关系的强化推动双方经济互利性显著增强。2012—2017年，中国自东盟进口累计超过1万亿美元，对东盟累计直接投资达360亿美元，是东盟国家重要的出口目的地和投资来源地[③]，对于东盟经济贸易稳定增长发挥着极为重要的作用。同样，东盟与中国经贸关系日趋密切，有助于推动中国经济转型升级，保持稳定增长。

表1　**东盟对外货物贸易总额（2007—2016年）**　单位：亿美元

年份	2007	2008	2009	2010	2011	2012	2013	2014	2015	2016
东盟	4032.2	4718.3	3769.8	5028.6	5829.4	6054.8	6177.5	6081.1	5266.7	5160.1
中国	1711.0	1967.1	1780.5	2355.1	2949.9	3193.9	3515.8	3667.1	3576.4	3680.3
欧盟	1755.9	1706.3	1713.2	2038.8	2401.2	2426.8	2465.3	2481.8	2278.4	2335.6
美国	1781.8	1852.0	1486.7	1812.4	1981.1	1998.0	2053.1	2115.1	2090.0	2118.0
日本	1732.7	2147.3	1609.6	2189.3	2564.1	2644.6	2404.3	2290.9	2270.5	2018.9

① 根据《东盟统计年鉴2016—2017年》（第64页）数据计算得出，http://www.aseanstats.org/wp-content/uploads/2018/01/ASYB_ 2017 - rev.pdf，登录时间：2017年12月10日。

② 根据中国商务部亚洲司综合数据计算得出，http://yzs.mofcom.gov.cn/article/g/date/?，登录时间：2017年12月10日。

③《李克强在第20次中国—东盟领导人会议上的讲话（全文）》，中国外交部网站，2017年11月14日，http://www.fmprc.gov.cn/web/gjhdq_ 676201/gjhdqzz_ 681964/dmldrhy_ 683911/zyjhywj_ 683921/t1510228.shtml，登录时间：2017年12月10日。

续表

年份	2007	2008	2009	2010	2011	2012	2013	2014	2015	2016
全部	16139.9	19009.7	15378.0	20014.4	23983.3	24804.2	25330.7	25352.1	22730.3	22363.4

数据来源：《东盟统计年鉴 2016—2017 年》，第 64 页。

（二）政治互信显著改善

推进合作的根本在于拓展睦邻友好关系，深化战略互信。从双边来看，近年来中国与东盟国家关系总体保持稳定，双边合作取得实质性进展。2008—2015 年，中国先后与越南（2008）、老挝（2009）、柬埔寨（2010）、缅甸（2011）、泰国（2012）、印度尼西亚（2015）建立了全面战略合作伙伴关系；2013 年 10 月中国与马来西亚建立了全面战略伙伴关系。2016 年 7 月，菲律宾总统杜特尔特上台旋即访华，中菲双边关系迎来转圜，随后得到迅速恢复和提升。此外，中国与新加坡、文莱的双边关系总体保持稳定向好发展的态势。多边方面，以东盟作为整体来看，2016 年 3 月，中国与东盟达成《落实中国—东盟面向和平与繁荣的战略伙伴关系联合宣言的行动计划（2016—2020）》，进一步加强和提升 2016—2020 年双边战略伙伴关系、睦邻友好和互利合作。①

敏感问题方面，南海问题由争端走向合作。尽管与海上东盟国家的关系受到南海争端的影响，但是 2016 年 7 月 12 日“南海仲裁案”裁决之后，随着中菲关系的华丽转身，在中国提出的“双轨思路”的指引下，南海问题迅速降温。7 月 25 日，中国—东盟外长会通过了《关于全面有效落实〈南海各方行为宣言〉的联合声明》，还通过了《应对海上紧急事态外交高官热线平台指导方针》和《关于在南海适用〈海上意外相遇规则〉的联合声明》两份文件。② 尤其重要的是，经双方共同努力，达成“南海行为准则”框架，再次表明了双方重回通过双边谈判协商解决南海争端的意愿和

① 《落实中国—东盟面向和平与繁荣的战略伙伴关系联合宣言的行动计划（2016—2020）》，中国外交部网站，2016 年 3 月 3 日，http://www.fmprc.gov.cn/web/ziliao_674904/tytj_674911/zcwj_674915/t1344899.shtml，登录时间：2017 年 12 月 12 日。

② 《中国与东盟发表双方建立对话关系 25 周年纪念峰会联合声明》，中国外交部网站，2016 年 9 月 8 日，http://www.fmprc.gov.cn/web/gjhdq_676201/gjhdqzz_681964/dmldrhy_683911/xgxw_683917/t1395803.shtml，登录时间：2017 年 12 月 11 日。

共识，并进一步明确了谈判协商的总体方向。目前，中国与东盟国家继续推进“南海行为准则”磋商，坚持落实《南海各方行为宣言》和“准则磋商”的“双轮驱动”，[①] 共同维护南海地区的和平稳定。

（三）人文互动显著扩大

随着中国—东盟人文交流与合作日益深化，双方人文互动显著扩大，人文交流已经成为中国—东盟合作的新支柱。2005 年是中国—东盟文化合作的开局之年，双方签署《文化合作谅解备忘录》。在该文件的指引下，中国—东盟文化合作陆续开展。2006 年首届中国—东盟文化产业论坛在南宁召开，至今已成功举办 12 届。2012 年第一届中国—东盟文化部长会议在新加坡举行，文化合作方向更为清晰。自此中国—东盟文化合作实现机制化，层次更高，领域更为广泛。2014 年是中国—东盟建立战略伙伴关系 10 周年，为营造良好的文化氛围和民心基础，中国—东盟将 2014 年定为“中国—东盟文化交流年”。当年 4 月，第二届中国—东盟文化部长会议签署《中国—东盟文化合作行动计划（2014—2018）》，标志着双方文化交流合作进入全方位发展阶段。[②]

教育是中国—东盟人文交流的重要领域之一。2008 年 7 月首届“中国—东盟教育交流周”在贵阳召开，至今已经成功举办 10 届，成为中国—东盟教育交流合作的重要平台。2010 年 8 月，在中国—东盟教育交流周期间，召开了首届中国—东盟教育部长圆桌会议。2016 年是中国—东盟教育交流年，当年 8 月，第二届中国—东盟教育部长圆桌会议在贵阳召开，会议通过了《关于中国—东盟教育合作行动计划支持东盟教育工作计划（2016—2020）开展的联合公报》。[③] 2017 年又通过了《中国—东盟教育合

① 王毅：《在 2017 年国际形势与中国外交研讨会开幕式上的演讲》，中国外交部网站，2017 年 12 月 9 日，http://www.fmprc.gov.cn/web/wjbz_673089/zyjh_673099/t1518042.shtml，登录时间：2017 年 12 月 15 日。

② 杨秀萍：《中国与东盟在社会人文领域开展合作成效显著》，中国新闻网，2014 年 8 月 15 日，http://www.chinanews.com/gn/2014/08-15/6498495.shtml，登录时间：2017 年 12 月 20 日。

③ 《第二届中国—东盟教育部长圆桌会议在贵阳召开》，中国新闻网，2016 年 8 月 2 日，http://www.chinanews.com/cul/2016/08-02/7959708.shtml，登录时间：2017 年 12 月 16 日。

作行动计划（2017—2020）》。2016年，中国在东盟国家的留学生超过12万人，东盟在中国的留学生超过8万人，合计高达20万人。[①] 旅游是中国—东盟人文交流的又一重要领域。2017年是中国—东盟旅游合作年，中国已经成为东盟及其多数成员国的第一大客源国。2016年中国与东盟之间的人员往来达到3800万人次。2018年是中国—东盟创新合作年，双方将围绕创新创业等领域，开展一系列实质性合作。

（四）机制互补显著优化

中国与东盟已经形成全方位、多层次、宽领域的合作格局，尤其是经贸领域，合作机制互补显著优化。贸易机制方面，2014年8月，双方宣布启动中国—东盟自贸区升级谈判。2015年11月，双方签署《中国与东盟关于修订〈中国—东盟全面经济合作框架协议〉及项下部分协议的议定书》，升级版谈判正式结束。[②] 与此同时，中国与东盟国家共同积极推动区域全面经济伙伴关系（RCEP）谈判，促进区域贸易和投资自由化便利化，为推动建成东亚经济共同体奠定制度基础。金融机制领域，中国与东盟国家开展更为密切的金融合作，积极落实清迈倡议多边化，促进本币在区域投资和贸易中的使用，推动亚洲债券市场发展。此外，中国还准备设立100亿元等值人民币的中国—东盟银联体专项贷款，重点用于支持双方的合作项目。产能合作机制方面，2016年9月，双方发表《中国—东盟产能合作联合声明》，共建经贸、产业合作园区，推动一批国际产能合作重大项目落地，打造融合度更深、带动力更强、受益面更广的产业链、价值链、物流链。[③] 基础设施领域，2016年11月，双方修订了《中国—东盟交通合作战略规划》。2017年11月，中国—东盟领导人会议共同发表了《中国—东盟关于进一步深化基础设施互联互通合作的联合声明》，确立了陆

① 《中国—东盟教育交流周10年成长 枝繁叶茂》，新华网，2017年7月27日，http://www.gz.xinhuanet.com/2017-07/27/c_1121387201.htm，登录时间：2017年12月16日。

② 《中国与东盟签署自贸区升级协议〈议定书〉》，新华网，2015年11月22日，http://news.xinhuanet.com/world/2015-11/22/c_1117221943.htm，登录时间：2017年12月16日。

③ 《中国—东盟产能合作联合声明（全文）》，新华网，2016年9月8日，http://www.xinhuanet.com/world/2016-09/08/c_1119528481.htm，登录时间：2017年12月12日。

上、海上、天上、网上互联互通重点项目。[①]

二　新动力支撑中国—东盟关系新时代

2017年是中共“十九大”召开之年，中国特色社会主义进入新时代，迎来了从“富起来”到“强起来”的伟大飞跃；亦是东盟成立50周年，东盟共同体建设步入更高级阶段；在这一年，全球与地区格局也发生了深刻变化。中国、东盟、全球以及区域格局等四个层面的新变化，为新时代中国—东盟关系的进一步发展，提供了多元支撑和更加强劲的新动力。

（一）源自中国方面的新动力

国内经济发展产生的新需求，进一步推动中国与东盟强化经贸合作。中国经济处于新常态阶段，中国政府对内深化实施供给侧改革，推进“三去一降一补”[②]，加快经济转型升级实现高质量的增长；对外构建开放型经济体，实施“一带一路”倡议，扩大对外开放，加强国际产能合作。“十九大”进一步提出，“推动形成全面开放新格局，优化区域开放布局，加大西部开放力度”。[③] 东盟10国多为出口导向型经济体，对外依存度明显偏高；基础设施较为落后，长期制约着国内经济发展；国内资本相对不足，难以为大型项目建设融资。作为“一带一路”的优先和重点地区，中国对内、对外经济调整，对于促进东盟的经济增长发挥着重要作用。

外交是内政的延伸，服从和服务于国内政治、经济大局。中共“十九大”提出“建设新型国际关系和构建人类命运共同体”。周边地区在中国整体外交布局中居于首要地位，东盟又是中国周边外交优先方向。中国强调“与邻为善、以邻为伴”，坚持“睦邻、安邻、富邻”的周边外交政策，

---

① 《李克强在第20次中国—东盟领导人会议上的讲话（全文）》，中国外交部网站，2017年11月14日，http://www.fmprc.gov.cn/web/gjhdq_676201/gjhdqzz_681964/dmldrhy_683911/zyjhywj_683921/t1510228.shtml，登录时间：2017年12月10日。

② 即“去杠杆、去产能、去库存、调结构、补短板”。

③ 《习近平：决胜全面建成小康社会 夺取新时代中国特色社会主义伟大胜利——在中国共产党第十九次全国代表大会上的报告》，新华网，2017年10月27日，http://www.xinhuanet.com/politics/19cpcnc/2017-10/27/c_1121867529.htm，登录时间：2017年12月10日。

突出体现“亲、诚、惠、容”的周边外交理念①，全面深化发展同东盟国家睦邻友好关系。中国坚定支持东盟共同体建设，支持东盟在区域合作中的中心地位，支持东盟在国际地区事务中发挥更大作用。中国高度重视与东盟的外交，有助于维护和平稳定的良好周边环境，保障“两个100年”奋斗目标的实现，推动构建人类命运共同体。

（二）源自东盟方面的新动力

2015年11月，第27届东盟峰会宣布提前建成以政治安全共同体、经济共同体和社会文化共同体为基础的东盟共同体，并发布愿景文件《东盟2025：携手前行》。2017年是东盟建立50周年，东盟共同体建设步入更高阶段。这两大极其重要、影响深广的历史事件，意味着东盟合作与一体化进程进入了一个新时代。东盟共同体建设推进，对于巩固和发展中国—东盟关系具有重要的推动作用，构成新时代中国—东盟全面发展的重要动力。迈入新时代，中国—东盟关系已成为东盟同对话伙伴关系中最具活力、最富内涵的一组关系。②

东盟作为协商一致、有凝聚力的整体，对于保障与中国开展合作，达成共识以及执行政策，发挥着极为重要的作用。可以说，正是东盟共同体建设不断向前迈进，成为构建中国—东盟合作持续深化的重要基石。例如，政治安全方面，2002年《南海各方行为宣言》的通过，是以东盟内部达成共识为前提；2003年中国与东盟开展自贸区协定谈判，则以东盟自由贸易区建设为基础。但是东盟一体化程度还比较低，更不能与欧盟相提并论。东盟未来发展面临保持凝聚力、维持在区域合作中的中心地位和加强互联互通等三大挑战。③ 应对这些挑战离不开中国的支持与帮助，因此东盟方面

① 《习近平在周边外交工作座谈会上发表重要讲话》，人民网，2013年10月25日，http：//politics. people. com. cn/n/2013/1025/c1024 – 23332318. html，登录时间：2017年12月11日。

② 《习近平就东盟成立50周年向东盟轮值主席国菲律宾总统杜特尔特致贺电》，央视网，2017年8月8日，http：//news. cctv. com/2017/08/08/ARTIDQq3IuyQJ7MNi1wkiD4N170808. shtml，登录时间：2017年12月11日。

③ 东盟副秘书长穆赫坦在“庆祝东盟成立50周年国际研讨会（北京）”的讲话中，提出东盟面临的三大挑战。参见《庆祝东盟成立50周年国际研讨会在京开幕》，中国—东盟中心网站，2017年3月30日，http：//www. asean-china-center. org/2017 – 03/30/c_129522211. htm，登录时间：2017年12月11日。

对与中国加强双边、地区乃至全球层面的合作有着强烈的意愿和动力。

（三）源自全球层面的新动力

世界经济陷入“新平庸”。长期以来，国际经济、金融风险是驱动中国—东盟经贸合作的主要外部压力。全球金融危机期间，中国与东盟携手加强区域合作成功抵御了外部危机的冲击，中国与多数东盟国家经济依然保持了强劲增长的态势（见表2）。尽管世界经济逐渐走出危机的阴霾，但是受发达经济体货币政策调整与分化、财政债务风险恶化、新兴市场经济体资本外流等多重因素的影响，世界经济复苏进程依然缓慢，动力明显不足，已陷入“新平庸”态势。[①] 2014 年、2015 年、2016 年世界经济增长率分别为3.6%、3.4%、3.2%，逐年下降。据国际货币基金组织（IMF）预测，2017 年、2018 年、2022 年世界经济增长率分别为 3.6%、3.7%、3.8%，低于危机之前的增长水平。[②] 世界经济的“新平庸”对中国与东盟经济增长构成外部挑战，也成为双方加强经济、金融合作的持续动力之一。例如，2016 年成立的东盟与中日韩宏观经济研究办公室（AMRO），促进了东亚地区金融合作的机制化。

逆全球化风险进一步加剧了“新平庸”，成为中国—东盟加强合作的又一新动力。2016 年“黑天鹅”事件频发，如英国脱欧、特朗普胜选等，经济全球化与区域经济一体化遭遇空前挑战。2017 年特朗普当选美国总统后，美国先后退出《巴黎协定》、跨太平洋伙伴关系协定（Trans-Pacific Partnership Agreement，TPP）等数个多边机制，持续多年的全球化与地区一体化出现逆行倒退的趋势，这种趋势成为中国与东盟经贸共同面临的新的外部压力。此轮发达国家所引发的逆全球化趋势，导致全球治理的国际公共产品更为缺失，中国与东盟作为新兴市场经济体的经济与安全利益受到严峻考验。因此，东亚必须承担起引领新全球化潮流的历史重任，中国

① 2014 年 10 月，国际货币基金组织总裁拉加德认为世界经济增长动力不足，复苏疲软，并将这种状态形容为“新平庸”。参见：Christine Lagarde Managing Director，International Monetary Fund，“The Challenge Facing the Global Economy：New Momentum to Overcome a New Mediocre”，October 2，2014，https：//www. imf. org/en/News/Articles/2015/09/28/04/53/sp100214，登录时间：2017 年 12 月 16 日。

② 国际货币基金组织，《世界经济展望》，2017 年 11 月。

与东盟义不容辞。中国与东盟首先应立足于本地区，加强经贸、安全、环境等议题的区域合作，以满足区域内公共产品的需求，进而通过扎实有效的区域合作成果推动全球治理向前发展。

表2 **中国与东盟10国经济增长（1999—2016年）** 单位：%

	1999—2008	2009	2010	2011	2012	2013	2014	2015	2016	2017	2018	2022
新加坡	5.9	-0.6	15.2	6.2	3.9	5	3.6	1.9	2	2.5	2.6	2.6
文 莱	1.9	-1.8	2.7	3.7	0.9	-2.1	-2.5	-0.4	-2.5	-1.3	0.6	5.3
柬埔寨	9.5	0.1	6	7.2	7.3	7.4	7.1	7.2	7	6.9	6.8	6
印 尼	4.9	4.7	6.4	6.2	6	5.6	5	4.9	5	5.2	5.3	5.5
老 挝	6.7	7.4	8	8	7.8	8	7.6	7.3	7	6.9	6.9	7
马 来	5.5	-1.5	7.5	5.3	5.5	4.7	6	5	4.2	5.4	4.8	4.9
缅 甸	11.7	5.1	5.3	5.6	7.3	8.4	8	7	6.1	7.2	7.6	7.5
泰 国	4.8	-0.7	7.5	0.8	7.2	2.7	0.9	2.9	3.2	3.7	3.5	3
越 南	6.8	5.4	6.4	6.2	5.2	5.4	6	6.7	6.2	6.3	6.3	6.2
菲律宾	4.6	1.1	7.6	3.7	6.7	7.1	6.1	6.1	6.9	6.6	6.7	6.8
中 国	10.1	9.2	10.6	9.5	7.9	7.8	7.3	6.9	6.7	6.8	6.5	5.8
世 界	4.2	-0.1	5.4	4.3	3.5	3.5	3.6	3.4	3.2	3.6	3.7	3.8

资料来源：国际货币基金组织，《世界经济展望》，2017年11月。

（四）源自地区层面的新动力

随着中国经济的崛起，美国奥巴马政府实施“亚太再平衡”战略，东亚地区形成了“经济依赖中国、安全依靠美国”的“二元悖论”或者困境。[①] 这种“二元悖论”给中国与东盟，乃至东亚地区合作造成空前的挑战。尤其是美国挑起南海争端，极大地影响了中国与东盟之间的政治互信。因此，大国权力博弈成为影响中国—东盟合作的重要因素，而且是重要的负面因素。特朗普上台之初，调整了奥巴马政府时期的亚太政策，美国亚太战略处于不确定性阶段。随着2017年末美国《国家安全战略》的出台和2018年初特朗普总统国情咨文的发表，特朗普将中国定位为“竞

① 相关内容参见：江瑞平：《东亚合作与中日关系的互动：困局与对策》，《外交评论》2014年第5期，第1—18页；江瑞平：《共建21世纪海上丝绸之路——走出东亚格局中的二元困境》，《东南亚纵横》2014年第10期，第11—15页。

争对手”，其“印太战略”也日益清晰，中美零和博弈态势可能更加明显。

中美大国权力博弈，可能导致未来双方在东南亚地区展开更为激烈的地缘竞争。与此同时，东盟在特朗普的战略定位中较奥巴马时期有所下降，特朗普最终缺席东盟主导的东亚峰会从侧面足以印证这一点。美国对于东南亚盟友和伙伴国家的安全承诺与保护意愿的降低，对东盟国家安全以及东盟维护在地区格局中的中心地位造成挑战。此外，特朗普上台以来实施具有浓厚民族主义、保护主义色彩的贸易政策，退出 TPP 谈判，单边挑起贸易摩擦，给中国与东盟经济稳定增长带来挑战。中国与东盟共同携手加快完成 RCEP，具有更为重大的现实意义。因此，在逆全球化与大国权力博弈凸显的新形势下，中国—东盟加强本区域政治安全与经贸合作成为地区稳定发展的基础。

三　新趋向引领中国—东盟关系新时代

展望新时代，发展中国—东盟关系的目标更加明确，路径更为清晰，框架更趋完善，机制更加健全。这些新的趋向引领中国—东盟关系开展更高层级的合作、更为全面的发展、取得更大幅度的进步。

（一）目标更加明确：加快构建中国—东盟命运共同体

新时代发展中国—东盟关系的目标，就是要加快构建中国—东盟命运共同体，构建人类命运共同体的示范区。早在 2013 年中国—东盟建立战略伙伴关系 10 周年之际，习近平主席出访印度尼西亚，就提出要建设更加紧密的中国—东盟命运共同体的目标。这是在中国外交各主要方向中，最早提出构建命运共同体的一组关系。中共“十九大”进一步明确，中国倡导的人类命运共同体，就是要“建设持久和平、普遍安全、共同繁荣、开放包容、清洁美丽的世界”。① 随着中国—东盟关系步入新时代，构建更加紧密的中国—东盟命运共同体这一目标更加明确。作为新时代中国外交的总

① 《习近平：决胜全面建成小康社会 夺取新时代中国特色社会主义伟大胜利——在中国共产党第十九次全国代表大会上的报告》，新华网，2017 年 10 月 27 日，http://www.xinhuanet.com/politics/19cpcnc/2017-10/27/c_1121867529.htm，登录时间：2017 年 12 月 10 日。

体目标，推进构建人类命运共同体进程中，东盟仍然是优先方向和重点地区，而且将发挥广泛、深远的示范效应。围绕这一总体目标，中国—东盟以对话解决南海争端，充分协商以妥善处理分歧，促进双边和地区贸易和投资便利化，加强人文交流以及非传统安全等领域合作。

（二）路径更加清晰："2030 愿景"引领发展方向

2018 年是中国—东盟建立战略伙伴关系 15 周年，为实现构建更为紧密的中国—东盟命运共同体，双方需要加强协商、合作，更需要为双方关系的发展进行中长期规划。为此，中国提出推进制订"中国—东盟战略伙伴关系 2030 年愿景"（以下简称"2030 愿景"）的倡议。① 在构建更为紧密的中国—东盟命运共同体的总目标指引之下，通过制订和落实"2030 愿景"规划，中国与东盟可以将双方的发展战略有效地进行沟通与衔接，进一步明确未来合作的方向与目标。例如，中国与东盟进一步将"一带一路"倡议与《东盟互联互通 2025 规划》对接，促进互联互通；加强在打击恐怖主义、海盗，应对全球气候变暖等方面的合作，共同推动"联合国 2030 年目标"的实现，打造出"南南合作"的典范。目前，中国官方和智库正在积极准备启动"2030 愿景"起草和磋商工作，并与东盟国家相关机构保持密切的交流沟通，以确保 2018 年中国—东盟领导人会议能够审议通过这一重要文件。②

（三）框架更加完善：从"2+7"到"3+X"

2013 年 9 月，李克强总理在中国—东盟领导人峰会上提出包括"两点政治共识"和 7 个合作领域的"2+7 合作框架"③，明确了中国对东盟合

① 《王毅：打造更高水平的中国—东盟战略伙伴关系》，中国外交部网站，2017 年 8 月 6 日，http://www.fmprc.gov.cn/web/gjhdq_676201/gjhdqzz_681964/dmldrhy_683911/xgxw_683917/t1482789.shtml，登录时间：2017 年 12 月 10 日。

② 《"推进制订中国—东盟战略伙伴关系 2030 年愿景"研讨会在我院举行》，外交学院官网，2017 年 11 月 30 日，http://www.cfau.edu.cn/art/2017/11/30/art_248_56959.html，登录时间：2017 年 12 月 15 日。

③ "2+7"合作框架，包括政治安全和经济发展的共识，以及政治、经贸、互联互通、金融、海上合作、安全和人文科技环保等七大领域合作。《李克强在第 16 次中国—东盟（10+1）领导人会议上的讲话（全文）》，中国外交部网站，2013 年 10 月 10 日，http://www.fmprc.gov.cn/web/gjhdq_676201/gjhdqzz_681964/dmldrhy_683911/zyjhywj_683921/t1086491.shtml，登录时间：2017 年 12 月 12 日。

作的主要框架。随着中国—东盟关系步入新时代，双边合作全面发展，中国提出进一步拓展与完善合作领域的新型合作框架。2017 年 11 月，第 20 次中国—东盟领导人会议上，李克强总理提出将“2 +7 合作框架”升级为“3 + X 合作框架”，构建以政治安全、经贸、人文交流三大支柱为主线、多领域合作为支撑的新框架。① 新的合作框架，不仅合作领域广泛，而且灵活性更强。中国与东盟及其成员国可以根据各自以及双边关系发展的需要，设置新的合作领域，开展更为深广的合作。合作框架的拓宽和完善，符合新时代中国—东盟关系全面、深入发展的需要，有助于推进更为紧密的中国—东盟命运共同体建设。

（四）机制更加健全：澜湄合作成就显著

步入新时代的中国—东盟关系合作机制，更加健全，更为互补。尤其值得注意的是，中国与陆上东盟国家开展的澜湄合作取得的突出成就与未来的发展潜力。2015 年 12 月，中国与陆上东盟国家共同发起澜湄合作机制，2016 年、2018 年先后两次召开领导人会议，达成《澜湄合作首次领导人会议三亚宣言》《澜沧江—湄公河国家产能合作联合声明》和《澜湄合作第二次领导人会议金边宣言》以及“澜湄合作五年行动计划”。澜湄合作机制以构建澜湄命运共同体为目标，建立了领导人会议、外长会、高官会、工作组会等完善的合作机制，确定了政治安全、经济和可持续发展、社会人文三大合作支柱，互联互通、产能合作、跨境经济合作、水资源合作、农业和减贫 5 个优先合作方向，以及资金、智力、监督 3 个支撑体系的“3 +5 +3”合作架构。② 在中国积极提供区域公共产品的努力推动下，澜湄合作机制取得重大成效，展现了澜湄速度与效率。澜湄合作机制与中国—东盟整体关系良性互动，为中国—东盟关系发展提供有效补充和强大助力。

---

① 《李克强在第 20 次中国—东盟领导人会议上的讲话（全文）》，中国外交部网站，2017 年 11 月 14 日，http：//www. fmprc. gov. cn/web/gjhdq_ 676201/gjhdqzz_ 681964/dmldrhy_ 683911/zyjhywj_ 683921/t1510228. shtml，登录时间：2017 年 12 月 15 日。

② 《澜沧江—湄公河合作五年行动计划（2018—2022）》，中国外交部网站，2018 年 1 月 11 日，http：//www. mfa. gov. cn/web/ziliao_ 674904/zt_ 674979/dnzt_ 674981/lzlzt/lkqzlcfjpz_ 691470/zxxx_ 691472/t1524881. shtml，登录时间：2018 年 1 月 16 日。

（五）重点更加突出："一带一路"发展战略对接

新时代发展中国—东盟关系的重点是"一带一路"。这不仅与新时代中国特色大国外交的顶层设计一脉相承，而且东盟还是中国携手共建"一带一路"的优先方向和重点地区。2013 年中国提出与东盟国家共建"一带一路"倡议，东盟国家纷纷响应，积极将本国发展战略与之对接。东盟层面，有《东盟互联互通 2025 规划》、"东盟经济共同体蓝图"等；国家层面，有越南的"两廊一圈"战略、柬埔寨的"四角战略"、泰国的"工业 4.0 战略"、印尼的"全球海上战略支点"战略、菲律宾的"2040 雄心战略"，等等。2016 年老挝、柬埔寨等国先后与中国签署政府间共建"一带一路"建设合作纲要谅解备忘录。"一带一路"倡议包括"政策沟通、设施联通、贸易畅通、资金融通、民心相通"5 个方面，合作领域广泛，且基础扎实、背景厚重、举措有力、开放度高、统领力强。① 中国与东盟及其成员国在该倡议的推动下开展广泛的合作，为双边关系全面发展提供了更为广阔的机遇。

The New Era China-ASEAN Relations: New Achievements, New Dynamics and New Trends

Jiang Ruiping　Wang Haifeng

Abstract　The year of 2018 marks the 15th anniversary of the China-ASEAN strategic partnership, and the bilateral relations between China and ASEAN are at a crucial upgrading stage. In recent years, China-ASEAN relationship has been comprehensively developing. The two sides have significantly enhanced their mutual economic benefits, improved the political mutual trust, expanded the cultural and people-to-people interactions, and optimized the complementary mechanisms. The new impetuses from China, ASEAN, the world and this

① 江瑞平：《共建 21 世纪海上丝绸之路——走出东亚格局中的二元困境》，《东南亚纵横》2014 年第 10 期，第 11—15 页。

region will further support China-ASEAN relations entering into a new era. In the new era, the development of China-ASEAN relations will be promoted with a more explicit goal, on a clearer path, under a more improved framework and by a sounder mechanism. China-ASEAN relations will carry out more advanced cooperation, bring about more comprehensive development and achieve greater progress.

Key Words China-ASEAN relations; New Era; new achievements; new dynamics; new trends

Author Jiang Ruiping, Vice-president and Professor of China Foreign Affairs University; Wang Haifeng, Lecturer at the China-ASEAN Research Institute, Guangxi University.

区域发展

Regional Development

泛北部湾次区域经济合作与跨政府网络治理

郑先武　沈　桐

【摘要】“一带一路”建设的深入推进对泛北部湾次区域经济合作治理创新产生了强烈需求。泛北部湾次区域是中国向南合作的代表区域，然而，现有模式的缺陷阻碍了泛北部湾次区域的进一步发展。基于泛北部湾经济论坛这一平台，泛北部湾成员也在不断探索适合自己的治理模式。在复杂的格局下，跨政府网络治理模式的实践不仅会促进泛北部湾次区域经济合作的繁荣，更会为今后中国倡导“海上丝绸之路”沿线的经济治理奠定良好的基础。

【关键词】泛北部湾　次区域经济合作　跨政府网络治理

【基金项目】国家社科基金重大项目“总体国家安全观下的中国东南周边地区安全机制构建研究”（14ZDA087）；国家社科基金一般项目“二战后东南亚区域合作起源与演变研究”（15BSS040）；江苏省“青蓝工程”中青年学术带头人培养计划。

【作者简介】郑先武，南京大学国际关系研究院、中国南海研究协同创新中心，教授。沈桐，南京大学国际关系研究院，硕士研究生。

从2006年至今，泛北部湾次区域经济合作（以下简称“泛北合作”）经历了多重发展，逐渐形成了中国—东盟海上合作新机制。随着泛北合作的深入发展，海上建设已成为中国与东盟合作的先行项目，这为未来的“海上丝绸之路”建设打下了良好的基础。2013年，中国国家主席习近平提出共建“丝绸之路经济带”和“21世纪海上丝绸之路”的重要合作倡议。2017年5月14日至15日，中国在北京主办了"一带一路"国际合作高峰论坛。这是各方共同协商、共同建设"一带一路"，分享互利合作成果的盛会，更是加强国际合作，对接成员间发展战略的重要合作平台。[①]"一带一路"倡议下的泛北合作，对强化中国—东盟经济贸易联系纽带、推动中国—东盟自由贸易区成功建立和升级等发挥了重要作用。在当前区域经济发展大好的背景下，做好泛北合作的治理工作，才能实现泛北合作的大发展，为"一带一路"合作建立良好的管理机制奠定基础。

"一带一路"建设的推进对泛北合作的创新产生了强烈需求，泛北部湾地区经过多年的合作与发展，成为中国引领"21世纪海上丝绸之路"合作的先导区。在寻求经济合作的同时，成员间同样在探索适合泛北合作的治理模式，寻求建立一个适合泛北合作的争端解决机制。

一 泛北部湾次区域经济合作区治理探索

泛北合作以中国和越南为主，将环北部湾经济合作延伸到隔海相邻的马来西亚、新加坡、印度尼西亚、菲律宾、文莱等国家，共同促进本地区发展。泛北合作主要在中国—东盟互联互通建设、中国南宁—新加坡经济走廊建设、城市联盟、港口物流、贸易投资、产业升级、海洋经济、环境保护、人文交流等领域开展合作。合作共建产业园区是泛北合作机制的创新，是泛北合作的新亮点。目前建立的产业园区包括：中马钦州产业园、马中关丹产业园、中国·越南（深圳—海防）经济贸易合作区、中国（广西）·印度尼西亚经贸合作区、泰中罗勇工业区、越南龙江工业园等。泛北合作因跨境经济合作建立了跨境经济合作区，主要有：中越凭祥—同登跨境经济合作区、中越东兴—芒街跨境经济合作区。自中国—东盟自由贸易区建成以来，中国与东盟国家的合作从经济、投资和贸易领域扩大到基础设施建设、建筑合作、金融管理、通信技术、旅游娱乐、环境可持续、资源开发、贸易升级、物流运输等领域。

此外，泛北合作一直在寻求构建一个更合理的区域合作格局，即包含泛北合作区、大湄公河次区域两个板块和南宁—新加坡经济走廊的一

---

① 《"一带一路"国际合作高峰论坛成果清单（全文）》，"一带一路"国际合作高峰论坛官方网站，2017年5月16日，http://www.beltandroadforum.org/n100/2017/0516/c24-422.html，登录时间：2017年8月10日。

轴两翼大格局。其中海洋合作的领域是最广泛的，海洋合作的领域涉及自然资源和海上活动，其海洋特征使得泛北合作不仅需要处理在合作中出现的经济问题，还要处理海域间的一些争议以及这些争议背后的复杂政治问题。这些需求使得泛北部湾次区域的治理一直以一种极其缓慢的速度前进。

（一）经济合作中的摩擦：现有模式的缺陷

泛北合作的范围十分广泛，其中重点是成员间的海洋经济合作。就泛北合作而言，涉及主体众多、合作内容广泛、法律关系复杂。泛北合作的形式表现为国家之间签订合作协议。就海洋经济合作来说，经济合作并不代表有关国家对该区域内争议的海域有法律权利，同样，对于泛北部湾次区域国际经济区的安排不会被视为一国对某一权利的放弃。政府主导是泛北合作的一大特点，但政治互信缺失是阻碍泛北合作进一步深入的巨大困扰；领土的纠纷，成员内部的分歧，再加上国家内部的政治变动使得泛北合作都在有意地回避敏感区域的开放。模式的缺陷使得泛北部湾成员在实际合作中有很多摩擦，很难使合作深入，极大地阻碍了泛北合作的发展。

（二）泛北部湾经济合作论坛：治理方法的探索

经济合作中出现冲突和争端是正常的现象，而争端的解决是合作得以顺利进行的保障，泛北合作区发展至今，一直在努力探索建立有效的争端解决机制。

泛北部湾经济合作论坛（以下简称“泛北论坛”）是由中国广西壮族自治区政府同国内有关部委、广东省和海南省政府以及亚洲开发银行、泰国商务部等在广西举办的一个开放式的研究、交流平台。在泛北合作发展下，泛北论坛已成为泛北部湾区域内各国政府官员、专家学者、企业精英共同制定规划、签署协定的重要平台，也成为泛北合作跨政府网络治理的一个重要管理合作机构。泛北论坛在深化中国和东盟经济合作中发挥了积极的推动作用，并取得了重大的成效。泛北论坛从2006年至今，已举办了九届。2016年，泛北论坛召开的同时，还举办了中国和中南半岛经济走廊发展论坛与中国—东盟港口城市合作网络工作会议。泛北论坛在推动中国—东盟海陆互联互通，突出泛北合作陆海统筹方面发挥了独特的作用。泛北论坛讨论并发布了《中国—中南半岛经济走廊建设倡议书》，举行了中国—东盟港口城市合作网络中方秘书处揭牌仪式以及项目签约仪式。并且，泛北合作领域全面拓展，中国—东盟港口城市合作网络成立，区域互联互通基础设施建设加快，国际园区合作渐入佳境，经贸、金融、旅游、文化等领域的合作务实推进。“一带一路”给泛北合作的深入开展带来了机遇。在泛北论坛上，各方就携手推进“一带一路”建设达成共识；在探讨如何共建“一带一路”问题上，与会成员普遍认同加快实行“陆海并举”的政策；各方签署了多批合作项目，在推进国际能源产出和经济贸易深度合作上做出务实的行动；并且，与会成员在保证互利的前提下签署了进一步建立健全中国—东盟陆海合作平台机制的协议。①

对比第一届到第九届的泛北论坛，它的变化有许多。泛北论坛从一个单纯的交流、沟通和洽谈的平台到促成合作协议，凝聚共识的机制，拓展和丰富了合作的方式和内容；针对特定的领域开启了合作项目，推动泛北合作的发展。随着泛北合作的展开，泛北论坛也逐渐成为泛北合作重要的管理平台。泛北论坛对泛北合作最急迫解决的重大课题进行了广泛深入的探讨，对推进泛北合作从共识走向实践起了重要的作用。

泛北部湾经济合作联合专家会议（以下简称“泛北专家会议”）与泛北部湾智库峰会（以下简称“智库峰会”）是从泛北论坛中衍生出的推动泛北合作更加顺利展开的平台。2008 年举行了第一次泛北专家会议，相关的专业人才一同讨论了《泛北经济合作联合专家组工作方案》和《联合专家组第一次工作会议总结》，至今，会议已举行了七届。泛北专家会议在各国专家的努力下，共同制定了一个路线图，这份路线图为各方提供合作框架与指导方向，是一份在今后区域统筹合作上具有指导性的规划文件。随着经济合作的加深，2010 年举办了智库峰会，在峰会上专家学者对国际或区域性重大问题提出可行性建议，成员机构之间实现了信息共享，智库峰会在区域经济演进课题方面进行研究，结合各国政策和专家学者的建议来为泛北合作的未来走向做出决策，渐渐成为治理泛北合作的重

① 内容整理自“第九届泛北部湾经济合作论坛暨中国—中南半岛经济走廊发展论坛”，新华网，http：//www. gx. xinhuanet. com/2016fblt/zt/index. htm，登录时间：2017 年 8 月 20 日。

要力量。

2013 年 9 月 3 日，中国—东盟港口城市合作论坛在中国广西南宁市召开，与会各方共同探讨了中国和东盟间的网络工作，以港口城市合作网络建设为主，会议上各方达成共识通过了《中国—东盟港口城市合作网络论坛宣言》（以下简称“《宣言》”），正式成立中国—东盟港口城市合作网络。中国—东盟港口城市合作网络（以下简称“中国东盟合作网络”）的成立是泛北合作发展的需要，这个跨政府网络的成立可以给泛北合作注入新的生命力和活力。中国东盟合作网络的建立表明了区域内政府有意建立一个跨区域的网络，这种自上而下创建的跨政府网络有创新性和潜在的功效。《宣言》体现了一些共识，泛北合作成员自愿加入中国东盟合作网络并共同致力于在相互通航、港口建设、临港产业、国际贸易、文化旅游等方面的交流和合作。为了确保中国东盟合作网络的有效运转，与会方将建设相关机构以及培训专门人员来负责成员间的联络和协调。并且，该网络将对本区域愿意加入的其他港口城市开放。

二　跨政府网络——兼具灵活性和实践性的治理模式

泛北合作涉及多个国家和地区，内部成员以发展中国家为主。泛北合作开展面临诸多障碍，成员间合作也存在诸多问题，跨政府网络的多样性和灵活性使得泛北合作得以顺利的展开，然而在“一带一路”这个更加宽阔的合作平台中，想要继续深化泛北合作，平台内部的治理势必要进行改革，使之更加适应时代的要求。跨政府网络治理具有很高的灵活性和实践性，网络是相似政府单位间一种定期和有目的的关系和模式，这些政府单位是跨越“国内”和“国际”边界线工作的。

就本身性质而言，泛北合作，本质是制度化合作，通过不同类型的跨政府官员，首先是行政官员，然后是法官和立法者等，召开各种定期会议来实现。泛北合作发展成一个制度化的次区域跨政府机构，然而，其网络运行机制是协商一致，主要是召开会议，交换信息，提交报告和建议书，设定目标并予以监督等。这种水平型的跨政府网络治理模式和 APEC 模式很像，都是由与政府相关的人员带动建立合作论坛，成员间所联系的网络以信息网络为主，逐渐地向协调性网络发展。合作平台扩大，网络又不断地分化，组织有意地将其活动范围扩展到政府行为体之外，但已有的组织都缺乏强制权力（甚至是超国家角色决策程序都没有），必须依靠共同目标设定和自主自愿的原则来使平台治理发展下去。

不同的是，APEC 是政府间的经济合作，大部分是由成员经济体的元首或政府领导人来出席会议，APEC 的成员坚决反对任何使它们的合作“法制化”的努力（如签订一个条约，将 APEC 确定为正式法定组织，或作出各种具有法律约束力的承诺）。[①] APEC 所涉及的国家和地区范围广，实现其目标的制度框架却仍旧基于国家部长网络，APEC 所设立的秘书处，仅仅作为其活动的联系纽带和基本支持机制。

泛北合作网络实践的自由化程度较高，其内部有泛北论坛，有泛北合作联合专家组并以此来召开智库峰会；中国—东盟港口城市合作网络于 2013 年成立，为泛北合作内部协调和调节成员间争端提供了重要的信息平台，它的成立是泛北合作在跨政府网络治理上前进的一大步。按照斯劳特的分类，中国—东盟港口城市合作网络是信息网络，旨在促进贸易增长，为协调各国法律法规的复杂技术谈判提供基础，同时它兼具协调网络的部分功能，即积极地收集和提取各种信息，这些信息都是涉及相关的网络成员如何开展工作，据此性能可以判断出中国—东盟港口城市合作网络的参与者是否积极地展开合作，目的是使所有成员开放有价值的信息。该合作网络是专门负责统一特定领域法律法规的网络，或者更宽泛些，也可能是刚开始对一套共同观念、方法和原则等进行统一的执法网络。

政府间的协商和跨区域的治理需求结合形成的是一种网络治理模式。跨政府网络逐渐成为这种网络治理的重要组成部分。网络是一个集合了诸多意见、信息、技术的体系，这种多元化的网络体系结构使得泛北部湾能在合议的协约基础上保持稳定、实现发展。泛北经济合作所涉及的国家和地区不算多，但其成员复杂，随着“一带一路”的开展，更多的覆盖泛北经济合作的跨政府网络将会产生，再加上成员国地区内部跨政府网络的发展，无论是正式的还是非正式的，都会影响这个经济合作平台的发展。泛北部湾经济合作中跨政府网络治理的应用更说明了：在全球化日渐深化的过程中，跨政府网络治理可以适应多种区域组织的治理需要，同时，对于

① M. Kahler, " Legalization as Strategy: the Asia-pacific Case ", *International Organization*, Vol. 54, No. 3, 2000, p. 474.

可能出现的多样化的治理形式和多元化的治理主体，需要参与成员以包容的态度来吸纳和接受。

（一）跨政府网络治理的必要性和可行性

1. 必要性

（1）确保区域经济健康持续发展

近年来，中国和东盟、泛北部湾区域国家之间的经济贸易往来有着良好的发展态势。然而泛北合作的发展水平和层次与这种发展态势并不相匹，内部巨大的合作潜力也并没有得到充分的发掘。泛北区域内国家和地区间的经济发展不均衡，发达地区仅有新加坡、文莱、马来西亚和中国广东，其他国家和地区的经济实力偏弱。同时各成员的政治体制和社会文化存在较大的差异。就政治多样化来说，新加坡是议会制国家，中国和越南属于社会主义国家，文莱、泰国、马来西亚是君主制的国家，而印度尼西亚和菲律宾则是总统共和制国家。泛北部湾区域内部不仅民族种类众多，还有着不同的宗教文化信仰，中国、越南、新加坡以儒家文化为主，民众信仰的宗教多样，泰国信仰佛教的民众占大多数，马来西亚、印度尼西亚国民大部分信奉伊斯兰教，菲律宾以天主教为主。[①] 另外，泛北部湾区域总体局势处于一个稳定状态，但东南亚的一些国家的个别地区存在会造成不稳定的安全问题，例如泰国和菲律宾经常在领土边界发生冲突[②]。围绕着南海问题，东南亚部分国家和中国有较大的争议，这些都阻碍了泛北部湾经济的可持续发展。

在经济一体化高度发展、经济贸易纠纷日益增多的情况下，要加强对参与方经济贸易活动的保护，实现经济平稳快速的发展，就需要一个有效力的法律保障机制。泛北部湾必须要利用跨政府网络来进行管理，治理纠纷，这样才能为今后泛北部湾经济可持续发展提供保护。

---

① 吕余生、林智荣、罗梅：《泛北部湾合作发展报告（2014—2015）》，社会科学文献出版社2015年版。

② 古小松：《泛北部湾区域经济合作的难点与突破》，《当代亚太》2009年第3期，第21—35页。

（2）国际法的软法特征①

传统的国际法常被称为软法，这是由国际法的特征决定的。国际法通常有以下特征：第一，没有统一制定、实施和执行的机关；第二，对相关国家的权利和义务的规定比较抽象和模糊，需要辅之以国内法才能实施；第三，不存在国家之上的强制机关。国家作为国际法最主要的主体，主权平等，并不存在一个凌驾于国家主权之上的立法机关、司法机关。因而国际法的遵守只能靠国家的自觉来完成，自我约束地去执行，这使得国际法具有软法的特征。但随着世界局势的发展，为了自身的利益，同时为了保障国际组织的良好运营，国家需要让渡或者限制部分主权，这些变化使得国际法出现了硬法的特征。②

泛北合作具备软法和硬法相结合的特征。泛北合作区的成员国通过协议让渡一部分权力来保障合作的顺利进行，但泛北合作区并不具备超国家治理的因素，其协议、条约仍然具有软法的特征。总结这两种特征，需要寻求一种平衡的治理机制，而充分利用跨政府网络沟通信息，同时对所签订的各种法律协定进行有效的监管，是一个不错的选择。

2. 可行性

（1）各自由贸易区内的政府网络治理的效应良好

当前，泛北部湾区域成员内部的治理有着良好的效果。国家和地区按照自己的实际情况，在主权范围内，充分利用网络治理的优点来管理本国（地区）的经贸问题。这些都为泛北部湾跨政府网络治理的顺利运行打下了良好的基础。当前最需要的是各国分享信息，让渡部分主权并建立一个有一定法律效力的管理机制，保障泛北部湾区域内经济的发展。

（2）共同的利益要求

随着经济全球化深入发展，科技革命加速推进，求和平、促发展已经

① 有关具体北部湾相关法律研究，参见刘秋芷、梁旋《泛北部湾经济合作区知识产权法律协调机制之浅析》，《法制博览》2016 年第 4 期，第 35—37 页；邓珊：《泛北部湾区域国际航运中心法律服务体系之海洋环境保护法律问题研究》，《广西社会科学》2012 年第 12 期，第 71—74 页；罗亚萍、唐燕勤：《泛北部湾旅游环境法律保护合作机制研究》，《前沿》2011 年第 14 期，第 19—22 页；魏佳：《泛北部湾经济合作法律模式研究综述》，《广西政法管理干部学院学报》2009 年第 4 期，第 93—96 页；魏佳、李连博、刘蓓：《泛北部湾经济合作的法律模式基础及基本原则确定》，《广西警官高等专科学校学报》2009 年第 1 期，第 70—75 页。

② 张晓英：《泛北部湾次区域经济合作争端解决机制研究》，广西师范大学硕士学位论文，2010 年。

成为时代的潮流。中国与东盟国家之间存在一些相同的价值观和共同经历。相同的价值观和情感基础为该区域经济的发展提供了强大的支持力量，形成了双方合作难以切断的纽带。可以说，能够相互包容的文化底蕴为泛北部湾争端解决机制的建立奠定了精神基础。泛北合作的提出，满足了中国与该区域中其他国家或地区的利益需要，这种利益不仅包括经济利益，还囊括了一部分的政治和社会利益。在保障泛北合作的健康发展和兼顾成员各自利益的条件下，跨政府网络治理就渐渐地凸显出其优越性。

（二）跨政府网络治理的构想

在这个时代，国际合作不断机制化，许多西方国家的政府已经开始意识到试图加入超国家机构需要付出的国内政治代价。于是，在争取国内支持的基础上保持最大程度的灵活性，可能是一种极具价值的模式。①

“一带一路”合作的展开，泛北经济合作作为先锋队，在深化跨政府网络治理中，应积极引进一种新的治理模式，即“开放式协调”（Open Method Coordination，OMC）。“开放式协调”理念以实现有效力的决策和最大化的统一为目标，它意在通过将所有相关的国家行为体和非国家行为体都纳入协调的程序中，使相关行为体达成共识并相互监督。② 事实上，该理念为跨政府网络的成长提供了坚实的基础，因为，“开放式协调”吸纳来自不同行为体的意见和信息，能够在更广泛的领域和群体中促成共识，从而促进治理的实践和取得成效。在“一带一路”倡议下加强信息交流，政策沟通是重要的保障。应加强政府间信息对接，搭建不同层次的政府间政策沟通交流平台，促进政府间的互信，达成更高层次的利益合作，从而推动各方达成新的共识。在有效的机制内，区域内各国可以就经济和发展信息进行交流，对出现的问题以透明、协商的方式解决，共同制定推进区域内合作的计划和政策。③

扩大跨政府网络治理的范围，使之不局限在解决单一的经济纠纷；深

---

① J. Goldstein and L. L. Martin，“Legalization，Trade Liberalization，and Domestic Politics：A Cautionary Note”，*International Organization*，Vol. 54，No. 3，2000，pp. 603 – 632.

② ［德］贝娅特·科勒：《对欧盟治理的批判性评价》，《欧洲研究》2008 年第 2 期，第 95 页。

③《推动共建丝绸之路经济带和 21 世纪海上丝绸之路的愿景与行动》，新华社，2017 年 4 月 7 日，http：//www. beltandroadforum. org/n100/2017/0407/c27 – 22. html，登录时间：2017 年 8 月 12 日。

化治理程度，使之不局限于争端的表面，还能提供解决争端的手段。这就要求我们在接下来的发展中遵循一些原则：首先是经济主权平等的原则，“国家经济主权原则是指每个主权国家对其全部财富、资源和经济活动享有永久的主权，包括拥有使用、处置和自由行使的权力，这些权力集中体现于立法、司法和行政上的管辖权”。[①] 跨政府网络管理不仅保障区域内经济顺利发展，也给予各国行使经济主权的权利。这二者并不矛盾，经济主权的让渡是通过各国签署协议而达成共识，这种主权的让渡必须要在平等的基础上进行。在今后泛北合作的跨政府网络治理中，成员应恪守这一基本原则。其次是公平正义的原则，跨政府网络治理中，涉及法律的互动，需要遵守这个原则。要处理一个案子，需要在“最合适”的地方来进行诉讼，需要认识到多重法庭是可能的，同时还要假定这些法庭都是对等的。判决的结果要根据司法标准，遵守公平正义的原则而不是传统的国家利益原则。最后一个原则是要考虑到泛北合作的特殊性，泛北部湾的成员在政治经济等各方面有着较大的差异。

1. 司法机构

目前泛北合作中跨政府网络的治理效应仍局限在“共识、协议”这一类软法律中，这是通过促进泛北区域内的趋同，使成员遵守协议来实现国家间的合作。但泛北合作中的跨政府网络应深化治理程度，扩大治理范围，从而建成一个可以处理泛北合作中的分歧并具有硬法效力的机构。

目前，泛北合作中的冲突解决以两套法律为参考，一套是《联合国海洋法公约》所规定的海洋争端解决机制，另一套是《关于争端解决机制协议》，这是中国和东盟签署的有关中国和东盟自贸区的协议。泛北部湾区域以海洋合作为主，泛北部湾区域成员都遵循着《联合国海洋法公约》（以下简称《公约》）。《公约》给泛北合作提供了指导性的法律规定，每个成员都有遵守并积极履行的义务。《公约》第 74 条规定相关国家应本着合作和谅解的态度，努力就共同使用海洋达成具有实际效力的临时合作。关于区域内的海洋合作，《公约》第 123 条也规定沿岸国家在行使相关权利和履行相关义务时，应尽力直接或间接通过合适的组织互相沟通进行合作。相比较《公约》对于海洋合作的广泛适用性，中国—东盟自由贸易区的《关于争端解决机制协议》在具体的经济问题上规定得较为详细，对贸

---

① 刘颖、邓瑞平：《国际经济法》，中信出版社 2000 年版，第 34 页。

易往来的投资纠纷的解决有着指导性的意义。处理问题和纠纷时，可以以《联合国海洋法公约》为基础，依据《公约》中所提供的管辖方式，选择司法法庭解决纠纷，但是考虑到区域内国家大多数是发展中国家，区域的经济合作程度并没有那么高，法庭的建设也应适应区域的发展状况。目前，可以让争端双方自愿选择是否以国际法庭的模式解决分歧。

2. 立法机构

中国—东盟合作网络是泛北合作下新的跨政府网络，它主要的职能是协助泛北合作平台开展工作。国际和跨政府——正式的和非正式的——要素可能紧密联结在一起的一种重要方式是通过国际或区域“信息机构”协助政府开展工作。这类机构的主旨是促进网络运行更加顺畅和高效，回应各成员的需求。此类由国家政府自上而下组织起的水平型合作网络，是通过不同的类型权力来建立秩序的，要理解中国—东盟城市合作网络所产生的影响，就必须重视成员的权力类型。跨政府网络可以改善国家间合作的质量和深度，它既可以增加在这个机制中合作的国家的数量，也可以扩大这个机制所跨议题的范围，政府可以通过这种方式来提高解决方法的有效性。可以说，泛北论坛起着信息网络的作用，它适合提出一系列的国家和区域甚至是全球性的议题，因为共享信息、对话和共同学习比传统的命令加控制的手段更易使这些问题变得遵循规则。由泛北论坛衍生的中国—东盟城市合作网络在提出由区域内问题衍生的更大范围内的问题时，起着协调式网络的功效，虽然目前还只处在初步运行阶段，但可以预测，未来中国—东盟城市网络的功能偏向：出口监管，提炼和传播可靠信息，对软法律产生硬影响，缓解区域内的分歧并对成员遵守的规则进行严谨改进等。未来，中国—东盟城市合作网络在泛北合作平台上将起着重要的作用。

根据泛北合作发展的程度，泛北论坛等机构仅仅局限于上层官员的信息交流，可以说它只是信息交流平台。在很长一段时间内，想促使泛北论坛或是其他平台发展成为具有立法性质的机构是很难的，所以如何维护现阶段的经济合作，建立一个功能多样的信息交流平台是重要的目标。泛北论坛是成员代表交流的重要平台，而目前还仅仅停留在高端人士参与的年度会议层面。与会人员参与面窄，且会议的时间跨度大。泛北区域需要进一步完善信息交流平台，努力吸收各方人才参与，吸收企业代表等各界人士，听取来自不同层次方的意见和建议。在平台机制建设上要保证合作信息的透明度，消除信息不对称性，为以后达成更有效的合作，为泛北合作的持续健康发展提供长久的推动力。

3. 监管机构

由于泛北合作所涉及的领域多、范围广、跨度大、项目难，在未来的跨政府网络治理发展中，应该致力于协调和发展，解决泛北区域内的贸易经济联系，同时，治理功能要集中到关键的合作领域，对泛北区域内的贸易投资、交通运输、旅游合作等要进行开放、灵活性的治理。在成员冲突处理上应建立统一的原则，采取司法原则，同时考虑到政治和利益问题，进行高效的治理。

监管机构是执行日常管理的机构，这是未来泛北合作能进一步开展的必要机制。在监管机构中，管理官员应来自区域内的国家或地区，做到权力和责任共担。同时应该允许私人主体的代表参与管理，这样便于提高监察的效率，同时弥补民族国家模式管理下的漏洞。

三　小结

成熟的跨政府网络可以根据区域内的需要解决特定难题，管理人员也可以从区域内的国家/地区选举出来，同时，它们可以填补国家管辖的漏洞，及时地对问题的根源做出最有效的治理。根据目前的状况来看，泛北合作区内的跨政府网络还在成长阶段，方式单一，治理效力有限。通过政府网络进行治理对于泛北合作是最好的公共政策，对于泛北区域内的发展中成员也是很好的对外发展政策，在参与治理的同时可以增强国内治理的能力。目前，泛北合作治理仍停留在初级阶段。今后在“一带一路”倡议下，泛北合作未来的路还很长，在信息化的时代里，跨政府网络治理也有很大的拓展空间。

Pan-Beibu Gulf Sub-regional Economic Cooperation and Trans-government Network Governance

Zheng Xianwu　Shen Tong

Abstract　The further development of the Belt and Road construction has

issued a strong demand for governance innovation for the Pan-Beibu Gulf sub-regional economic cooperation. The Pan-Beibu Gulf is a representative area of China's south bound economic cooperation; however, the defects of the existing model have hindered the further development in the Pan-Beibu Gulf sub-region. Based on the Pan-Beibu Gulf Economic Forum, the members of the Pan-Beibu Gulf are also constantly exploring their own governance models. Under the complex situation, the practice of trans-government network governance mode will not only promote the prosperity of Pan Beibu Gulf economic cooperation, but also lay a good foundation for the economic governance of China's "Maritime Silk Road".

Key Words Pan-Beibu Gulf; Sub-regional Economic Cooperation; Trans-government Network Governance

Author Zheng Xianwu, Professor at the Institute of International Relations of Nanjing University, Collaborative Innovation Center of South China Sea Studies; Shen Tong, Postgraduate, Institute of international relations of Nanjing University.

中国—东盟自贸区内经济梯度差异与协调发展研究

韦倩青　杨　帆

【摘要】中国—东盟自贸区升级版的目的之一是促进区域经济协调发展，但区域内各国经济还存在梯度差异。本文运用 SPSS19 对中国及东盟国家的 47 个指标数据进行因子分析，发现中国与东盟各国经济发展水平存在明显的梯度差异，并可以分为三个梯度。自然环境与区位因素、科技教育水平、经济基础与发展政策等方面的因素是区域内存在经济梯度差异的主要原因。各国可以通过区域内产业合作、区域内人才培养和流动、区域内投资环境优化等措施来促进中国—东盟自贸区内经济协调发展。

【关键字】中国—东盟自贸区　经济梯度　协调发展

【基金项目】中国—东盟区域发展协同创新中心科研专项和教育部长江学者和创新团队发展计划联合资助项目“全球价值链视角下的中国对东盟产业转移研究”（BG201502）。

【作者简介】韦倩青，中国—东盟区域发展协同创新中心研究员，广西大学商学院，经济学博士，教授，硕士生导师；杨帆（通讯作者），中国联合网络通信有限公司广西壮族自治区分公司，国际贸易专业硕士。

中国—东盟自贸区升级版的提出让中国与东盟国家的经济合作进入深化发展的阶段。自贸区内经济协调发展的主要途径之一是产业合作，而产业合作的前提是经济体之间需存在梯度差异。根据产业梯度转移理论，经

济梯度高的国家通常拥有较高的经济和技术发展水平，以技术密集型和资本密集型产业为主，当产品进入标准化生产阶段后，高梯度国家就会将产品转移到低梯度国家，利用低梯度国家的自然资源和劳动力优势进行生产，区域间的产业合作由此产生。[①] 为了深入、高效地推进自贸区内各成员国之间经济的协调发展，明确掌握中国与东盟各国之间的经济差异是非常必要的。

目前，在中国与东盟国家经济差异的研究中，学者们普遍认为中国与东盟国家的经济存在梯度差异，这种差异性使得双边的经济既有互补又有竞争。例如，崔鸽[②]通过对中国与东盟各国进出口商品的总量以及结构分析，认为中国与东盟各国的经济兼具竞争性与互补性，中国的显性比较优势较大，各国需要进一步加强在资源性产品和服务业上的合作。Khee Giap Tan 等[③]通过将中国 31 个省与东盟各国经济数据进行实证分析，发现中国与东盟各国经济差异较大，越南和泰国是东盟国家中经济成长最快的两个国家，印度尼西亚和菲律宾与其他东盟国家相比，经济在衰退。余淼杰等[④]通过对比中国与东盟双边进出口贸易，得出中国—东盟双边贸易既存在互补效应又存在替代效应的结论，随着双边合作的不断深化，中国—东盟自贸区内各国可以通过贸易自由化、增加研发投入、提高工人的劳动效率等措施来提高自身的竞争力。胡剑波等[⑤]借鉴博弈论中的三个命题，测算中国与东盟各国的贸易结合度指数和贸易互补性指数，得出中国与东盟各国的贸易互补性较强的结论。

这些研究尽管指出了中国与东盟国家经济之间互补性和竞争性并存，但未能深入剖析各国之间的经济梯度差异。研究中国与东盟各国经济差异的特点，对科学制定中国—东盟自贸区内经济合作政策，推动中国—东盟

---

① 李成勋：《区域经济发展战略学》，社会科学文献出版社 2009 年版，第 26—35 页。

② 崔鸽：《比较优势下深化中国与东盟各国贸易发展的路径分析》，《河南师范大学学报》（哲学社会科学版）2016 年第 43 期，第 117—122 页。

③ Khee Giap Tan, Kong Yam Tan, Kang Chen, "Relative Competitiveness of 31 Mainland China Provinces And States of India And Ten Economies of Association of South East Asian Nations: Implications for Growth And Development", *Competitiveness Review: An International Business Journal Incorporating Journal of Global Competitiveness*, Vol. 18, No. 1, 2008, pp. 18 –25.

④ 余淼杰、崔晓敏：《中国和东盟贸易及产业比较优势研究》，《国际商务研究》2015 年第 36 期，第 5—15 页。

⑤ 胡剑波、汤伟、安丹：《合作博弈架构下中国—东盟区域经济互利共赢条件分析》，《经济问题》2014 年第 10 期，第 91—96 页。

自由贸易区经济一体化的深化有着重大意义。本文拟采用因子分析法对中国与东盟各国的经济发展水平进行分类，并分析差异的原因。

现有文献中，已经有较多学者使用因子分析法对不同地区间经济差异进行分析，如张彻①利用因子分析法，对中国31个省市的经济发展水平进行了分析和排名，并据此给出了各区域间开展合作的具体措施。杜传忠等②基于中国东部与西部发展不平衡的现实，利用因子分析法对中国东部与西部各省的经济总体水平进行了梯度划分，并对各区域经济梯度差异的原因及产业升级的要求进行了分析，探讨了中国区域产业转移的梯度动力和进行产业转移的客观必要性。唐常春等③采用极差、标准差、加权变异系数和泰尔指数对湖南各市、县的经济差异进行分析后，认为造成区域间经济发展差异的主要原因包括自然条件、经济发展阶段、交通建设、区域发展战略布局以及国家宏观区域政策等。王艺璇等④通过构建区域经济发展的评价体系，运用因子分析法对山东省17个市进行了实证分析，并基于因子得分矩阵对17个市进行聚类分析，发现综合经济实力因子处于主导地位，东西部地区经济发展存在较大差异。

借鉴现有国内区域经济梯度差异分析的研究，本文采用因子分析法来研究国家之间的经济梯度差异。因子分析法需要样本容量足够大，本文分析对象虽然以国家为单位，但样本容量足够大并且数据可得，故使用因子分析法可行。

一　中国与东盟各国经济梯度差异实证分析

（一）判断指标

影响区域经济差异的因素有很多，传统的理论将这些因素分为五大

① 张彻：《区域经济差异识别及预警研究》，武汉大学博士学位论文，2010年，第43—48页。

② 杜传忠、刘英基：《区位产业分工与产业转移研究》，经济科学出版社2013年版，第140—163页。

③ 唐常春、刘华丹、袁冬梅：《基于多尺度的湖南省区域经济差异演进分析》，《人文地理》2016年第31期，第133—140页。

④ 王艺璇、李梅芳：《基于因子分析和聚类分析的山东省区域经济发展研究》，《中国市场》2017年第14期，第128—131页。

类：自然禀赋、社会环境、经济差异、决策差异、极化差异。谢守红等[①]首先通过主成分分析法对中国370个县级市的经济差异进行了分析，发现中国东部县级市的经济发展水平要远高于中西部地区，随后考察了各种因素对经济差异的影响，发现市场化程度、交通条件和对外开放水平是导致经济差异的主要原因，其他次要影响因素包括劳动力素质、科技创新水平、耕地面积和矿产资源密度等。程艺等[②]以对外贸易状况、利用外资水平、人均水平三个维度构建指标体系，对中国边境地区45个地级市的经济发展状况进行定量分析，运用回归分析对影响经济发展的主要因素进行提取，发现影响一个地区外向型经济发展水平的主要因素分别是人均GDP、第二和第三产业的比重、政策优惠指数、港口距离和高等学校在校学生数。李维等[③]基于结构方程模型，以重庆38个区县为例，测度了各因素对经济发展的具体影响，发现经济总量、收入水平、产业结构、城乡人口结构、人力资本和物质资本是影响地区经济发展水平的重要因素。根据现有的研究成果，以及经济发展所具有的动态性，且环境与技术对经济发展的影响与日俱增，本文将影响经济差异的因素归纳为四大类：经济发展水平、社会发展水平、科技发展水平、资源环境状况。这一分类不仅考虑了经济增长与经济效益，同时兼顾了经济发展潜力与发展质量。

本文在选取指标时主要遵循以下原则：第一，静态指标与动态指标相结合，以静态指标反映国家间经济的差距，包括绝对差距和相对差距，以动态指标反映国家间发展速度的差异；第二，核心指标与辅助性指标相结合，核心指标主要是指推动经济发展的主要因素，如GDP；辅助性指标指的是对经济发展有推动作用的指标，如交通、教育等。本文秉承科学性、完备性、代表性、可获得性原则，构建以下指标体系（见表1）。

---

① 谢守红、谭志美、周驾易：《中国县级市经济发展的空间差异及影响因素》，《经济地理》2015年第35期，第38—43页。

② 程艺、刘慧、公丕萍、宋涛：《中国边境地区外向型经济发展空间分异及影响因素》，《经济地理》2016年第36期，第19—26页。

③ 李维、朱维娜：《基于结构方程模型的地区经济发展影响因素分析》，《管理世界》2014年第3期，第172—173页。

表 1　**区域经济差异判断指标**

一级指标	二级指标	三级指标
经济发展水平	经济总量	GDP（美元）a1、通货膨胀（%）a2、工业增加值（美元）a3、固定资本形成总额（美元）a4、最终消费支出（美元）a5、资本形成总额（美元）a6
	人均水平	人均 GDP（美元）a7、人均固定资本形成总额（美元）a8、人均调整国民收入净值（美元）a9、人均居民最终消费支出（美元）a10、人均资本形成总额（美元）a11
	经济结构	工业增加值占 GDP 的比重（%）a12、服务业增加值占 GDP 的比重（%）a13、非农产业就业比重（%）a14
	经济成长	城镇化率（%）a15、财政收入占 GDP 的比重（%）a16、FDI 净流入（美元）a17、短期外债（美元）a18
社会发展水平	教　育	公共教育支出（占 GDP 的比例%）b1、高等院校入学率（%）b2
	卫　生	每千人拥有床位数（个）b3、医疗卫生支出（美元）b4
	民生发展	移动电话使用量（每百人）b5、通电率（%）b6、电话线路 b7、每 100 人所拥有的电话线路数量 b8、国际互联网用户数量（每百人）b9
科技发展水平	科技投入	研发支出（占 GDP 的比例%）c1、知识产权使用费（国际收支平衡，现价美元）c2
	科技产出	居民专利申请量（件）c3、非居民专利申请量（件）c4、高科技出口占制成品出口百分比（%）c5
	科技社会资源	研发技术人员数量（每百万人）c6、R&D 研究人员数量（每百万人）c7
资源环境状况	自然资源	人均可再生内陆淡水资源（立方米）d1、森林覆盖率（%）d2
	社会资源	人口超过 100 万的城市群中的人口占总人口的比重（%）d3、贫困人口比例（%）d4、人口密度（人/平方公里）d5、人均铁路里程（公里）d6、城市水源改善（获得改善水源的城市人口所占百分比）d7
	能耗指标	单位 GDP 能耗 d8、人均耗电量（千瓦时）d9

资料来源：作者根据相关文献整理而得。

该指标体系共分为三级，一级指标由经济发展水平、社会发展水平、科技发展水平、资源环境状况组成。在一级指标的基础上延伸出 13 个二级指标、43 个三级指标，对各国经济发展现状和潜力进行描述。

（1）经济发展水平指标。经济发展水平是指一个区域经济发展规模、速度和所达到的水准，反映了区域经济发展的状态和潜力。衡量区域经济发展水平既要考虑存量也要考虑增量，经济总量可以反映各国间的绝对差异，经济结构与人均水平则是衡量一国或地区经济发展水平的重要尺度，合理的经济结构可以最大限度地发挥国民经济各部门的优势，促进经济发展。经济成长则反映出各国经济发展潜力。对于衡量经济总量的指标，本文主要选取 GDP、通货膨胀、工业增加值、固定资本形成总额、最终消费支出、资本形成总额等指标，因为这些指标从不同侧面反映了一国经济的存量。对于经济结构的指标，本文主要选取工业增加值占 GDP 的比重、服务业增加值占 GDP 的比重、非农产业就业比重等指标。对于经济成长的指标，本文主要选取城镇化率、财政收入占 GDP 的比重、外国直接投资净流入、短期外债等指标，这些指标可以反映一国或地区的经济发展程度和社会管理水平。对于人均水平的指标，本文主要选取了人均 GDP、人均固定资本形成总额、人均调整国民收入净值、人均居民最终消费支出、人均资本形成总额等指标，由于一国或地区经济的总量并不能真实地反映一国人民的生活水平，故要对总体的数据进行人均化处理。

（2）社会发展水平指标。社会发展水平是一个国家或地区经济发展的最终目标，不同国家与地区的社会发展水平不同，本文分别从教育、卫生、民生发展等方面综合评估一个地区的社会发展水平。具体来看，教育方面选取公共教育支出、高等院校入学率来反映各国在教育上的投资以及教育发展程度。卫生方面选取每千人拥有床位数、医疗卫生支出来反映各国的医疗水平以及居民可以享受到的医疗卫生服务。民生方面选取移动电话使用量、通电率、电话线路、每 100 人所拥有的电话线路数量和国际互联网用户数量来衡量科技普及率，从而反映居民生活水平和生活质量。

（3）科技发展水平指标。科技是第一生产力，人类社会的快速发展离不开科技的推动，科技发展水平是衡量一国或地区经济发展水平的重要指标，一般来说，科技发展水平越高的地方，经济也越发达。科技的发展程度可以从科技投入、科技产出、科技社会资源、科技创新、信息化程度等角度来衡量。具体指标包括：研发支出、知识产权使用费、居民专利申请量、非居民专利申请量、高科技出口占制成品出口的百分比、每 100 万人中研发技术人员的数量和 R&D 研究人员数量等。

（4）资源环境状况。资源拥有量是发展经济的基础，环境状况是经济可持续发展的前提，资源与环境对一个地区经济发展过程和格局都有着重要影响。资源和环境不仅包括自然资源和自然环境，还包括社会资源和社会环境，只有将自然与社会联系起来，才能真实地反映一个地区的资源环境状况。本文分别从自然资源、社会环境、能耗指标这几个方面来测度一个区域的资源环境状况。具体指标包括：人均可再生内陆淡水资源、森林覆盖率、人口超过100万的城市群中的人口占总人口的比重、贫困人口比例、人口密度、人均铁路里程、城市水源改善、单位GDP能耗、人均耗电量等。

（二）判断模型

采用因子分析法对区域内各国经济的差异进行综合判断，利用降维的思想，在损失很少信息的前提下将众多原始变量转化为较少的几个综合指标（即因子），综合指标包含一个或一个以上原始变量，能反映原始变量的信息。用数学模型表示为：

$$\begin{cases} x_1 = a_{11}f_1 + a_{12}f_2 + a_{13}f_3 + \cdots + a_{1j}f_j + \varepsilon_1 \\ x_2 = a_{21}f_1 + a_{22}f_2 + a_{23}f_3 + \cdots + a_{2j}f_j + \varepsilon_2 \\ \cdots \\ x_i = a_{i1}f_1 + a_{i2}f_2 + a_{i3}f_3 + \cdots + a_{ij}f_j + \varepsilon_n \end{cases}$$

其中，x_i（$i=1$，2，3，…，n）是可观测随机向量（或称为测试变量）；f_j（$j=1$，2，3，…，n）为公共因子，是每个原观测变量表达式中都出现的因子，[①] 也称为共同因子；i 为原有变量的个数，且原有变量经过标准化后其均值都为0，标准差都为1，现将每个原始变量用 j（$j<i$）个因子 f_1，f_2，f_3，…，f_j 的线性组合来表示，构造了如上模型。a_{ij}（$i=1$，2，3，…，n；$j=1$，2，3，…，n）叫做因子载荷，因子载荷是 x_i 与因子 f_j 的相关系数，反映了 x_i 与 f_j 的相关程度。因子载荷越大说明第 i 个变量与第 j 个因子之间的关系越密切，载荷越小，关系越疏远。ε_n 是特殊因子，表示不能被公共因子解释的部分，相当于多元线性回归中的残差。由于 f 和 ε 相互独立，所以 cov（f，ε）$=$ E（εf）$=0$，x_i 与 f_i 的协方差为 cov（x_i，f_i）$=a_{ij}$，由于各个变量的单位不同，故需要对 x_i 进行标准化操作，标准化后 x_i 和 f_i 的标准差都为1。上述模型用矩阵表示为：$X = AF + \varepsilon$，A 代表因子载荷矩阵，F 是因子，ε 是特殊因子。

① 赵喜林、李德宜、龚谊承：《应用数理统计与SPSS操作》，武汉大学出版社2014年版，第236—237页。

因子分析的步骤可以归纳为以下几步：

（1）判断是否适合做因子分析。判断是否适合做因子分析的标准是考察变量之间的相关性，若变量之间相关性强，则适合做因子分析，若不相关，则不适合做因子分析，因为无法综合出变量之间的共同特征。常用的判断方法有相关系数矩阵法、巴特利特球度检验法和 KMO 检验；

（2）因子载荷矩阵的求解和因子提取。因子分析的关键是根据样本数据求解因子载荷矩阵，常用的方法有：主成分分析法、主轴因子法和极大似然估计法等，并根据累积方差贡献率阀值确认提取的公因子数目。本文用主成分分析法，通过坐标变化的手段，将原有的 P 个相关向量 x_i 标准化后进行线性组合，转换成另一组不相关的变量 y_i，于是有：

$$\begin{cases} y_1 = b_{11}x_1 + b_{12}x_2 + b_{13}x_3 + \cdots + b_{1p}x_p \\ y_2 = b_{21}x_1 + b_{22}x_2 + b_{23}x_3 + \cdots + b_{2p}x_p \\ \cdots \\ y_p = b_{p1}x_1 + b_{p2}x_2 + b_{p3}x_3 + \cdots + b_{pp}x_p \end{cases}$$

其中 $b_{i1}^2 + b_{i2}^2 + b_{i3}^2 + \cdots + b_{ip}^2 = 1$ （$i = 1, 2, 3, \cdots, \mathrm{p}$），$y_p$ 为原始变量的主成分，主成分在总方差中的比例依次递减，一般只选取前面几个方差较大的主成分。

因子的个数选择根据提取的主成分方差贡献率来决定，方差的贡献率越大，说明相应的因子的重要性越高。通常选取方差贡献率大于 0.85 时的特征根个数为因子个数。

（3）使因了具有命名可解释性。因子分析一般要求提取出的公因子有实际含义，如果分析中各因子难以找到合适的意义，则可以通过适当的旋转，旋转并不会影响公因子的提取过程和结果，只会改变信息量在不同因子上的分布，从而得到比较满意的主因子。

（4）计算因子得分。公共因子选取的数目确定以后，我们希望得到每个样本数据在不同公共因子上的具体数值（即因子得分），以说明在公共因子上不同原始变量对其的影响程度。因子分析的模型为：$X = AF + \varepsilon$，求解出观测值 X 后，只需将公共因子 F 用观测值 X 来表示，可写为：

$$F_j = b_{j1}X_1 + b_{j2}X_2 + b_{j3}X_3 + \cdots + b_{jp}X_p \ (j = 1, 2, 3, \cdots, m)$$

这就是因子得分函数，矩阵形式为：$F = BX$，其中 $B = (b_{jk})_{m*p}$。估计 B 矩阵的方法很多，通常用回归分析法，采用回归分析法估计 B 矩阵的公式为：在没有旋转时，$B = A^T R^{-1}$；进行旋转后，$B = (A^*)^T R^{-1}$，其中 A^* 为旋转后的因子载荷矩阵，R 为 X 的相关系数矩阵。

（5）综合得分及得分排序。用各公因子的方差贡献率作为权数，通过对公因子得分进行加权，得到综合评价指标得分。

（三）实证结果

本文数据来源于世界银行，对于缺失数据采用指数平滑法进行预测，为了消除指标间量纲的差异，首先对原始数据进行了标准化处理。由于各个指标对于经济发展的影响方向并不一致，对于正向指标，其值越大表示其对经济发展的促进作用越强；对于逆向指标，则需要进行逆向处理，因为逆向指标都是正数，故本文采取对逆向指标取倒数的处理方法。通过因子分析删掉相关程度较低的指标后，本文确定了43个影响经济发展水平的主要指标。在对数据进行分析前，先对变量是否满足做因子分析进行了考察，发现在原变量相关系数矩阵中KMO的统计值为0.712，并且Bartlett检验拒绝原假设，说明各变量呈较强的线性关系，能够从中提取出公共因子，可以做因子分析。

1. 四大指标发展水平分析

（1）经济发展水平。计算出经济发展水平的因子得分，结合变量的实际含义，将F1、F2、F3分别命名为：人均水平、经济总量、经济结构。用旋转后各因子的方差贡献率为权重对三个因子得分进行加权平均，计算出综合得分，计算公式为：$F = 0.39287F1 + 0.38859F2 + 0.1324F3$。计算结果如表2。

表2　**中国与东盟各国经济发展水平因子得分及排名**

国家	F1	F2	F3	综合得分	综合得分排名
中国	-0.08496	2.99294	-1.39608	1.14	1
新加坡	2.55767	-0.20458	0.10563	0.74	2
文莱	1.01284	-0.44290	0.16929	0.57	3
马来西亚	0.29541	-0.20005	0.12911	0.06	4
印度尼西亚	-0.38979	-0.05512	-0.09885	-0.15	5
泰国	-0.26411	-0.21056	0.11054	-0.17	6

续表

国家	F1	F2	F3	综合得分	综合得分排名
菲律宾	-0.28891	-0.29126	-0.72879	-0.32	7
老挝	-0.59359	-0.41016	-0.64228	-0.39	8
越南	-0.77600	-0.36677	2.63422	-0.46	9
缅甸	-0.73465	-0.40700	0.01625	-0.49	10
柬埔寨	-0.73391	-0.40454	-0.29903	-0.53	11

资料来源：根据世界银行数据库数据计算而得。

从上述因子分析结果中我们可以得到如下结论：

第一，影响一个国家经济发展水平的主要因素是人均水平和经济总量，这两项的方差贡献率分别为39.29%、38.86%，两者相加解释整体方差的能力达到了78.15%。而这两者的方差极为相近，说明一国在发展经济的时候不仅要重视经济总量的增长，还要注意人均水平的增长。

第二，新加坡、马来西亚在F1、F2上的得分均较高，表明这两国经济发展在总量与质量上都较高。文莱在F1上的得分较高，但F2得分较其他国家而言较低，主要原因在于文莱国土面积小，人口少，人均水平高。中国在F2上的得分最高，主要原因是经济发展迅速，经济总量增长迅速，但由于人口众多，故F1得分仅排第四位。

第三，中国、新加坡、文莱、马来西亚、印度尼西亚在区域内经济发展水平较高，泰国、菲律宾、老挝、越南经济发展水平属于中等，而缅甸、柬埔寨的经济发展水平则靠后。主要原因在于，新加坡、文莱、马来西亚经济较发达，市场经济起步早；中国属于后起之秀，凭借着丰富的自然资源与廉价劳动力在国际市场上迅速崭露头角；而缅甸、柬埔寨则受制于国土面积小、人口少、资源少，发展缓慢。

（2）社会发展水平。计算出社会发展水平的因子得分，结合变量的实际含义，将F1命名为教育卫生，F2命名为生活质量。用旋转后各因子的方差贡献率为权重对公共因子得分进行加权平均，计算出综合得分，计算公式为：$F=0.41454F1+0.37752F2$。计算结果如表3。

表 3　　中国与东盟各国社会发展水平因子得分及排名

国家	F1	F2	综合得分	综合得分排名
中国	2.99363	-0.03470	1.23	1
新加坡	-0.27849	1.50308	0.45	2
马来西亚	-0.36500	1.02310	0.23	3
泰国	-0.32904	0.70452	0.13	4
文莱	-0.17934	0.43126	0.09	5
越南	-0.21429	0.45009	0.08	6
印度尼西亚	-0.19992	0.01585	-0.08	7
菲律宾	-0.43522	-0.08958	-0.21	8
老挝	-0.21391	-0.95937	-0.45	9
柬埔寨	-0.56664	-1.17169	-0.68	10
缅甸	-0.21178	-1.87254	-0.79	11

资料来源：根据世界银行数据库数据计算而得。

从上述因子分析结果中我们可以得到如下结论：

第一，提取的两个公共因子的方差贡献率分别为 41.45%、37.75%，两者相加解释整体方差的能力达到了 79.21%，这说明教育卫生及生活质量是判断一国社会发展水平的重要指标，其中，教育卫生的方差贡献率高于生活质量，体现了教育卫生在社会发展中的重要地位，教育对一个国家居民素质的培养有着至关重要的作用，而卫生是居民健康的重要保证，故一国要想提高社会水平首先就要从提高教育水平和卫生状况入手。

第二，中国、文莱、印度尼西亚在 F1 上的得分最高，主要原因在于，中国和印度尼西亚人口基数大，而新加坡、马来西亚人口少，所以 F1 得分不高。柬埔寨和菲律宾的 F1 得分是最低的，因为其经济发展水平较低，在教育和卫生上的投入较少。生活质量较高的是新加坡、马来西亚，其 F2 的得分排在前两位，说明其国内居民基本生活能够得到保障、普遍能享受科技带来的成果、居民的受教育程度高。

第三，中国、新加坡、马来西亚社会发展水平较高，泰国、文莱、越南、印度尼西亚社会发展水平属于中等水平，而菲律宾、老挝、缅甸、柬埔寨的社会发展水平落后，造成这种差异的主要原因是经济发展水平有所不同。经济发展水平较高的国家，政府在教育卫生上的投入较大，居民能够享受的经济发展成果多，而这些国家的居民收入水平也较高，在满足生存需要之余还有剩余的资金满足自我发展的需要。但在经济发展落后的国家，政府任务主要是发展本国经济，对于教育和卫生方面的投入较少，本国居民的收入较低，收入主要用来维持基本的生活需要。

（3）科技发展水平。计算出科技发展水平的因子得分，结合变量的实际含义，将 F1 命名为科技产出，F2 命名为科技投入。用旋转后各因子的方差贡献率为权重对两个因子得分进行加权平均，计算出综合得分，计算公式为：$F = 0.47148F1 + 0.40379F2$。计算结果如表 4。

表 4　　**中国与东盟各国科技发展水平因子得分及排名**

国家	F1	F2	综合得分	综合得分排名
中国	2.98000	0.07642	1.44	1
新加坡	-0.32000	2.81349	0.99	2
马来西亚	-0.45000	0.44352	-0.03	3
泰国	-0.34000	-0.01238	-0.17	4
缅甸	-0.03000	-0.45400	-0.20	5
老挝	-0.01000	-0.51103	-0.21	6
越南	-0.35000	-0.25621	-0.27	7
菲律宾	-0.40000	-0.25128	-0.29	8
文莱	-0.43000	-0.38643	-0.36	9
印度尼西亚	-0.31000	-0.54762	-0.37	10
柬埔寨	-0.35000	-0.91449	-0.53	11

资料来源：根据世界银行数据库数据计算而得。

从上述因子分析结果中我们可以得到如下结论：

第一，影响一个国家科技发展水平的主要因素是科技投入与科技产出，这两项方差贡献率分别达到 47.15%、40.38%，两者相加解释整体方差的能力达到了 87.53%。在科技产出上，对其影响最大的是 c3（居民专利申请量），这说明一国居民的创新能力对一国科技发展起着重要作用，国家要重视对国民创新能力的培育。而在科技投入因子上，研发费用的贡献率不及 R&D 研究人员的贡献率大，再次说明人才对一国科技发展的重要作用。

第二，中国、印度尼西亚、新加坡、泰国的F1得分较高，主要原因是这几个国家一直以来对科技都相当重视。特别是中国推出了一系列政策鼓励国民创新创业，加上人口众多，故研发总量远远大于人口少的国家。需要说明的是，老挝、缅甸F1得分较高的原因是其c3、c4数据缺乏，运用均值法补充了该国的缺失数据，故计算结果可能会有偏差。从F2的得分来看，新加坡、马来西亚、中国从事科研的人数较多，缅甸、老挝、柬埔寨从事研发的人员较少，主要是由于缅甸等国家经济发展水平较低，缺乏科研资金。

第三，科技发展水平较高的国家是中国、新加坡、马来西亚、泰国。中国模仿创新的能力强，政府提出科技兴国战略，在经济发达省份建立了大批科技孵化基地。新加坡则是东盟国家中整体科研实力最强的国家，新加坡政府十分重视基础科学和高新技术领域的研究与开发。马来西亚在航空航天、信息技术、生物科学领域有较强的科研实力，是第一个对太空进行探索并拥有完善发展计划的东盟国家。泰国在生物科学领域成就卓越，在政府鼓励下建立了一大批科研机构，如泰国橡胶研究所、皇家农业实验室等。其他东盟国家的科技发展水平较低，主要原因是没有资金支撑、缺乏高科技人才和设备，特别是老挝、缅甸在高科技领域基本是空白，其他东盟国家在科研上关注的主要是与本国当前经济发展有密切联系的实用技术。

（4）资源环境状况。计算出资源环境状况的因子得分，结合变量的实际含义，将F1命名为社会资源，F2命名为自然资源，F3命名为城市发展。用旋转后各因子的方差贡献率为权重对三个因子得分进行加权平均，计算出综合得分，计算公式为：$F = 0.40329F1 + 0.24821F2 + 0.23732F3$。计算结果如表5。

表5　**中国与东盟各国资源环境状况因子得分及排名**

国家	F1	F2	F3	综合得分	综合得分排名
新加坡	2.85	-0.41	0.76	1.23	1
文莱	-0.52	1.12	1.68	0.47	2
老挝	0.21	2.21	-0.89	0.42	3
马来西亚	-0.41	0.61	1.09	0.24	4
印度尼西亚	-0.11	-0.16	-0.51	-0.20	5

续表

国家	F1	F2	F3	综合得分	综合得分排名
柬埔寨	-0.37	-0.04	-0.37	-0.25	6
缅甸	-0.03	0.21	-1.65	-0.35	7
菲律宾	0.25	-0.82	-1.07	-0.36	8
越南	-0.69	-0.70	0.37	-0.36	9
泰国	-0.49	-0.90	0.11	-0.40	10
中国	-0.69	-1.13	0.48	-0.45	11

资料来源：根据世界银行数据库数据计算而得。

第一，从输出的数据中我们可以看到三个公共因子的方差贡献率分别为40.33%、24.82、23.73%，三者相加解释整体方差的能力达到了88.88%。影响一个国家资源环境状况的因素以社会资源为主，在社会资源因素中选取原始变量带有人均性质，因为人口稠密程度对于资源环境的质量有重要影响，一般来说，人口基数大的国家，单位人口拥有的资源就少。

第二，新加坡在F1上的得分最高，主要是新加坡在发展经济的同时注意资源的循环利用，提出循环经济发展蓝图。2014年，新加坡将这一蓝图进一步拓展，提出了五大愿景，分别是建设具有生态智慧的宜居城镇、打造少车区、减少交通拥堵、零浪费文化和绿色经济，动员全民一致努力达到目标，致力于建立更宜居的新加坡。菲律宾、老挝、缅甸等国F1得分也较高，与这些国家工业不发达，污染较少，人均拥有的社会资源相对较多有关。中国在F1上的得分最低，主要是因为中国人口多，虽然社会资源不断增加，但人均享受的社会资源却远远不及其他国家。F3衡量的是城市发展情况，经济相对发达的文莱、新加坡、马来西亚等国的城市发展水平较高。中国、越南、泰国则是凭借国内丰富的廉价劳动力和自然资源拉动国内经济发展，贫困人口逐渐减少，城市发展水平不断提高。其余的东盟国家则因为经济较为落后，主要以发展农业为主，城市发展水平较低。

2. 总体水平分析

根据输出的各模块的因子得分及最终综合得分排序，可得出区域总体得分情况，如表6所示。

表 6　　**中国与东盟十国经济差异综合得分排序表**

国家	经济发展水平排序	社会发展水平排序	科技发展水平排序	资源环境水平排序	综合排名
中国	1	1	1	11	2
新加坡	2	2	2	1	1
文莱	3	5	9	2	4
马来西亚	4	3	3	4	3
印度尼西亚	5	7	10	5	7
泰国	6	4	4	10	5
菲律宾	7	8	8	8	8
老挝	8	9	6	3	6
越南	9	6	7	9	9
缅甸	10	11	5	7	10
柬埔寨	11	10	11	6	11

资料来源：根据 SPSS19 统计结果整理而得。

从表 6 可以看出，区域经济总体发展水平较高的是新加坡、中国、马来西亚，其次是印度尼西亚、文莱、泰国、老挝，经济发展总体水平较差的是菲律宾、越南、缅甸、柬埔寨。

为进一步分析区域经济差异的梯度特征，根据表 6 的综合得分排序情况对中国与东盟十国进行区域经济发展的聚类分析，得到结果如表 7。

表 7　　**中国与东盟十国经济差异的梯度分类**

梯度	国家
一	新加坡、文莱、马来西亚
二	中国、泰国
三	印度尼西亚、菲律宾、老挝、越南、缅甸、柬埔寨

资料来源：根据 SPSS19 统计结果整理而得。

从聚类分析的结果可以看出，区域经济差异的梯度明显，区域内国家可以分为三个梯度，第一梯度为新加坡、文莱、马来西亚，第二梯度为中国、泰国，第三梯度为印度尼西亚、菲律宾、老挝、越南、缅甸、柬埔

寨。第一梯度上的国家人均经济发展水平高、科技创新能力强、社会生活水平高、资源相对丰富。第二梯度上的国家经济发展迅速，信息化程度相对较高，但由于人口较多，人均经济发展水平不高，且这些国家在经济高速发展的同时，对环境和资源保护不足，所以资源环境得分排名较为靠后；第三梯度上的国家都是经济发展总体水平偏低，经济发展缓慢、科技创新能力弱、居民生活水平较低，但人均自然资源较丰富的国家。

除新加坡、马来西亚、菲律宾外，区域内其他国家各项指标发展不平衡。新加坡在资源环境水平上的排序为第一，其他三项都为第二，马来西亚两项指标第三、两项指标第二，菲律宾在经济发展水平指标上排第七，其余三项都排第八。发展最不平衡的当属中国，前三项指标排名第一，资源环境水平指标却排最后一名，这说明中国在发展经济的时候没有重视环境保护。此外，中国是人口大国，人均资源拥有量少，经济发展中环境承载能力弱。文莱发展也较不平衡，虽然文莱是世界上最富裕的国家之一，但在科技发展水平上的得分却远远落后于其他三项的得分。其他国家经济发展不平衡主要表现为科技发展水平与经济发展水平不平衡。

二　中国与东盟各国经济梯度差异的成因

（一）自然资源与区位因素

自然资源与区位因素对经济梯度差异有较大影响。第一梯度上的新加坡、文莱、马来西亚均拥有丰富的油气和生物资源，地处国际大洋航线的枢纽，拥有天然的优良港湾，对外交通便捷，有利于这些国家将本国的资源优势转化为经济优势。这几个国家经济总量虽然不大，但优越的地理位置使得其成为世界主要转口贸易集散地，加之近年来这些国家的政府颁布了一系列促进外贸的措施，使得其经济发展迅速。第二梯度上的中国和泰国，各种自然资源储量丰富，海陆交通便利，往西有宽阔的经济腹地，往东是狭长的海岸线，为海外贸易的发展提供了良好的基础设施条件。而第三梯度上的国家区位优势则没有那么强，老挝深居内陆，虽然有丰富的自然资源，但国内缺乏大城市，需求较小，距离邻国大城市远，在现有区位条件下，长距离运输使得产品成本上升，对外竞争力弱。缅甸、越南、菲律宾、印度尼西亚虽然也拥有海陆兼备的区位，但都不是处在海上交通的关隘，距离经济中心远，接收到的经济辐射有限，经济发展较为落后，加之其港口的经济腹地条件较差，使得这些国家经济发展总体水平较低。

（二）科学教育水平

科学教育水平是划分梯度差异的重要依据。在各因素的因子排名中，在科技、教育项上得分较高的国家，其在最终排名上也相对较高。科技是促进经济发展的重要动力，能够促进生产效率的提高，教育是科技发展的基础。处于第一梯度上的国家在教育普及程度、受高等教育人数、科研实力、人才数量上占据绝对优势。新加坡科技发展水平是区域内最高的，世界三大研究所之一的 ASTAR 研究所（Agency for Science, Technology and Research）就坐落在新加坡，此处汇集了全球各类顶尖科学研究者。马来西亚的科技水平在区域内仅次于新加坡，这两个国家对教育投资力度大，教育基本免费，受过高等教育的国民比重大，国民思想观念更新速度快，开放水平更高。在第二梯度上的中国与泰国，其科技水平相对较低，正处于上升阶段，研发投入占 GDP 的比重逐年增加，目前两国的科技创新能力较弱，但是科技模仿能力强。在教育方面，两国的初等教育基本得到普及，但教育资源不均衡，高水平的教学科研单位集中在国内的某几个省，国民素质相对第一梯度上的国家低。处于第三梯度上的国家，除了印度尼西亚科技水平相对较高之外，其他国家的科技研发能力较弱，研发投入占 GDP 的比重较小。在教育方面，第三梯度上的国家尚未完全普及初等教育，师资力量薄弱，文化较为封闭，国民思想观念更新慢。中国—东盟自贸区内各国科技与教育水平发展的不平衡，加剧了各国经济的梯度差异。

（三）经济基础与发展政策

由于历史的原因，各国经济发展的起点就存在差异，加之各国经济政策与对外开放水平不同，导致各国经济梯度差异。就第一梯度上的国家而言，它们发展市场经济的时间较早，经济基础较好。新加坡自 1824 年就成为英国的殖民地，发展模式受英国影响大，1965 年独立后采取了出口导向型的经济发展策略，大力改善基础设施、实行税收优惠政策、提供银行与贷款服务，提供了良好的投资环境，吸引了大量外资进入，20 世纪 90 年代初期，新加坡已经成功跻身亚洲新兴工业国的行列。马来西亚从20世纪70年代开始不断调整产业结构，大力推行出口导向型经济，在遭遇金融危机时采取多项刺激经济与内需的措施，推动经济平稳发展。在第二梯度上的国家经济起步相对较晚，各项基础设施正在逐步完善，投资环境不断优化。中国从20世纪70年代末才开始将工作重心转移到现代化建设上，2001年加入世界贸易组织后，中国经济进入快速发展时期，当今中国已经成为拉动全球经济增长的重要引擎。泰国经济在20世纪80年代发展迅猛，但1997年的金融危机使得其经济高速增长的态势戛然而止，直到1999年，泰国政府实行了一系列刺激经济的财政金融政策以及投资优惠政策，才使得泰国经济逐渐复苏。第三梯度上的国家经济基础薄弱，受本国宗教文化影响，对外开放程度相对较小，再加上基础设施不完善，政治不稳定等，使得外资望而却步。国内经济发展水平较低，内需不足同样也制约了第三梯度国家的经济发展，进一步加剧了它们与前两个梯度上国家的差距。

三 中国—东盟自贸区内经济协调发展的建议

中国—东盟自贸区内经济发展不平衡虽然是客观存在的经济规律，但可以通过一系列的措施逐步缩小区域内各国经济的差距，最终实现相对平衡、协调发展。中国—东盟自贸区可以调整和完善现有的经济合作框架，通过加强区域内产业合作、促进人才流动、优化投资环境等促进中国与东盟国家之间经济的协调发展。

（一）推动区域内产业合作

处于第一梯度上的国家，因为拥有资金和技术上的优势，其产业发展将会侧重于开发新技术、创造新产品、创造新需求。同时，将已经进入成熟期甚至衰退期的产业往外转移。处于第二梯度的国家，拥有较为丰富的自然资源和完备的制造业体系，劳动力素质相对较高，生产经验较丰富，但长期发展加工制造业，缺乏核心技术，被锁定在国际分工的底部。因此，它们希望与别的国家在高科技产业方面开展合作，通过技术外溢、技术转移等形式提高自身研发能力，实现产业升级。处于第三梯度上的国家，缺乏资金、人才，不具备发展高科技产业的优势，但拥有丰富的自然资源和大量廉价劳动力，可以通过承接劳动密集型产业、资源密集型产业来扩大出口，创造利润，为本国经济的发展积累资金。因此，中国—东盟自贸区的经济合作框架，应该考虑到经济发展不同梯度国家的特点，调整、完善现有的贸易、投资、产业合作政策，通过采取贸易自由化和便利化、投资自由化和便利化措施，让区域内国家能够基于自身经济发展特点、比较优势，参与到自贸区内部的分工中，让自贸区内的产业合作得以实现。具体而言，相关政策的目标应该让第一梯度的国家愿意将成熟产业转移到区域内的第二、第三梯度的国家。第二、第三梯度的国家能够在自贸区政策范围内提高自身进行产业合作的能力。同时，政策的调整还应该注重开展与自贸区外发达经济体的产业合作，通过此类产业合作的技术溢出效应，促进自贸区内的产业升级。

（二）促进区域内人才培育和流动

人力资源是经济发展的关键，产品研发、科技创新、企业经营都离不开高素质的人才。中国—东盟自贸区内的各国人才分布不均，受教育程度差异大，主要表现为高梯度国家人才数量多、质量高，低梯度地区人才数量少、质量低。对于低梯度国家而言，一方面要增加教育经费，重点发展职业教育，提高专业化工人的数量与劳动技能；另一方面要完善国内人才引进制度，积极开发和利用国外智力资源，同时为海外人才，特别是留学人员参与国内科技发展和经济建设创造条件。因此，中国—东盟自贸区的经济合作框架，应该建立并完善区域内人才流动的相关政策，降低区域内人才流动门槛，同时还要重视自贸区外部人才流入的鼓励政策。这些政策主要涉及自贸区内成员国之间、自贸区与区域外经济体之间的技术人员培训、各个层次教育资源的交流与合作等。

（三）优化区域内投资环境

基础设施建设是一个地区经济发展的基础，完善各项基础设施，提高基础设施承载水平，是改善投资环境的必然要求，也是一国经济长期持续稳定发展的重要基础。目前，第一、二梯度上的国家拥有较为完善的基础设施，在交通、通信、水电等硬件以及教育、科技、医疗卫生和体育等软

件方面都较为发达。而第三梯度上的国家基础设施较为落后，严重制约了其经济发展的速度，成为经济发展的拦路石。因此，中国—东盟自贸区的经济合作框架，应该重视成员国基础设施建设，帮助成员国优化投资环境，着重加强成员国在基础设施建设方面的合作，比如，进一步推进中国与东盟国家之间在基础设施上的互联互通，让基础设施落后的第三梯度国家能够改善交通、通信等基础设施，提高投资环境，以利于自贸区内部、外部直接投资的流入。

Research on the Economic Gradient Difference and the Coordinated Development of China-ASEAN Free Trade Area

Wei Qianqing　Yang Fan

Abstract　One of the goals to upgrade the China-ASEAN Free Trade Zone is to promote the coordinated development of regional economy. However, there are great differences in the economies of the countries within the region. In this paper, a factor analysis approach is applied on analyzing the data of 47 indexes of China and ASEAN countries by utilizing SPSS19, and the results indicate obvious differences in the levels of economic development between China and ASEAN countries which can be divided into three gradients. The major factors contributing to the economic gradient differences in the region include the differences in the natural environment and the location, the education level and the development level of science and technology, and the economic base and the development policies. The countries in this region can jointly reduce regional economic differences and achieve coordinated economic development through measures such as industrial cooperation, strengthening personnel training and moblity of telents, and optimizing the investment environment.

Key Words　China-ASEAN Free Trade Area; economic gradient; coordinated development

Authors　Wei Qianqing, Ph. D in Economics, Professor at China-ASEAN

Regional Development Cooperative Innovation Center, Business School of Guangxi University; Yang Fan (Corresponding Author), MA in International Trade, China United Network Communications Co. Ltd. Nanning branch.

国家石油公司与东南亚的能源安全

陈礼军

【摘要】设立国家石油公司以保障能源安全是东南亚较普遍的现象。国家石油公司通过掌控油气资源、主导市场和国际化经营，较好地适应了东南亚持续增长的以油气为主体的能源需求，从而成为东南亚能源安全的主角。近年国家石油公司更加主动地进行国际化经营、发展天然气业务和推进跨东盟天然气网建设，提升了东南亚油气供求的多样化，调整了能源消费结构，促进了东盟能源的相互依赖和合作。国家石油公司不但是东南亚能源安全的主角，也是推动东盟能源一体化的重要推手，是影响东南亚地缘政治的重要因素。

【关键词】东南亚　国家石油公司　能源安全　油气

【基金项目】广西大学 211 四期软科学研究科研基金资助项目（DMYJY201212）

【作者简介】陈礼军，广西大学中国—东盟研究院，马克思主义学院，博士，副教授。

在东南亚国家中，普遍建立了国家石油公司以保证能源的供应，这是东南亚能源安全的突出现象。在东南亚的 11 国中，有 7 个国家设立了由国家控股的国家石油公司，包括东南亚主要的人口经济体（印度尼西亚、马来西亚、泰国、菲律宾、越南、缅甸）和文莱。老挝、柬埔寨、东帝汶等国虽由于资源、经济和国力等各种原因未设立国家石油公司，但近年来政府对石油业务亦多有涉足，如柬埔寨石油化工公司（CPC）就得到了政府的支持。因此，国家石油公司与东南亚的能源安全有着紧密的联系。

东南亚的国家石油公司根据产生背景和目的，大致可分为两类。一类是较早发现油气资源的国家，如缅甸、印度尼西亚、文莱等国，为了掌握本国的油气资源，争取一定的经营权和权益，而成立了国家石油公司。分别是缅甸石油天然气公司（MOGE，1963 年）、印度尼西亚国家石油公司（Pertamina，1968 年）、文莱液化天然气公司（BLNG，1969 年）。① 另一类是 1973 年第一次石油危机发生后，各国意识到保障石油供应的重要性而设立的国家石油公司，分别是菲律宾国家石油公司（PNOC，1973 年）、马来西亚石油公司（Petronas，1974 年）、越南国家油气集团（PVN，1977 年）、泰国国家石油公司（PTT，1978 年）。新加坡在 1977 年一度成立了国有的新加坡石油公司（SPC），之后政府将股份稀释，SPC 成为政府关联企业。

目前，国内学者对东南亚能源安全的关注较多的是从外交角度对中国与东盟能源合作进行研究，对东南亚主要的国家石油公司，如马来西亚石油公司、泰国国家石油公司、印度尼西亚国家石油公司等只有不多的介绍。国际能源署（IEA）、美国能源署（EIA）和东盟能源中心对东南亚能源安全的研究着力于东南亚或东盟的整体，对国家石油公司的深入研究相对较少。②

从东南亚能源安全现实看，国家石油公司不但与东南亚各国能源安全有密切关系，而且其作用有愈来愈重要之势，在近年发生了一些值得关注的重大变化。基于此，本文尝试对国家石油公司在东南亚能源安全中的作用及近来的变化作分析。

---

① 文莱的几个主要油气公司政府都占有 50% 的股份（另外的 50% 为壳牌公司拥有），但严格来说，政府对公司没有绝对的控制权，特别是经营权，与政府绝对掌控的马来西亚石油公司和印度尼西亚国家石油公司等有所不同。

② 国家石油公司虽有 90 多年历史，但一直得不到重视，西方早期对其评价有较浓的政治色彩，对其的商业评价往往也与效益低下相联系。直到 20 世纪 90 年代后，对国家石油公司的研究才比较平实，开始注意到国家石油公司在国家社会经济中的作用。特别是 21 世纪后，国际组织和研究机构对国家石油公司的关注度提升，相关研究也进一步深化和细化，如美国得克萨斯大学奥斯汀分校能源经济中心（CEE）对国家石油公司商业框架的分析。新成长的东南亚国家石油公司并不是西方相关研究的重点，目前国内对此的深入研究成果也比较少见，尽管其与中国关系密切。

一　东南亚油气需求的增长与国家石油公司作用的凸现

（一）油气是东南亚能源消费的主体

近年来，随着经济和人口的增长，东南亚各国对能源的需求增长迅猛。根据国际能源署预计，2040 年东南亚各国的能源需求要比 2015 年增加 80%，需求总量达到 1070 百万吨。[①] 东南亚成为中国、印度之外亚洲能源需求的主要区域，成为世界能源市场的重大影响因素。东南亚的能源需求和消费呈现出增长迅猛、以化石能源为主和供求失衡的区域特点。

2040 年，东南亚的能源需求将达到近 1070 百万吨油当量，几乎是 2013 年的两倍（见表 1）。根据测算，2013—2040 年，东南亚一次能源需求年均增长达 2.2%，而同期世界年均增长率为 1%，东南亚是印度（3.4%）之外能源需求增长最快的地区。2013 年，欧盟能源需求规模为 1624 百万吨油当量，2040 年下降至 1377 百万吨油当量，年均增长率为 -0.6%。[②] 东南亚的能源需求不但增长很快，而且整体规模有与欧盟接近的态势。

表 1　　**东南亚一次能源需求**　　单位：百万吨油当量

能源需求＼年份	1990	2013	2020	2040	比重（%）		年均增长率（%）
					2013	2040	2013—2040
化石燃料	132	437	547	838	74	78	2.4
石油	89	213	247	309	36	29	1.4
天然气	30	133	149	220	22	21	1.9
煤炭	13	91	151	309	15	29	4.6
核能	—	—	—	8		1	n/a
可再生能源	102	156	169	223	26	21	1.3
水电	2	9	10	22	2	2	3.1
生物能	93	122	127	134	21	13	0.4
其他	7	25	32	67	4	6	3.8

① International Energy Agency（IEA），Southeast Asia Energy Outlook 2015，p. 9.

② International Energy Agency（IEA），World Energy Outlook 2015，p. 69.

续表

年份 / 能源需求	1990	2013	2020	2040	比重（%）		年均增长率（%）
					2013	2040	2013—2040
总计	234	593	716	1069	100	100	2.2

资料来源：International Energy Agency（IEA），Southeast Asia Energy Outlook 2015，p. 30.

从东南亚能源的需求结构看，东南亚的能源需求和消耗主要是化石能源（石油、天然气和煤炭）。2013 年，东南亚的化石能源需求为 437 百万吨油当量，占整个能源需求 593 百万吨油当量的 74%，而到 2040 年，化石能源需求达到 838 百万吨油当量，占整体能源需求 1069 百万吨油当量的 78%，比重不降反增。所以，在当前和未来相当长的一段时间内，东南亚的能源消费主要以化石能源为主。在化石能源结构中，油气又是主要部分。1990 年，油气占化石能源需求比率高达 90%，2013 年为 79%，2020 年为 72%，2040 年为 63%。尽管油气在东南亚的化石能源结构中有下降趋势，但仍是化石能源的主体部分。

一方面，东南亚的能源需求增长迅猛且集中在化石能源，另一方面，东南亚的本地能源供应并不能满足这种增长，特别是不能满足对石油的需求。东南亚目前证明的可开采石油为 13.8 亿桶，主要集中在印度尼西亚和马来西亚两国（占 56%）。2001 年，东南亚的石油开采达到顶峰的 300 万桶/天，此后逐渐下降到 2014 年的 250 万桶/天。因油田的老化和探寻新油田工作的停滞，预计 2040 年东南亚石油生产下降到 160 万桶/天。与此相反，东南亚的石油需求将从 2014 年的 590 万桶/天增加到 2040 年的 850 万桶/天。石油供求严重失衡。即使是东南亚的产油大国印度尼西亚，2014 年的石油产量是 80 万桶/天，仅能满足其国内消费的一半。马来西亚 2014 年的石油产量是 67 万桶/天，也仅能供应国内。而且东南亚炼油能力也十分有限（2014 年为 490 万桶/天，2040 年可能增加到 750 万桶/天），① 这些情况使得绝大多数的东南亚国家成为石油净进口国。

相比石油，天然气是一种更清洁的能源，在东南亚的贮量也很丰富，但其分布极不平衡。目前证明可开采量为 7.5 万亿立方米，主要集中在印度尼西亚和马来西亚，两国天然气占到整个东南亚贮量的 74%。2013 年，

① International Energy Agency（IEA），Southeast Asia Energy Outlook 2015，p. 91，pp. 52 - 55.

东南亚天然气生产量为 214 亿立方米，其中出口量为 54 亿立方米。不过，随着东南亚对天然气需求的增长和开采难度的加大，预计到 2040 年，东南亚将变成天然气进口地区，进口量大约为 10 亿立方米。① 目前除了印度尼西亚、马来西亚和文莱，东南亚的其他国家大多需从国外进口一定数量的天然气。

从整体看，东南亚的化石能源需求持续增长，除煤炭外②，本地油气资源的不足使各国不得不从域外进口油气以平衡能源需求。③ 油气对外依存度，特别是东南亚各国的石油对外依存度将由 2013 年的 57% 提高到 2040 年的 79% 。曾经的欧佩克成员国印度尼西亚，对外石油依存度也将由 2014 年的 48% 急剧提升到 2040 年的 78% 。④ 这说明东南亚能源安全对国际市场的依赖，尤其是在油气的获得方面，而掌握油气供应的各国石油公司，成为东南亚能源安全的关键。

（二）国家石油公司角色的变化

东南亚的国家石油公司，作为国家权益的代表，为国家利益服务，尽管各国家石油公司的经营方式不同，但通常具有以下主要职能：（1）向国家提供资金；（2）保证本国的油气供应、能源安全；（3）承担一定的社会责任；（4）负责本国油气资源的勘探、开采，发展本国油气工业，开拓国外业务；（5）代表国家同外国石油公司谈判、签订油气合同；（6）在合资（合营）企业中参与分配、经营和管理；（7）对国内油气市场进行监督和调控，为政府决策提供意见。

随着东南亚各国对油气需求的上升，为保证能源安全，各国的国家石油公司功能有了较大的变化。首先表现在国家石油公司对国内油气市场的主导。2011 年，泰国国家石油公司在国内市场份额达 35. 8% ，进口原油总

---

① International Energy Agency（IEA）, Southeast Asia Energy Outlook 2015, p. 70.

② 截至 2013 年底，东南亚煤炭的探明储量有 280 亿吨，占世界总量的 3% 左右，绝大多数（80%）位于印度尼西亚，其余大部分在越南。东南亚的煤炭资源比较丰富，但各国分布极不平衡。International Energy Agency（IEA）, Southeast Asia Energy Outlook 2015, p. 66.

③ 不但如此，因东南亚的化石资源主要集中于印度尼西亚、马来西亚、缅甸和越南等国，所以东南亚的能源供求失衡不仅是整体性的，国家间的差别也很大。

④ International Energy Agency（IEA）, Southeast Asia Energy Outlook 2015, pp. 70 – 71.

量占全国进口原油的86.5%，拥有全国炼油能力的35%。[①] 2015年，泰国国家石油公司的国内市场份额从2013年的38.7%提高到39.9%，是泰国最大的成品油供应商。[②] 2016年，印度尼西亚国家石油公司在印度尼西亚的市场份额为43.5%。[③] 马来西亚石油公司拥有马来西亚绝大部分油气区块的股份，2016年该公司的税收、股息占全国20%以上，是该国政府收入主要来源之一。[④]

此外，各国国家石油公司利用天然的政治、经济和文化优势，树立了各自的油气品牌，将其变成国内，甚至在国际上有一定影响力的油气主导品牌。马来西亚石油公司通过其全国超过1400家的加油站将“Petronas”这个名字植入各地，并开发了一系列的汽油、柴油、润滑油、基础油、天然气品牌。又通过赞助世界一级方程式汽车比赛，提升品牌的国际知名度。著名的吉隆坡双子塔是马来西亚石油公司的总部，也是马来西亚标志性的城市景观，成为马石油实力和品牌最好的文化广告。“Petronas”渗入马来西亚经济、社会和文化的方方面面，成为该国具有巨大影响力的油气公司。泰国国家石油公司的火焰标志“PTT”、印度尼西亚国家石油公司的三色标志，都是本国家喻户晓的油气品牌。美国《石油情报周刊》（PIW）2016年11月公布的2016年世界50家最大的石油公司综合排名中，马来西亚石油公司位列第20，印度尼西亚国家石油公司排名第27位。有3家东南亚国家石油公司进入美国《财富》发布的2017年世界500强排行榜：马来西亚石油公司排第184位，泰国国家石油公司排第192位，印度尼西亚国家石油公司排第289位。这也从一个侧面反映了国家石油公司的实力。

东南亚能源需求的增长，促使国家石油公司更积极扩展业务以保证能源安全。之前国家石油公司的业务一般有油气勘探开发、油气加工、产品销售、油气进出口等。现在，东南亚的国家石油公司将保证国家长期的能源安全放到了首要的地位。这个定位扩大了其业务的区域和范围。2015年，马来西亚石油公司将其业务范围定为：（1）勘探、生产在马来西亚和国外的原油和天然气；（2）液化、销售天然气；（3）天然气的加工和运销；（4）石油产品的提炼和销售；（5）石油化工品生产和销售；（6）与

---

① 张伟丰：《泰国能源研究》，云南大学博士学位论文，2013年，第56、58、108页。

② PTT Public Company Limited, Annual Report 2016, p. 50.

③ Pertamina, Annual Report 2016, p. 283.

④ U. S. Energy Information Administration (EIA), Country Analysis Brief: Malaysia, 2017, p. 4.

液化天然气、原油和石油产品相关的航运和物流。马来西亚石油公司将其核心业务放在油气业务上，虽然国内油气资源较丰富，但为保证长期油气供应安全，其极为强调和注重海外业务。2015 年，马来西亚石油公司海外资本性支出占到公司总资本性支出的 45.9%，是东南亚国家石油公司中国际化程度最高的公司。①

同样为增进国家能源安全，印度尼西亚国家石油公司的做法是将业务拓展到更大的范围。根据章程，公司业务包括（1）油气勘探；（2）油气开采；（3）勘探、开发地热，地热发电，生产电能；（4）石油燃料、特种燃料、非燃油、液化天然气、液化气等产品或半成品的生产；（5）生物燃料的生产、供应、加工、运输等业务；（6）石油、燃油、气体燃料和其他产品的运输，包括管道运输；（7）石油、燃料及其他产品的储存；（8）石油、石油燃料、气体燃料，包括电能的销售、进出口等；（9）新能源和可再生能源的开发、生产和商业活动。② 可以看出，为应对能源供需变化，印度尼西亚国家石油公司由传统的油气业务，扩展到电能、生物燃料、新能源和可再生能源的开发和生产上。这也使印度尼西亚国家石油公司变成了一个综合的能源供应商，这代表了国家石油公司以后发展的一个方向。

为应对日益增长的油气需求，东南亚的国家石油公司逐渐超越了单纯掌控油气资源或国内市场的目标，保证国家长期的能源安全任务日益突出。在此过程中，东南亚的国家石油公司通过主导市场及扩展业务，在各国能源供应中处在了一个突出的地位，成为东南亚国家能源安全的主角。

二　国家石油公司以国际化经营力保油气供求平稳

（一）国家石油公司上下游业务的国际化

东南亚的国家石油公司成立之初，虽拥有对本国油气资源的所有权和管理权，但却缺乏技术和资金，在上游勘探开采业务方面更是如此。因此，各个国家石油公司更多地选择与原来的国际石油公司进行合作，并一般采用产量分成合同制。这种产量分成合同制强调东道国参与企业管理，

① Petronas, Annual Report 2015, p. 16, p. 63.

② Pertamina, Annual Report 2015, p. 116.

国际石油公司不再垄断开发项目运营，并向东道国政府或授权机构报告。[①] 对东南亚的国家石油公司而言，通过与国际石油公司的接触及参与管理，它们逐步提升了自身的技术和行政能力，并拓展了国际化视野。

进入21世纪，东南亚国家石油公司的技术和管理水平已达到一定高度，资金亦有所积累。各个国家石油公司面临的新问题是本地的油气资源已不能满足需求，必须更多地依靠国际市场来平衡。近10多年来，东南亚的国家石油公司更加自主地进行国际化的经营，从而形成了东南亚油气产业国际化的基本格局。

由于资金和技术的限制，东南亚国家石油公司在海外上游业务的开拓，主要是通过参与国外大石油公司的油气勘探项目，由大石油公司充当作业者，自己分享一定的份额油。近年，东南亚国家石油公司参与海外上游业务方式有了改变，即由原来单一的参股风险勘探—产量分成，转变为开始收购外国石油公司在勘探区或油田的股权，以获取油气和相关权益。[②]

依靠灵活的开拓方式，东南亚国家石油公司极大地拓宽了海外上游业务。以国际化成绩最突出的马来西亚石油公司为例。2016年，马来西亚石油公司上游业务分布在北美的加拿大、墨西哥，拉丁美洲的苏里南、阿根廷，欧洲的爱尔兰、英国，非洲的阿尔及利亚、安哥拉、喀麦隆、乍得、埃及、加蓬、毛里塔尼亚、苏丹、南苏丹，中亚的阿塞拜疆、土库曼斯坦，中东的伊拉克，亚太地区的澳大利亚、文莱、印度尼西亚、缅甸、越南等20多个国家。其海外雇员达8165人，占雇员51034人的16%。[③] 泰国国家石油公司2016年在海外上游项目也有39个，遍布于全球11个国家。[④] 海外上游业务的扩展，增加了国家石油公司油气来源的多样性和稳定性。

另外，东南亚国家石油公司上游业务的国际化还表现在允许、争取国外石油公司参与本地油气资源的开发。东南亚国家石油公司在成立初期，被赋予了代表政府管理或签订上游勘探业务的权力，在相当程度上成为油

---

① 林达丰：《印度尼西亚石油分成合同管理条款的形成和效果浅析》，《南洋问题研究》2012年第4期，第55页。

② 王才良：《马来西亚石油公司的跨国之道》，《石油企业管理》2003年第Z1期，第123页。

③ Petronas，Annual Report 2016，pp. 4 – 5.

④ PTT Public Company Limited，Company profile EN2016，p. 8.

气工业的管理者。近年来，由于勘探难度加大和油气生产的下降，不少政府开始鼓励外国石油公司参与国内上游油气开发。如印度尼西亚的天然气生产除了印度尼西亚国家石油公司外，还有埃克森美孚、道达尔、Vico、康菲、BP和雪佛龙等国际石油公司参与。东南亚的国家石油公司与外国石油公司之间的互相参股、投资、购买等已成为本地油气开发的新常态。2003年4月，中国石油公司与马来西亚石油公司联合收购美国赫斯公司在印度尼西亚JABUNG区块拥有的30%权益。2005年5月，中国石油公司JABUNG LPG项目投产试运行，成为印度尼西亚第二大天然气处理厂。同时，中国石油公司与印度尼西亚国家石油公司在印度尼西亚多个地块也有合作关系。① 埃克森美孚、雪佛龙、康菲、壳牌、BP、道达尔等是活跃于东南亚油气领域的主要国际大石油公司。中东是东南亚最重要的域外油源地，为加强业务联系和油气供应，东南亚各个国家石油公司纷纷寻求中东国家石油公司作为自己新炼油厂的合资伙伴。② 这样，通过公司之间的多样化参股、合资、购买，深化了东南亚国家石油公司与域外石油公司的上游业务联系，加深了东南亚国家石油公司的上游业务国际化程度。

在下游业务中，东南亚各国的国家石油公司国际化程度有所差别。马来西亚石油公司、泰国国家石油公司、印度尼西亚国家石油公司的下游业务国际化程度相对较高。这三家公司的下游业务几乎都具有国际性。马来西亚石油公司和印度尼西亚国家石油公司不但将天然气出口到亚洲的日本、韩国、中国、泰国和印度等地，还参与中国、越南甚至加拿大、阿根廷的天然气项目。马来西亚石油公司大力开发海外成品油市场，在泰国、柬埔寨建立了一批加油站，将润滑油卖到了70多个国家，同时在多国经营石油化工、炼油方面的业务。③ 泰国国家石油公司下游海外业务中心是东南亚的老挝、柬埔寨、越南、缅甸、马来西亚和菲律宾。

越南、菲律宾、缅甸等国的国家石油公司下游业务的国际化程度相对较低，主要是受自身的技术、资金和国情的限制。但却从另一方面促成了这些国家国内市场出现比较多的外国石油公司产品的局面，即国内成品油市场的国际化。如缅甸，西方对其经济封锁松动后，外国石油公司在从事上游勘探业务的同时，国外的成品油也涌入了缅甸。即使在2018年以前不

① 中国石油天然气集团公司：《中国石油在印度尼西亚》，2011年，第10—11页。

② International Energy Agency（IEA）：Southeast Asia Energy Outlook 2015，p. 73.

③ Petronas，Annual Report 2015，p. 24.

对外资单独开放国内成品油市场的越南，外资也可以通过在越南投资炼油厂自动获得在越南国内的成品油经营资质。2009 年，越南允许外资在越南成立独资的贸易公司，这进一步拓宽了国外成品油进入越南的渠道。[①] 这反映出需利用外国资金和技术开发油气资源的国家，在市场方面必须做出让步。这种现象不但存在于越南、缅甸，也存在于老挝等一些国家。对这些国家的石油公司来说，外国石油公司和成品油的进入加剧了市场竞争，也带来了一定的国际管理和经营理念。

（二）油气产业国际化的特点

在东南亚国家石油公司纷纷建立和成长后，东南亚的油气产业已日益国际化，特别是 21 世纪后，即使在一些后发展国家，油气产业的国际化也很明显。如在柬埔寨，其上游的海上石油开采区分为 A、B、C、D、E、F 六个区块，全部由外国石油公司勘探。其中取得 A 区块的美国雪佛龙已投入 1.7 亿美元，钻探了 18 口井。[②] 其下游的成品油市场充满了泰国、马来西亚和美国石油公司的产品。东南亚油气产业的国际化促进了市场的开放，增进了东南亚能源的多样性和稳定。

东南亚油气产业的国际化具有以下三个特点：第一，国家石油公司在东南亚油气产业国际化的进程中，起到了主导的作用，具有主动权。各国的国家石油公司，从根本上说，是要立足于保障本国的长期能源安全，代表国家维护国家的权益，所以，尽管各国情况不同，各国政府都给予了国家石油公司一定的权力，使其成为本国油气领域的主要力量。在上游，开发什么区块、如何分成、采用何种开发方式等都由国家石油公司主导。国家石油公司占有油气资源，在油气储量和产量方面有明显优势。在下游，马来西亚石油公司、泰国国家石油公司、印度尼西亚国家石油公司不但打破了国际石油公司把持炼油业务和成品油市场的局面，而且成长为世界性的石油公司。可以说，国家石油公司已成为东南亚油气产业的骨干力量。

---

① 王皓东等：《越南成品油市场面临新的变化——越南首座炼厂投产对该国及周边市场的影响》，《国际石油经济》2009 年第 1 期，第 55 页。

② 《雪佛龙公司称年内无法如期在柬采出石油》，中华人民共和国驻柬埔寨王国大使馆经济商务参赞处网站，2012 年 4 月 24 日，http：//cb. mofcom. gov. cn/article/jmxw/201204/20120408087413. shtml，登录时间：2017 年 8 月 29 日。

第二，东南亚的油气国际化达到了相当规模。除了上游业务的国际化外，整个东南亚的油气进出口已达到一定的当量。2013 年，东南亚石油进口量为 330 万桶/天，天然气出口 540 亿立方米。2013 年东南亚进口油气花费为 920 亿美元，2040 年预计达到 3200 亿美元的规模。据估算 2013—2040 年东南亚每天用于进口油气的花费占东南亚 GDP 的 4% 左右。东南亚成为仅次于中国、印度和欧盟的世界第四大石油进口地区。东南亚同时是世界液化天然气的重要出口地区，拥有全球液化天然气生产能力的 20% 。[①]

第三，油气产业的国际化格局保证了东南亚较稳定的能源供应。在上游，国外资本和技术的加入使东南亚的油气开采成为可能并持续进行。各国家石油公司参与国外上游业务则直接保证了油气供应的多源性。在下游，国家石油公司油气出口到区域内外市场，加强了国内外市场的联系，也壮大了国家石油公司的实力，增强了维护本国能源安全的能力。东南亚的下游市场，特别是成品油市场的开放，吸引着国外的石油公司，形成了一定的互利模式。而国家石油公司与外国公司形式多样的互相投资、参股和合作增加了能源市场信息的透明度，有利于保证和及时应对能源需求变化。

三　国家石油公司发展天然气业务以改善能源消费结构

（一）将天然气作为重点业务

2016 年，泰国国家石油公司总收入的 22.2% 来自天然气。同年，马来西亚石油公司天然气业务收入占到其总收入的 35% 。[②] 印度尼西亚国家石油公司直接将天然气和可再生能源定位为未来的主要业务。[③] 这反映了天然气业务对东南亚国家石油公司的重要性。相比石油和煤炭等化石能源，天然气具有诸多优势：更低的排放，污染小，无腐蚀性，无毒和更高效，在东南亚的储量较丰富。正因如此，东南亚的主要能源消费国的国家石油公司将天然气作为重点业务，大力推进天然气的生产和利用，从而引起东

① International Energy Agency（IEA）：Southeast Asia Energy Outlook 2015，pp. 71，74.

② PTT Public Company Limited，Annual Report 2016，p. 100；Petronas，Annual Report 2016，p. 25.

③ Pertamina，Annual Report 2016，p. 196.

南亚能源消费结构的变化。

东南亚丰富的天然气资源使其成为世界重要的液化天然气出口地区。2014 年，东南亚有全球 20% 的液化天然气生产能力，主要集中在印度尼西亚、马来西亚和文莱。马来西亚和印度尼西亚是当年世界排名第二和第四的液化天然气出口国。[①] 但是，与大量地出口天然气相反，东南亚各国的天然气供应和消费却出现不足，甚至短缺。印度尼西亚是其中一个较典型的例子。

印度尼西亚是世界第四的液化天然气出口国，但其 87% 的天然气生产掌握在道达尔、康菲、BP、埃克森美孚和中海油手中，只有 13% 是印度尼西亚国家石油公司生产的。此外，印度尼西亚国内天然气市场价格一直低于出口市场。由于这些原因，尽管印度尼西亚天然气生产是其国内消耗的 2 倍，但仍不能满足其国内需求。有鉴于此，再加上日益紧张的油气供应，2016 年，印度尼西亚政府对 2008 年实施的油气法作出修正。该修正旨在使石油和天然气成为国家控制的战略商品，以维护能源独立和主权。具体的做法是加强印度尼西亚国家石油公司作为国家石油公司的地位，国家石油公司代表国家控制战略石油和天然气资源和基础设施，对国内油气开发具有优先权。同时，印度尼西亚政府决定优化能源消费结构，提高天然气在能源消费中的比重，从 2013 年的 18%，提高到 2025 年的 22%，再到 2030 年的 23%，再进一步到 2050 年的 24%。石油消费将从 2013 年的 44% 下降到 2025 年的 25%，2030 年的 22%，2050 年的 20%。[②]

为提高天然气消费，印度尼西亚能源和矿物部（ESDM）在 2015 年颁布了 ESDM No. 37/2015 条款。该条款规定，运输、住户和小客户优先使用天然气，提高石油生产、化肥工业和工业中使用天然气作为原料的比例，发电厂和工业使用天然气作为燃料。而最直接实现这些目标的就是印度尼西亚国家石油公司。为适应需求，印度尼西亚国家石油公司大量投资液化天然气（liquefied natural gas，以下简称 LNG）厂，并将原来用于液化石油气的设施改造成 LNG 厂。目前，印度尼西亚国家石油公司有 8 个大型天然气生产厂，超过 2000 公里的开放接入管道。为推进国内天然气业务，印度尼西亚国家石油公司决定在以下 6 个方面加强投入：（1）建设燃气管网；

---

① International Energy Agency（IEA），Southeast Asia Energy Outlook 2015，p. 74.

② Pertamina，Annual Report 2016，p. 169，p. 165，p. 170.

（2）建设LNG接收站；（3）LNG/LPG装置的开发；（4）开展城市燃气业务；（5）LNG电厂发电；（6）为商业、采矿和运输部门开发液化气应用业务；印度尼西亚国家石油公司的目标是实现政府能源计划，到2025年印度尼西亚天然气消费提高到22%。[①]

与印度尼西亚一样，马来西亚、泰国、越南等国的国家石油公司也在增加天然气的来源和提高其利用率。这几个国家石油公司除了开发国内天然气资源，还纷纷将目光投向了国外。马来西亚石油公司在埃及、澳大利亚、英国、加拿大等国有天然气生产项目。泰国国家石油公司的海外天然气生产重心在缅甸，其在越南、澳大利亚等国也有天然气生产。在越南，天然气提供了30%的电量，这主要由越南国家油气集团提供。越南国家油气集团的海外天然气业务重要合作国是俄罗斯。越南国家油气集团与俄罗斯有多项合作，还成立了合资公司。目前，越南油气集团为应对天然气需求增长的压力，计划通过俄罗斯天然气工业公司从海参崴进口液化天然气。[②]

国家石油公司与私营石油公司不同，国家石油公司有实现国家意志、利益的责任，是保证国家政策和战略的具体承担者。从这个意义上看，东南亚的国家石油公司在提高天然气利用、促进天然气来源多样化、保证能源安全方面起到了先锋作用。对东南亚而言，各国对天然气利用的提高，最大的意义不是降低了化石能源的消耗总量，也不是减少总体的二氧化碳排放，而是减少了石油的消耗（东南亚的石油消费比重将由2013年的36%下降到2040年的29%[③]），将能源消费放到了更可靠的方向上，从而在更大程度上保证能源供应的安全。

（二）实质推进跨东盟天然气网建设

国家石油公司对天然气的重视不但使本地的能源得到更多的利用，引起能源消费的变化，而且出现了区域能源实质性的合作，一个最重要的表

---

① Pertamina, Annual Report 2016, pp. 170, 202.

② PetroVietnam, Gazprom considers supplying Liquefied Petroleum Gas to Vietnam, http://english.pvn.vn/?portal=news&page=detail&category_id=99&id=3750, Vietnam Oil and Gas Group online. 登录时间：2017年8月30日。

③ International Energy Agency (IEA), Southeast Asia Energy Outlook 2015, p. 30.

现就是国家石油公司推进了跨东盟天然气管道（TAGP）的建设。

1990 年，在东盟经济部长会议上，东盟正式公布要建设跨东盟的天然气管网计划。该计划打算建设一个跨越东盟十国，涉及超过 6.8 亿人口，覆盖 450 万平方公里土地的天然气管道。该计划预计耗资上千亿美元，如能实现，将是东南亚最大和资本投入最多的项目，也是世界上最大的能源项目之一。[①] 东盟国家建设跨国天然气管网的主要目的是减少对域外（中东）能源的依赖，充分利用东南亚的天然气资源，提升能源安全并促进东盟国家的合作和相互依存。

但是，这项雄心勃勃的计划涉及大量的利益相关者，包括区域内外各国政府、企业、银行和多边组织，关系错综复杂，进展缓慢。自 1990 年正式提出至今已有 27 年之久，由于难以处理的复杂利益关系，很多人对该计划的推进并不乐观。近年来，东南亚国家石油公司的一系列动作，使此项目已有相当的突破。甚至可以说，国家石油公司是推进 TAGP 的突破口。主要表现在，在国家石油公司的推动下，TAGP 的重要节点国家，缅甸、泰国、马来西亚、新加坡、印度尼西亚的天然气管道连通建设取得了一定的成绩。

目前，泰国国家石油公司通过投资和购买等方式修建了从缅甸近海的 Yadana、Yetana、Zaxtika 气田到泰国 Ban I Tong 的天然气管道，并连通了泰国国内的其他管道。[②] 成立于 2000 年的泰国—马来西亚管道公司，由泰国国家石油公司和马来西亚石油公司各持 50% 的股份，主要从事泰国湾的联合开发区（JDA）天然气开发和管道运输，及跨泰国和马来西亚天然气管道的修建和运营。该公司主要经营两条管道：一是从海上天然气产区到泰国长安处理厂的 255 公里长的管道；二是连到马来西亚吉打州马来西亚石油公司半岛天然气利用管道系统（PGU Ⅲ）长约 97 公里的管道。这个公司的管道，将泰国和马来西亚天然气管道连接在一起。而马来西亚石油公司又从其南部的 PGU 系统将天然气输送到新加坡化工城。[③] 印度尼西亚国家石油公司 Natuna Sea 油田的天然气管道与马来西亚的 Peninsular 处理

---

① Benjamin K. Sovacool, "A critical stakeholder analysis of the Trans-ASEAN Gas Pipeline (TAGP) Network", *Land Use Policy*, Vol. 27, Issue 3, July 2010, pp. 788 – 789.

② PTT Public Company Limited, Annual Report 2016, p. 44.

③ Petronas, Annual Report 2015, p. 19.

厂相连，2013 年的天然气输送量超过 1300 万立方米。① 从目前情况看，泰国国家石油公司、马来西亚石油公司和印度尼西亚国家石油公司通过各自公司的管网实现了缅甸—泰国—马来西亚—新加坡，马来西亚—印度尼西亚天然气的部分连通。

尽管目前以国家石油公司为先导的缅甸—泰国—马来西亚—新加坡（印度尼西亚）天然气管道连通只是部分实现了 TAGP，但对整个 TAGP 计划来说是一个重大突破。东盟各国的政治、经济、文化差异很大，TAGP 面临的障碍也很多，无论是在技术、经济、法律、政治、社会方面，还是在环境方面都面临巨大挑战。要克服、解决这些问题，达成一致几乎是“一项不可能的任务”。但泰国、马来西亚、印度尼西亚等国的国家石油公司在以较低价格获取稳定的天然气、保证能源供应多元化以及开拓市场等动力的推动下，出乎意料地首先实现了管道互通。这表明国家石油公司对东南亚国家主义的某种突破，从而迈出了实现 TAGP 计划最有实质意义的一步。

四　结语

可以看到，近年东南亚的能源需求、供给状况已有较大变化，国家石油公司超越了当初掌控油气资源、保障石油供应的目标，以国家赋予之职能，通过对油气资源的控制、对市场的主导和国际化经营，成长为东南亚能源安全的主角。其中马来西亚石油公司、泰国国家石油公司和印度尼西亚国家石油公司等成为世界性的石油公司。

现在，保障能源安全成为东南亚国家石油公司愈加清晰的目标。面对东南亚油气资源的不足和不平衡，国际化经营成为东南亚各国家石油公司的一致选择。通过国际化经营，国家石油公司的油气供求实现了多样化；通过本地油气产业的国际化，各国家石油公司更好地融入国际市场；通过大力发展本地天然气业务，东南亚能源消费结构得到了优化。从实际效果看，国家石油公司的经营活动较好地适应了东南亚对油气增长的需求，保证了东南亚能源供应的稳定。

值得一提的是，国家石油公司对 TAGP 的实质推进使东南亚能源的相

① International Energy Agency（IEA），Southeast Asia Energy Outlook 2015，p. 101.

互依存初步显现，这对加强东盟区域合作有着非同一般的意义。一旦能源的依存达到一定程度，东南亚的地缘政治将发生变化。但就目前来看，国家石油公司在推动东盟区域一体化及改变地缘政治等方面的研究仍未得到应有的重视。

National Petroleum Corporation and Energy Security in Southeast Asia

Chen Lijun

Abstract It is quite common in Southeast Asia for countries to establish national petroleum companies to protect energy security. By controlling oil and gas resources, and leading market and international operation, national petroleum companies have been better adapted themselves to the sustainable growth of energy demand with the oil and gas as the main part in Southeast Asia, thus becoming the leading role of energy security in Southeast Asia. In recent years, national petroleum companies have been more active in international operation, developing natural gas business and promoting the construction of trans-ASEAN natural gas network, and have improved the diversification of oil and gas supply and demand in Southeast Asia, adjusted the energy consumption structure, and promoted the reliance and cooperation of energy among ASEAN member countries. National petroleum companies are not only the leading role of energy security in Southeast Asia, but also the important driving forces to promote ASEAN's energy integration, and is an important factor affecting geopolitics in Southeast Asia.

Key Words Southeast Asia; national petroleum company; energy security; oil and gas

Author Chen Lijun, Ph. D, Associate professor at China-ASEAN Research Institute and School of Marxism, Guangxi University.

国别研究

Country Studies

文莱“2035宏愿”与“一带一路”倡议对接研究

刘　静

【摘要】中文两国通过实现“2035宏愿”与“一带一路”的对接，加强两国合作，有着对两国政治、经济、文化等方面的深刻考量，从根本上看符合两国国家利益。本文首先从“2035宏愿”与“一带一路”倡议提出的背景出发，分析其历史定位及战略对接点，提出二者对接具备的现实可能性；其次，分别分析“2035宏愿”与“一带一路”倡议对接的有利条件及其所面临的困难与挑战；最后，提出推动“2035宏愿”与“一带一路”倡议对接的路径：增加高层领导及各级政府部门互访频率；加大资金投入，促进走廊建设落到实处；注重价值输出，促进民心相通；“双轨思路”妥善处理南海问题。

【关键词】中国　文莱　“2035宏愿”　一带一路

【作者简介】刘静，广西大学中国—东盟研究院文莱研究所，研究助理。

文莱“2035宏愿”（Brunei Vision 2035，以下简称BV 2035）与中国的“一带一路”倡议（Belt and Road Initiative，以下简称B&R），都是在特殊历史时期，两国国家领导人所作出的战略性抉择。自2008年文莱提出BV 2035以来，政府、公共部门及私营部门虽已作出诸多努力，但效果仍不明显，油气产业仍旧是国家财政收入的主要来源，多元化经济发展目标的实现依然“道路阻且长”。文莱迫切需要借助其他双边或区域合作机制，为实现BV 2035注入新动力。而中国的B&R自2013年经习近平主席提出后，已经从理念化为行动，从愿景变为现实。文莱处于B&R沿线，积极推动 BV 2035 与 B&R 对接，既是中国努力推进 B&R 建设的工作方向，也完全符合文莱的国家意愿。

2017 年 9 月 12 日，第 14 届中国—东盟博览会、中国—东盟商务与投资峰会在南宁举行。文莱苏丹哈桑纳尔·博尔基亚率高规格代表团出席，并于 9 月 12—14 日对中国进行国事访问。无论是在接受中国—东盟博览会秘书处组织的“要人高端专访”中，还是在与中国国家领导人的高层会晤中，文莱苏丹都表达出希望中国的 B&R 与 BV 2035 能够实现完美对接，最终实现互利共赢的美好愿望。

一　文莱“2035宏愿”与“一带一路”倡议对接的可行性研究

（一）文莱“2035 宏愿”与“一带一路”倡议的历史定位

文莱国土面积为 5765 平方公里，人口仅有 42 万人，这一小国却因其丰富的石油和天然气资源成为富甲一方的“土豪”，国民也因油气资源带来的丰厚利润而享有较高的生活水平，相较于其他东南亚国家来说，文莱标榜自己为“和平之邦”可谓名副其实。但国民经济对油气资源过度依赖，致使本国经济受油气价格影响较大。特别是 2008 年国际金融危机以来，全球经济增长放缓，油气量价齐跌，贸易和投资低迷，文莱经济受到严重影响，国内生产总值负增长成为发展常态。经济的不稳定势必会影响政府的财政收入，进而影响国民的社会福利水平，最终威胁整个国家的长治久安。在这一背景下，文莱首相署经济规划和发展局于 2008 年发布了《文莱达鲁萨兰国长期发展计划》（2035 年远景展望），该计划包括三个部分，“2035 年远景展望”、“2007—2017 年发展战略和政策纲要”以及“2007—2012 年国家发展计划”。“2035 年远景展望”为文莱确立三大目标：第一是增加人民福祉，提高人民生活水平；第二是加快人力资源开发，培育高技术人才；第三是发展除油气之外的多元化经济。①

而中国的 B&R 是在世界经济复苏缓慢、国际投资贸易格局和多边投资

① 中国驻文莱大使馆经济商务参赞处网站，http://bn.mofcom.gov.cn/aarticle/ztdy/200806/20080605574913.html，登录时间 2016 年 10 月 1 日。

贸易规则深刻调整，以及国内经济“增速换挡”、下行压力较大的国际国内背景下，由习近平主席提出的伟大倡议。该倡议提出充分依靠中国与有关国家既有的双、多边机制，借助既有的、行之有效的区域合作平台，以政策沟通、设施联通、贸易畅通、资金融通、民心相通为主要内容，最终建立一个政治互信、经济融合、文化包容的利益共同体、命运共同体和责任共同体。2015 年 2 月 3 日，B&R 从倡议变成了行动，包括文莱在内的 B&R 沿线国家，已有 100 多个国家和国际组织明确表示支持和积极参与建设，40 多个国家已与中国签署共建 B&R 政府间合作协议。①

从 BV 2035 与 B&R 的历史定位来看，二者是在不同的历史时期、为应对国内和国际环境的挑战所进行的不同尝试，但都致力于转变本国经济现行发展态势，抵御“逆全球化”风险，增加人民福祉，实现经济的可持续发展。

（二）文莱“2035 宏愿”与“一带一路”倡议的对接点分析

首先，两国分别在对方国家战略中占据重要地位。文莱与中国隔南海相望，文莱是海上丝绸之路的重要节点，历史上曾为中国与“海上丝绸之路”沿线国家的沟通、交流与合作发挥过积极作用，中国建设“21 世纪海上丝绸之路”愿望的实现，更加需要文莱发挥节点作用，为中国敞开通往“海上丝绸之路”沿线国家的“南大门”。而中国雄厚的经济实力、大量高素质人才以及先进的基础设施、石油中下游产业发展经验等优势，对文莱基础设施的建设、港口承载能力的提升、工人作业技术水平的提高等都将发挥建设性作用。

其次，BV 2035 与 B&R 确定的重点发展领域存在相通性，双方在相关领域的合作有助于二者战略目标的实现。从表 1 可见，借助于文莱—中国广西经济走廊，双方已在农业、工业、物流、清真食品加工、医疗保健、生物医药、旅游等领域开展全面合作，推动一大批项目落地。目前，中国建筑工程总公司承建淡布隆跨海大桥 CC4 标段、文莱摩拉港有限公司的成

① 《100 余国家和国际组织对参与“一带一路”建设表达积极意愿》，中国发展网，2016 年 10 月 14 日，http：//www. chinadevelopment. com. cn/2016/10/1088022. shtml，登录时间：2017 年 10 月 1 日。

立、恒逸实业（文莱）有限公司大摩拉岛一体化石化项目二期开发项目的签署等标志着中文合作项目朝全方位、多层次方向发展。

最后，从合作机制上来看，双方合作具备互洽性。BV 2035 自 2008 年提出以来，如今已步入第 10 个发展年头，其确立的充分发挥政府和私营部门、国内与国外共同建设的合作机制与发展 B&R 所提出的充分依靠中国与有关国家既有的双多边机制，借助既有的、行之有效的区域合作平台的合作机制具备互洽性，双方都能很好地融入对方的发展战略中。

表 1　**"2035 宏愿" 与 "一带一路" 倡议的对接点**

	文莱 "2035 宏愿"	中国 "一带一路" 倡议
战略目标	维护文莱的政治稳定、社会和睦和繁荣	积极发展与沿线国家的经济合作伙伴关系，共同打造政治互信、经济融合、文化包容的利益共同体、命运共同体和责任共同体
重点领域	教育、经济、安全、体制建设、本地企业发展、基础设施发展、社会保障、环境保护等 8 大领域	政策沟通、设施联通、贸易畅通、资金融通、民心相通
合作机制	政府和私营部门、国内与国外共同建设	利用沿线国家现有双多边合作机制

资料来源：根据中国驻文莱经商参处、中国 "一带一路" 官网等网上资料整理而得。

总之，无论从 BV 2035 与 B&R 的历史定位看，还是从其对接点分析，二者都具备诸多的契合点。

二　文莱"2035宏愿"与"一带一路"倡议对接的有利条件

（一）政治方面：高层领导及各级政府部门的大力支持

从政治层面来看，自 2013 年 B&R 提出以来，中文双方高级领导及各级政府部门都曾多次、在多个场合提及推动 BV 2035 与 B&R 实现完美对接，同时还直接或间接推动双边合作协议的签署，为 BV 2035 与 B&R 对接落到实处提供充足的政策导向（见表 2）。特别是在 2017 年中国—东盟博览会期间，两国领导人再次提到要积极推动二者实现对接。在两国元首见

证下，中文双方签署了4个重要的协议、3个谅解备忘录、1个执行计划，涉及两国在B&R、基础设施、卫生、防务领域的合作，巩固了已有的共识，同时达成了新的共识，为BV 2035与B&R的对接提供了明确的方向。①

表2　2013—2017年“2035宏愿”与“一带一路”倡议对接的情况

时间	场合	两大合作机制对接
2014年11月10日	亚太经合组织领导人会议，中国国家主席习近平与文莱苏丹举行会谈	密切高层交往，增进战略互信。加强油气上下游产业和新能源领域合作，中国企业扩大对文投资，加强基础设施建设和农渔业合作
2015年4月1日	广西壮族自治区党委书记、自治区人大常委会主任彭清华访问文莱，与文莱苏丹举行会谈	两种机制高度契合，应加强顶层设计和战略谋划，把经贸合作提高到一个新水平
2016年4月21日	外交部长王毅访问文莱，与文莱首相府部长兼外交与贸易部第二部长林玉成举行会谈	推动两种机制对接，帮助文莱实现经济多元化
2016年9月14日	文莱首相府部长兼外交与贸易部第二部长林玉成和首相府能源与工业部长亚斯敏访问中国，与中国外交部长王毅举行会谈	推动两种机制对接，为中文务实合作注入新动力
2017年9月12日	第14届东博会期间，文莱苏丹与中国企业CEO圆桌对话会	加强双方企业对接
2017年9月13日	文莱苏丹对中国进行国事访问，与中国国家主席习近平举行会谈	在一带一路”建设、基础设施建设、卫生、国防等领域签署合作谅解备忘录

资料来源：根据新华网、中国驻文莱大使馆、中国—东盟博览会官方网站等网上资料整理而得。

（二）经济方面：营商环境改善，中资企业强势入文

1. 营商环境改善，国家竞争力增强

为吸引外资，文莱苏丹通过组建营商环境改进委员会，积极推动企业改革，精简效率低下的政府审批流程，确保经营成本具有竞争力，努力使

① 《习近平同文莱苏丹哈桑纳尔举行会谈　两国元首共同规划两国未来合作 推动中文关系在新时期取得更大发展》，中华人民共和国外交部网站，2017年9月13日，http://www.mfa.gov.cn/web/wjb_673085/zzjg_673183/yzs_673193/xwlb_673195/t1492698.shtml，登录时间：2017年10月1日。

各类法规符合国际最佳实践标准。此外，还建立外国直接投资行动和支持中心（FAST）快速协调不同投资机构的项目，进一步吸引外国直接投资。

据世界银行发布的《2017年全球营商环境报告》显示，2017年文莱营商环境实现跨越式发展。在全球190个国家中，文莱营商环境排名第72位，相比2016年排名上升了25位。这一改善得益于6项营商监管改革（见表3），其中包括，通过采用自动能源管理系统监控停电和维修恢复，从而提高了电力供应的可靠性，"获得电力"指标排名上升55位；通过公布公共事业单位的消费数据，提高获得信贷的机会，"获得信贷"指标排名上升了16位；还通过了一项新的破产法，在重组程序自动停留期间，为债权人提供保护，"办理破产"指标排名上升了40位。此外，"保护少数投资者"、"执行合同"等相关指标的排名分别上升了16位、22位。

表3 **文莱2016年和2017年营商环境概况**

主题	2017年排名	2016年排名	排名变化	2017年与前沿水平的距离（百分点）	2016年与前沿水平的距离（百分点）	前沿距离的变化（百分点）
总体	72	97	⬆25	65.51	60.28	⬆5.23
开办企业	84	75	⬇9	86.72	86.76	⬇0.04
办理施工许可证	37	33	⬇4	76.06	76.46	⬇0.40
获得电力 ✔	21	76	⬆55	87.57	71.79	⬆15.78
登记财产	134	135	⬆1	50.65	50.65	—
获得信贷 ✔	62	78	⬆16	60.00	50.00	⬆10.00
保护少数投资者 ✔	102	118	⬆16	51.67	45.00	⬆6.67
纳税 ✔	89	96	⬆7	72.43	70.69	⬆1.74
跨境贸易	142	143	⬆1	57.69	56.88	⬆0.81
执行合同 ✔	93	115	⬆22	57.25	53.54	⬆3.71
办理破产 ✔	57	97	⬆40	55.11	41.05	⬆14.06

注：✔ = 营商环境改革使它更容易做生意。

资料来源：世界银行，根据2016—2017年全球营商环境报告综合整理。

同时，企业顾问公司维瑞恩联合公司（Vriens & Partners）最新发表的亚太地区投资环境报告显示，在20个亚太国家中，文莱2014年投资环境指数为73.5，排亚太区第5位。该报告从法规、国际贸易和商业开放度、政治稳定度、税收水平、廉洁度和财务管理等方面评估各经济体投资环

境，文莱在财务管理、政治稳定度、税务和廉洁度等方面排名靠前（如表4）。①

表4　　2014 年文莱投资环境分析（排名）

经济体	法规	国际贸易和商业开放度	税收水平	廉洁度	政治稳定度	财务管理	总分
文莱	9	10	3	4	7	2	73.5

资料来源：Vriens & Partners Asia Pacific Investment Climate Index 2014，http：//www. vrienspartners. com/category/reports/vp-asia-investment-climate-index，登录时间：2017 年 10 月 3 日。

此外，据世界经济论坛（WEF）发布的《2017—2018 年全球竞争力报告》显示，文莱在全球 137 个经济体中排第 46 位，得分 4.5 分，相比 2016 年上升了 12 位，成为东盟进步最大的国家，其竞争力在东盟排第 5 位。

通过以上分析可看出，文莱的商业环境正朝正确的方向发展，竞争优势越来越明显，其稳定的国内政局、富足的国民经济、较高的市场化程度、非常优惠的税收政策，使得文莱的贸易风险相较于其他东盟国家较低。在这样的利商环境的推动下，一大批中国企业赴文莱投资，其中 2017 年 9 月 15 日中国—东盟博览会期间，恒逸实业（文莱）有限公司签署《关于支持并协助推进恒逸文莱大摩拉岛一体化石化项目二期开发的谅解备忘录》，计划投资 120 亿美元，这是中国投资合作一个很好的范例。

2. 文莱经济多元化发展初现成效

中国古有"十年磨一剑"之说，用来形容国家同样适用。BV 2035 自提出以来，如今也已步入第 10 个发展年头，经过经济多元化措施的多年积淀，文莱经济多元化发展初现成效，为扭转经济颓势注入新鲜血液。具体可由文莱国内生产总值构成情况的变化表现出来（见图 1），2008 年以来，文莱工业增加值占 GDP 比重逐年降低，已由 2008 年的 74.1% 下降到 2016 年的 57.3%，下降了 16.8 个百分点，而油气产业为其主要的工业产业，因此工业增加值占 GDP 比重的下降，实际上反映的是油气产业对文莱 GDP

① 《文莱投资环境》，南博网，2016 年 3 月 15 日，http：//brunei. caexpo. com/scfx_ wl/tzhj/2016/03/15/3658963. html，登录时间：2017 年 10 月 3 日。

贡献率下降。而农业和服务业增加值占 GDP 比重呈逐年上升趋势，特别是服务业增加值占 GDP 比重增长趋势尤为明显，已由 2008 年的 25.25% 上升到 2016 年的 41.51%，这与国家大力发展旅游业、金融业的多元化经济发展政策有很大关联，经济结构日趋合理。

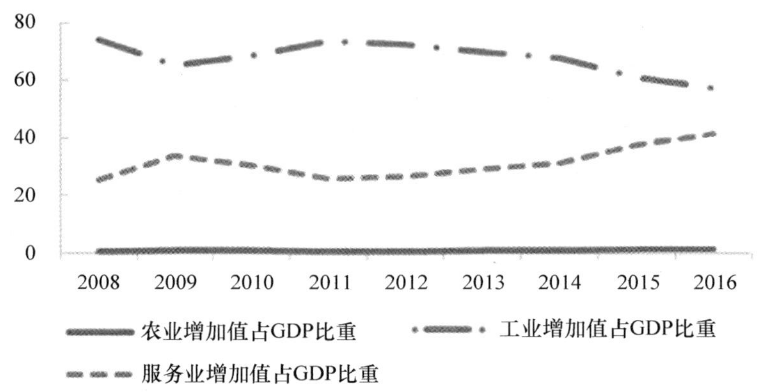

图 1　2008—2016 年文莱国内生产总值构成情况（%）

资料来源：世界银行。

3. 中文双边贸易和投资稳步回升

自 2008 年以来，中文贸易总额呈先上升后下降再上升的“波浪线式”发展趋势（见图 2），2010 年双边贸易额达到历史最大值，为 7.56 亿美元，2011 年双边贸易额继续保持较高位，为 7.34 亿美元。此后，2011—2014 年双边贸易额虽呈逐年下降趋势，但之后两年又呈上升趋势，中国对文莱也由贸易逆差转变为贸易顺差，2016 年双边贸易额同比增长 21.6%，达 5.74 亿美元。且据文莱经济计划与发展局公布的统计数据显示，2017 年 7 月，文莱进出口贸易总额同比增长 15.4%，达 9.839 亿文元，其中出口 5.928 亿文元，同比增长 15%，进口 3.911 亿文元，同比增长 16%，文莱从中国进口额占总进口额的 15.3%，中国成为文莱第二大进口来源地，进口产品主要以工业成品和电器为主。由此可见，随着 B&R 的提出，中文双边贸易发展态势也越来越好。

如图 3 所示，2015 年以前，文莱凭借其雄厚的石油资源收入，大量对中国进行直接投资，特别是 2008—2010 年，文莱对中国投资始终保持在 3 亿美元以上。2011 年以来，受全球经济增长乏力、原油量价齐跌、可燃冰

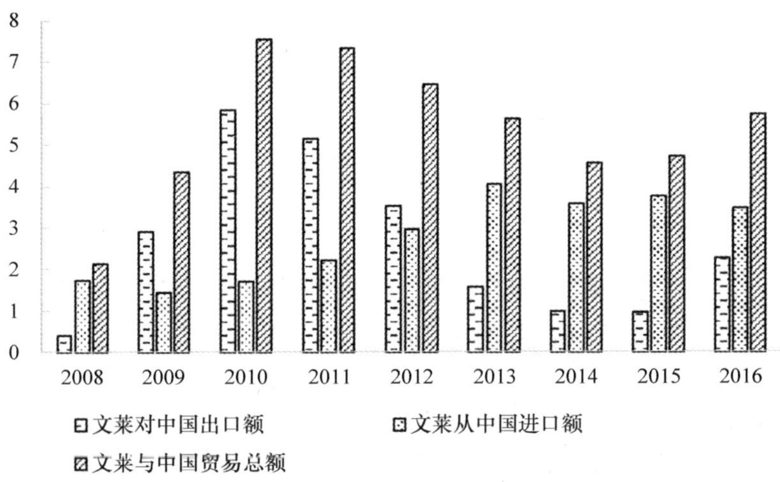

图 2　2008—2016 年中国与文莱贸易情况（亿美元）

资料来源：东盟秘书处统计数据。

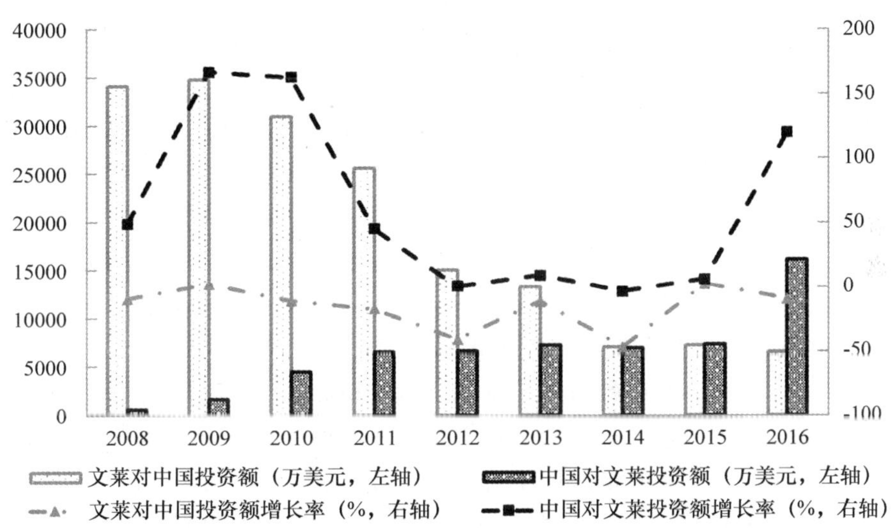

图 3　2008—2016 年中国与文莱双向直接投资情况

注：2016 年数据来源于马静、马金案《文莱：2016 年回顾与 2017 年展望》，《东南亚纵横》2017 年第 2 期，第 16—21 页。

资料来源：中国国家统计局。

的试采成功等因素的影响，文莱经济增长乏力。因此，这一阶段文莱对中国的直接投资也呈“断崖式”下跌，2014 年跌幅达 46.74%。反观中国对文莱的直接投资，却因 B&R 的提出而大有起色，特别是 2016 年，中国对文莱的直接投资规模为 16173 万美元，已经超过过去数年之和，同比增长 120%。

三 文莱“2035宏愿”与“一带一路”倡议对接所面临的困难与挑战

（一）阻碍文莱“2035 宏愿”与“一带一路”倡议对接的内生因素

1. 文莱过度依赖油气，经济下行压力大

当前，文莱所面临的首要问题是经济结构过于单一，油气产业仍旧是国民经济的支柱型产业，具有不稳定性和非可持续性。如图 4 所示，自 2008 年国家实施 BV 2035 以来，文莱国内生产总值仅在 2009—2011 年有短暂的上升，其后国民经济一直呈下跌趋势，特别是 2015 年国内生产总值同比下降了 31.1%，2016 年降幅也高达 22.8%，对于一个经济体量较小的国家来说，这一降幅可谓是惊人的，截至 2016 年末，文莱国内生产总值仅为 91 亿美元，不仅使国内各界对政府的经济发展策略产生疑虑，还使外国投资者对文莱政府的财力情况产生担忧。

2015—2016 年季度数据显示（表 5），文莱油气产业比重仍占文莱总产值的 58% 以上，油气产业依旧是文莱经济发展的支柱，文莱发展多元经济、摆脱对油气资源依赖的愿望似乎并未实现。此外，据文莱方面估算，其石油资源将在 25 年内、天然气将在 40 年内耗尽。[①] 而根据一份西方石油公司的研究报告，文莱的石油甚至将在 22 年后耗尽。[②] 这也使外来投资

① “APEC Energy Demand and Supply Outlook”, February 2013, APEC, p. 12, 13, 12 - 14, 登录时间：2017 年 10 月 5 日。

② 伊斯兰之光：Matthew Prusak, “Brunei's Economy Running on Empty”, the Diplomat, 2016 年 2 月 17 日, http://thediplomat.com/2016/02/bruneis-economy-running-on-empty/, 登录时间：2017 年 10 月 8 日。

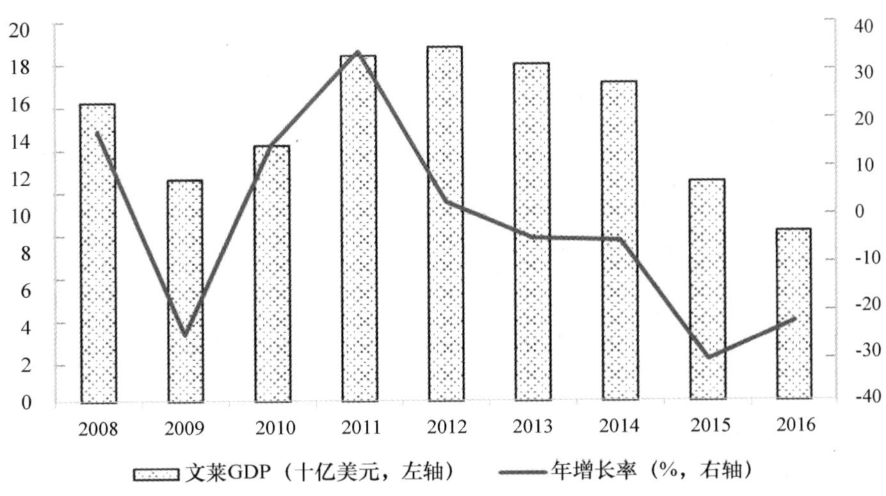

图 4 2008—2016 年文莱 GDP 及其增长率

资料来源：国际货币基金组织。

者对文莱经济的可持续性产生疑虑，阻碍了他们对文莱投资的步伐。

表 5 **2015—2016 年文莱 GDP 与油气产业关联性** 单位：百万文元

时间	2015 年				2016 年			
	第一季度	第二季度	第三季度	第四季度	第一季度	第二季度	第三季度	第四季度
GDP	4528.1	4722.0	4671.3	4673.6	4689.7	4454.0	4496.0	4505.0
油气产业产值	2659.9	2831.3	2757.0	2724.7	2861.2	2589.4	2652.3	2558.6
油气产业占比	0.5874	0.5996	0.5902	0.5830	0.6101	0.5814	0.5899	0.5680

资料来源：文莱经济计划与发展局。

2. 伊斯兰教法或成中文双边合作最大阻碍

2013 年 10 月 22 日，文莱苏丹做出在该国实施伊斯兰教法的决定。① 国内穆斯林必须遵照伊斯兰教法中规定的政治、经济、文化、商业、金融、性别、婚姻、财产等内容行事。随后，苏丹出台了禁止穆斯林庆祝西方的情人节、圣诞节和中国的农历新年的禁令，违者将会受到严厉惩罚。② 再加上，

① 《文莱正式宣布在该国实施伊斯兰教法》，伊斯兰之光，2013 年 10 月 23 日，http://www.norislam.com/?viewnews-15532，登录时间：2017 年 10 月 10 日。

② 马博：《文莱"2035 宏愿"与"一带一路"的战略对接研究》，《南洋问题研究》2017 年第 1 期，第 62—73 页。

文莱是一个典型的伊斯兰教国家，穆斯林占全国总人口的三分之二，而“五功”是每个穆斯林的必修课，每年行斋功期间，全国穆斯林都须严格执行“日出之后，不吃饭、不喝水”的禁食仪式，在此期间工作效率大打折扣、餐饮业营业额更会减少。据文莱当地报纸《婆罗洲公报》公布，2016 年斋戒月期间，文莱餐饮业营业额仅为平常的一半。此外，禁酒令也在一定程度上限制了文莱旅游业的发展。种种规定似与中国传统的工作方式、生活方式格格不入，如何与这样一个伊斯兰气息浓厚的国家开展经济、文化等方面的合作，促进中资企业很好地融入当地，成为摆在两国之间的现实性问题。

（二）阻碍文莱“2035 宏愿”与“一带一路”倡议对接的外部挑战

1. 南海局势不稳定，影响中文两国合作

中国和文莱作为南海问题的当事方，在南海的主权归属问题上存在分歧，中国从文莱进口石油和天然气数额的多少，很大程度上取决于南海问题能否妥善解决。虽然自始至终文莱与中国并未因南海局势产生任何程度的冲突，但双方围绕南海岛礁归属问题确实存在主权争端，且这一问题的解决一直没有取得突破性进展。再加上 2016 年 7 月菲律宾自导自演的“南海仲裁案”的无果而终，始终是埋在中国与文莱之间的一颗“隐形炸弹”。此外，除南海主权声索方之外的美国、日本等域外国家也强行干预南海事务，使得中文之间的经贸合作及人员往来，随时可能会因南海局势的再度紧张而受到影响。

2. 后 TPP 时代亚太贸易格局面临深刻变革

2017 年 1 月 23 日，美国总统特朗普上台后，当即宣布美国退出跨太平洋伙伴关系协定（TPP），意味着由美国主导成立的包括文莱的 11 个成员国在内的旨在推动亚太地区贸易自由化的多边协定处于“群龙无首”的状态。但近日，据路透社消息称，仍致力于达成 TPP 的 11 个成员国考虑修改该协定，并已在悉尼举行会议，以为陷入停滞的贸易协定注入新动力。[①] 此外，其他成员国也希望未来美国能够改变退出 TPP 的决定，重新

① 《TPP 成员国考虑修改陷入停滞的贸易协定》，中华人民共和国驻欧盟使团经商参赞处，2017 年 9 月 4 日，http：//eu. mofcom. gov. cn/article/jmxw/201709/20170902638006. shtml，登录时间：2017 年 10 月 15 日。

加入 TPP，届时美国再次加入 TPP 就会更加轻而易举。因此，对于文莱这样一个国内市场狭小、经济体量有限的小国来说，如何利用好现有的双边和多边合作机制，同时有效应对后 TPP 时代亚太贸易格局重构的挑战是文莱当前需解决的重要问题。

四 文莱“2035宏愿”与“一带一路”倡议对接的路径选择

（一）政治上：高层互访、政策先行

中文两国应继续保持高层互访，通过新设两国领导人定期互访机制，巩固双方合作的政治基础，增强战略互信和友好往来，就共同关心的问题达成共识，并推动双方寻求新的合作领域，切实落实“政策沟通”，在政治层面为两国经济、社会、文化等领域的合作提供政策导向。两国各级政府部门也应通过参与多边或双边对话会议，对有关问题晤面磋商，推动两国合作提质升级，服务于 BV 2035 与 B&R。

（二）经济上：资金保障、走廊建设

资金支持是推动两种机制实现战略对接的关键。因此，要充分利用丝路基金、亚洲基础设施投资银行等金融机构的作用，为诸多项目的开展提供低息无政府担保贷款等，加快双边基础设施建设步伐，在资金融通的基础上，实现设施联通，为今后各种发展战略的实施提供重要保障。经济走廊的建设在两种机制的对接过程中具有重要作用。以文莱—中国广西经济走廊为例，双方开展了一系列务实有效的合作，特别是 2017 年 2 月 21 日，广西北部湾国际港务集团与文莱达鲁萨兰资产管理公司组建的合资公司正式接管文莱摩拉港集装箱码头的运营，意味着文莱—中国广西经济走廊旗舰项目顺利落地。此外，产业园区建设也可以成为双方未来合作的重点，从而逐步扩大双方合作的外延。例如，2017 年 4 月底，由华夏幸福与文莱政府签署的“产业新城项目”合作备忘录，就明确提出要进行产业园区建设。因此，未来双方可在摩拉港建设产业园区，通过吸引更多中资企业入驻摩拉港，提高港口的设施利用率，助力文莱将摩拉港发展成世界级

港口。

（三）社会文化上：多元交流、民心相通

民心相通是开展各项工作的重中之重，涉及文化、教育、体育、卫生、旅游、媒体、地方交往等众多领域，因此，BV 2035 与 B&R 的对接必然要重视社会文化方面的重要作用。在实施过程中可在以下几个方面展开：首先，鼓励两国人员交流，特别是推动青年交流项目的实施，通过实施各种鼓励性项目，鼓励双方青年到对方国家开展参观、学习、培训等多种活动，提高青年一代对对方国家历史、文化、现行发展政策、发展目标等内容的理解。还可通过免签政策、增加航班措施的出台，增加两国旅游人次。其次，在合作领域上，不仅要重视经济方面的合作，双方也要加强在卫生、医疗、教育、体育等方面的合作，通过签署谅解备忘录，共建绿色、可持续发展社会。最后，充分发挥文莱华文学校、华人团体等现有组织机构的作用，通过共同庆祝春节、中秋等华人节日，增强文化认同感，巩固两国友好的民意基础。

（四）安全上：双轨思路、合作为重

一直以来，文莱在处理南海争端上，都始终能以地区发展大局为重，但也不排除文莱因南海局势再度紧张而转变态度的可能性。因此，双方应继续致力于全面有效地落实《南海各方行为宣言》，循序渐进，稳步推进“南海行为准则”制定进程，维护地区和平、稳定和安全，增进互信、加强合作，利用“双轨思路”解决南海问题，由直接当事国通过谈判协商妥善解决争议，中国和东盟共同维护南海的和平稳定。此外，中国要主动发挥大国作用，不仅要积极与南海各主权声索国进行协商，还要与域外大国，如美国展开对话，为中文合作营造更加和平、稳定的环境。

五　小结

中文两国推动 BV 2035 与 B&R 实现对接，从根本上看符合两国国家利益。BV 2035 的最终目标是通过吸引外资、扩大对外交流与合作，从而实

现经济多元化目标，提高人民幸福感，进而巩固马来伊斯兰君主制的国家制度。而B&R则是在特殊历史时期，中国领导人作出的战略性抉择，其核心是实现政策沟通、设施联通、贸易畅通、资金融通、民心相通的"五通"，通过区域性合作组织，共谋发展路径、共享发展成果。随着两国合作规模的扩大、合作程度的加深，BV 2035与B&R的对接成功可以成为大国与小国合作的典范，为B&R与其他国家战略规划之间的对接起示范作用。

Analysis of the Connectivity between Brunei Vision 2035 and China's Belt and Road Initiative

Liu Jing

Abstract Considering the politics, economies and cultures of Brunei and China, the connectivity between Brunei's National Vision 2035 (BV 2035) and China's Belt and Road Initiative (B&R) is of great importance for the further development of China-Brunei relationship, and fundamentally serves the interests of both countries. This paper first analyzed the feasibility of the BV 2035 and B&R's connectivity from the aspect of historical positioning and their docking point, and secondly analyzed advantages, disadvantages and challenges for the connectivity. Based on the results of the factor analysis, the paper put forward some suggestions to promote the BV 2035 and B&R's connectivity: establishing high-level visits mechanism, increasing capital investment, making full use of the existing financial institutions' support, emphasizing value output, building people-to-people bonds and wisely addressing the South China Sea issues.

Key Words China; Brunei Vision 2035; the Belt and Road Initiative

Author Liu Jing, Research Assistant of Department for Brunei Studies, China-ASEAN Research Institute of Guangxi University.

泰国“30铢医疗计划”对完善中国社会医疗保障体系的启示

陈　昕　杨凤英　刘馨元

【摘要】泰国通过实施“30铢医疗计划”，给予其他社会医疗保障系统无法纳入的人群兜底包络式医疗服务，一举成为世界上为数不多的实现医疗保障全民覆盖的发展中国家之一。鉴于目前中国社会医疗保障体系存在基本医疗保障制度与医疗救助制度缺乏有效衔接、城乡医疗服务水平呈现二元结构、医疗费用难以控制等问题，本文认为，“30铢医疗计划”的目标人群财政兜底衔接设计、保障费用预先拨付、保障内容全面统一等经验，值得中国借鉴。

【关键词】泰国　30铢医疗计划　中国社会医疗保障体系　启示

【基金项目】本文系中国—东盟区域发展协同创新中心科研专项和教育部长江学者和创新团队发展计划联合资助（项目号：BG201503）的阶段性研究成果。

【作者简介】陈昕，中国—东盟区域发展协同创新中心副研究员，广西大学商学院，副教授，博士，硕士生导师；杨凤英，广西大学商学院，硕士研究生；刘馨元，中国—东盟区域发展协同创新中心，助理研究员。

中泰两国同为亚洲发展中国家，有着相似的社会人文基础和经济发展水平。21世纪初，两国开始致力于完善本国社会医疗保障体系，实现医疗保障全民覆盖目标，即确保所有人都获得所需要的卫生服务，而在付费时

不必经历财务困难。① 全民医疗覆盖是减少贫困人口、推进社会公平的重要保障，是政府维护公众福祉的应尽之责。中泰两国的贫困人口占比接近（泰国 10.5%，中国 7.2%）②，也大都集中在农村偏远地区，两国政府都面临同一难题：如何简单有效地将无资格进入现有社会医疗保障系统的贫困人口纳入保障体系？

2001 年，泰国他信政府开始实施“30 铢医疗计划”，与职工社会保障计划和公务员医疗保健计划共同构成泰国社会医疗保障体系。在这一体系中，“30 铢医疗计划”犹如最后一块拼图，发挥着财政兜底的作用，意在对那些既不符合职工社会保障计划，也无法享受公务员医疗保健计划的社会居民，包括贫困人群，由政府提供社会医疗保障和救助服务。“30 铢医疗计划”运行之始就取得良好社会效果，2002 年近 75% 的人参与该计划，贫困人口的医保覆盖率显著提高。③ 到 2016 年，泰国社会医疗保障覆盖率达到 98%④，其中近八成是“30 铢医疗计划”参与人群，基本实现全民覆盖目标。

一 泰国“30铢医疗计划”基本模式

目前，泰国社会医疗保障体系由三部分构成：公务员医疗保健计划、职工社会保障计划和“30 铢医疗计划”。公务员医疗保健计划的目标人群是政府雇员、退休人员及其家属；职工社会保障计划的目标人群是私立部门雇员；“30 铢医疗计划”的目标人群就是未纳入上述两套保障计划的所有人，这部分居民以自愿原则、凭居民身份证到辖区乡政府或卫生服务中心办理一张 30 铢医保卡，俗称“金卡”。金卡有两种：一种是在每次看病时需缴纳 30 铢挂号费（折合人民币约 6 元）的卡，30 铢为持有人所需支付医疗费用的上限；另一种是免费卡，持有人看病时不需要缴纳任何费用

① 《什么是全民健康覆盖》，http：//www. who. int/features/qa/universal_ health_ coverage/zh，登录时间：2017 年 4 月 11 日。

② “Popular-Indicators & populartype”，http：//databank. shihang. org/data/reports. aspx，登录时间：2017 年 4 年 6 月。

③ 李心怡、朱亚、吴宗霖：《全民健康覆盖视角下的发展中国家卫生筹资机制比较》，《江苏预防医学》2017 年 5 月第 28 卷第 3 期，第 256 页。

④ “Health Profile：Thailand”，http：//www. worldlifeexpectancy. com/ World Health Rankings，登录时间：2017 年 4 月 6 日。

就可以享受相应医疗服务，医疗费用全部由政府负担，适用对象包括12岁以下儿童、60岁以上老人、残疾人，以及家庭收入在国家贫困线下的低收入人群，保证每一位泰国居民不会因收入门槛被社会医疗保障体系拒之门外。

（一）管理框架

根据泰国《2002年国家医疗保障条例》规定，"30铢医疗计划"的管理机构由三部分组成（见图1）：国家医疗保障委员会是"30铢医疗计划"的最高管理机构，负责计划制订，以及设立管理体系、服务体系并进行评价；卫生服务标准与质量控制委员会负责控制、监督进入国家保障体系的服务单位的质量和标准；国家医疗保险办公室是计划的具体实施者，由卫生部部长直接负责，通过在全国设立的13个分部管理计划的运行、预算、支付和评价。

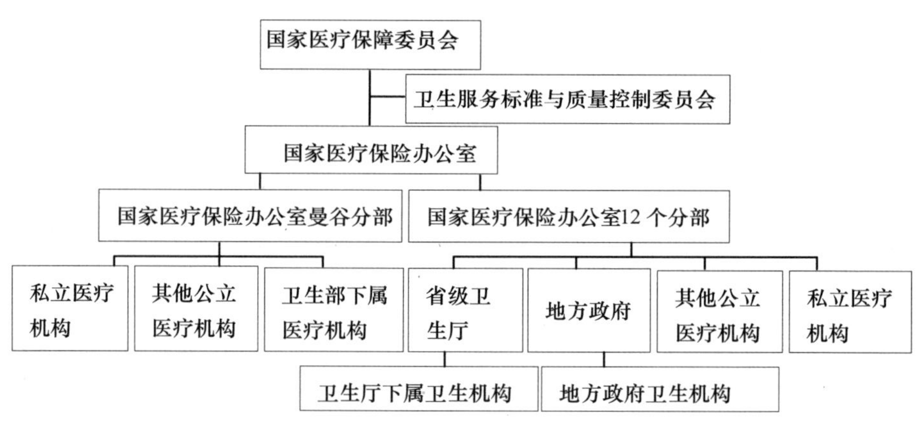

图1　泰国"30铢医疗计划"管理机构框架

提供"30铢医疗计划"服务的医疗卫生体系分为三个层次：初级卫生保健服务、二级医疗服务、三级医疗服务。初级卫生保健服务通常由社区卫生机构提供，包括社区医院、乡卫生所和村初级卫生服务中心，以乡卫生所为主，提供基本治疗、预防保健等服务；二级医疗服务主要由社区医院和私立医院承担，提供综合性的卫生服务，包括住院服务，并对乡卫生所和村初级卫生服务中心提供技术支持；三级医疗服务主要由地区医院和曼谷市的大医院（包括部分大型私立医院）提供，负责区域内和全国病患的住院医疗服务。[①] 无论公立医疗机构还是私立医疗机构，只要向国家医疗保险办公室提出申请，获得卫生服务标准与质量控制委员会认证即可成为"30铢医疗计划"的签约定点卫生服务机构，接受国家医疗保险办公室分部监督和管理，享受国家财政补贴。

（二）资金来源

"30铢医疗计划"资金来源于两部分：一部分是政府财政拨款，源于税收，按公共卫生支出的一定比例投入；另一部分是参与计划的居民每次看病挂号支付的30铢挂号费，部分参与者甚至可以免费，因此这部分资金来源占比极低，几乎可以忽略不计。

2001年泰国社会健康保障支出占公共卫生支出的11.75%，比2000年提高2.32%。之后，泰国政府不断增加公共卫生方面的投入。至2014年，医疗卫生财政支出占社会卫生总支出的比重高达77.83%，比2001年提高21.45%，人均医疗卫生财政支出177.08美元（按平均汇率计算，下同），比2001年的34.06美元增加4倍有余，同期，私人人均医疗支出50.44美元，只比2001年的26.35美元提高不足1倍。[②] 可见，在推行"30铢医疗计划"过程中，政府财政发挥着绝对主导地位。

（三）费用支付

"30铢医疗计划"医疗保障费用采用"预付制"，每年由国家医疗保险办公室负责计划的预算编制，并按国家预算通过13个分部对全国定点卫生服务机构拨付医保医药费用，拨付方式主要采用按人头付费、按单病种付费和疾病诊断相关组付费制（Diagnosis Related Groups，简称DRGs）等形式。国家根据各个府的参保人数、年龄、健康水平、常见病等情况预先向定点卫生服务机构支付费用，支付标准根据成本和物价水平每年进行相

① 刘玉娟：《泰国"30铢计划"对我国医疗保险的启示》，《卫生经济研究》2011年第4期，第46页。

② "HEALTHEXPCAPCHN"，http：//apps. who. int/gho/data/，登录时间：2017年4月。

应调整。[①]

针对不同服务项目，“30铢医疗计划”医保费用采取不同拨付方式：对初级社区卫生服务中心预防保健服务项目和二、三级医疗机构门诊服务项目采取按人头付费方式；对医疗机构住院治疗服务项目采用总额预付下的按单病种支付或DRGs方式，每个病种的费用标准由国家医疗保险办公室制定。

（四）保障内容

“30铢医疗计划”又被称为“30铢百病计划”，可以看出其保障内容的全面性。该计划目标人群是公务员医疗保健计划和职工社会保障计划之外的所有人，由政府财政兜底为这部分居民提供社会医疗保障和医疗救助（免费卡持有者），涵盖预防、门诊、急救和住院等一系列医疗卫生服务，包括已通过健康专家委员会认可的泰国传统医学和替代医学服务，基本满足中低收入阶层的医疗需求。

目前未纳入保障内容的医疗服务主要有：（1）非必要条件的医疗服务，如不孕不育、人工授精、变性手术、整形美容；（2）精神病患者和需要康复治疗的吸毒者，这部分病患另有医疗基金提供服务；（3）需要住院治疗180天以上的患者，除非是因并发症而必须连续治疗或者有医学指征的部分疾病、血液透析的慢性肾病患者、使用人工肾的患者及器官移植的病患。

二　泰国“30铢医疗计划”成功经验

“30铢医疗计划”作为一项几乎“零门槛”的社会医疗保障制度，通过政府财政兜底为所有无法享受公务员医疗保健计划和职工社会保障计划的居民提供服务，将医疗保障与医疗救助融为一体，最大限度地保证社会医疗需求的可及性。泰国国家统计局数据表明，2015年泰国总人数约为6736.17万人，医疗服务体系覆盖面已达98.52%以上，其中，享受“30铢医疗计划”的人口约为4983.25万人，占所有已覆盖医疗福利人群的

① 刘晓云：《泰国全民健康覆盖经验及对我国的启示》，《中国卫生政策研究》2014年第2期，第12页。

75.3%。至此，泰国成为世界上为数不多的实现医疗保障全民覆盖的发展中国家之一。

（一）保障资金政府主导，财政支持不遗余力

据世界银行统计，泰国自2001年实行"30铢医疗计划"以来，财政投入不遗余力，医疗卫生公共支出总额占财政总支出的比重呈逐年上涨趋势，由2001年9.03%上升为2014年13.28%，15年间增幅4%。相比之下，中国医疗卫生公共支出只在2001年和2002年两年占比与泰国基本持平，之后一直落后于泰国，15年间增幅仅1%（见图2）。

目前，"30铢医疗计划"的财政资金来源主要包括扣除基本医疗设施建设、传染病防治、教学科研等经费后的几乎全部医疗卫生公共支出，新增卫生资金的10%，以及烟草、啤酒和白酒等烟酒税收总额的70%。[①]

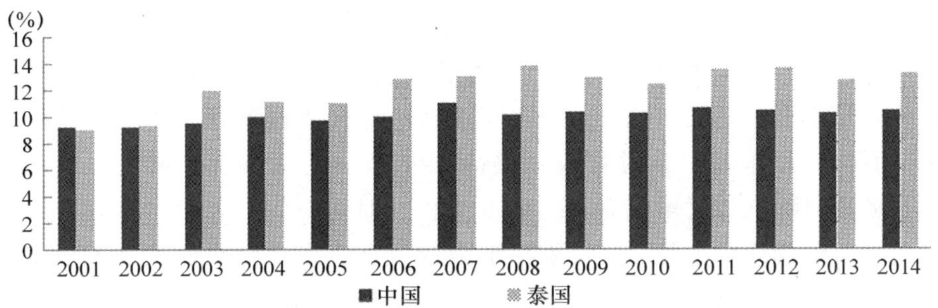

图2　2001—2014年中泰医疗卫生公共支出占财政总支出比重

资料来源：世界卫生组织，Health expenditure ratios, by country, 2000 - 2014。

（二）保障层次清晰，"兜底包络"模式支撑社会医疗保障与救助体系

在泰国社会医疗保障体系当中，公务员根据公务员医疗保健计划、企业职工根据职工社会保障计划获得社会医疗服务，"30铢医疗计划"的参与人

① 王欣：《泰国30铢医疗计划及对中国新农合的启示》，山东大学，硕士学位论文，2013年，第28页。

群是除上述两部分人群之外的所有社会居民。政府采取“兜底包络”垂直管理模式，在统计和区分公务员及企业职工身份之后，剩下不易于区分的所有模糊人群均归类为同一模块，享受“30铢医疗计划”的保障与救助。

“30铢医疗计划”覆盖的目标人群层次界限清晰，惠及所有不被纳入其他社会保障计划的人群：一方面，该计划门槛低，30泰铢即为最高给付界线；另一方面，60岁以上的老年人、残疾人、12岁以下的儿童和低收入人群就医时，可以免交30泰铢的费用。[①] 这种准入门槛接近零的包络管理模式，有效地保证了全体社会居民获取医疗卫生服务，极大地提高了社会医疗保障的全民覆盖率，特别是贫困人群，从“30铢医疗计划”“免费卡”救助获取福利的效益更明显。数据显示，“30铢医疗计划”所覆盖的人群中，50%属于贫困人口，其中，“免费卡”持有者以最贫困人和低收入者为主，“30铢卡”持有者以中等收入者为主。[②]

（三）保障费用预先拨付，有效控制医疗费用

与“后付制”相比，社会保障费用采取“预付制”，能更有效地制约医疗费用不合理增长，这一点已经成为大多数学者的共识。“30铢医疗计划”保障费用采取“预付制”，由国家医疗保险办公室负责核定，按照不同服务项目预先拨付给定点卫生服务机构。对初级保健以及门诊服务按人头付费，管理简单方便，既能够保证财政资金更多地流向低收入人口集中的贫困地区，也非常符合初级卫生服务中心和医院门诊病人多、接待工作量巨大的特点，预付的形式可以促使医疗服务机构主动进行成本控制、提高工作效率。对有条件提供住院服务的医疗机构采取总额预付下直接按单病种支付或DRGs方式，解决了分级诊疗制度下按人头付费容易导致初级卫生部门为了能够获得更多财政支持而“截留”病患的问题，有利于抑制医疗费用不合理增长和诱导过度医疗等不合理行为，鼓励大医院提高医疗技术和服务水平。

值得一提的是，分级诊疗制度也是“30铢医疗计划”有效控制保障费

---

① 翁玉虎：《泰国医疗保险制度对我国的启示》，《中南财经政法大学研究生学报》2012年第3期，第121页。

② 刘晓云：《泰国全民健康覆盖经验及对我国的启示》，《中国卫生政策研究》2014年第2期，第13页。

用的成功经验。参与计划的居民看病时，首诊必须在保险卡上已经注明的初级社区卫生服务中心，由居民在辖区登记领卡时自主选定。如果需要转诊，就从初级社区卫生服务中心转到对应的二级或三级医疗服务机构。除急诊或不参加“30铢医疗计划”的病人之外，大医院一般不接受直接前来就诊的病患。严格的首诊—转诊制度可能会导致部分病人不能得到最好的治疗，或者等待治疗时间过长，但它在控制医疗费用、分流大医院工作负担方面确有成效。

（四）保障内容全面统一，体现医疗资源公平分配目标

“30铢医疗计划”保障内容全面，保障标准统一。政府统一按人头或病种补助医院，各级别医院只要符合转诊程序，收费标准全部统一，城市与农村参保人群均统一缴纳30铢，不会产生任何额外费用，真正实现了全体社会居民获取社会医疗基本服务的平等目标，体现社会医疗保障的公共品特性。虽然“30铢医疗计划”提供的免费医疗服务有一定限制性，如药物诊疗费用低廉影响疗效、住院病房条件简陋等，但该计划实施初衷本就是兜底确保所有人（包括贫困者）获得所需要的卫生服务，使他们不会因承担医疗费用而破产。调查显示，越是收入低者，从“30铢医疗计划”中获得收益越大，对该计划提供的医疗服务的满意度也越高，[①] 这说明“30铢医疗计划”保障内容基本解决了目标人群的医疗问题，体现其作为贫困者医疗保障制度的特性。

过去，影响泰国医疗卫生政府预算的因素主要是每个府的医院数、床位数和医生数量，结果是越富裕的府往往能拿到越多预算拨款，因为富裕的府能吸引更多医生、保有更多的病床和医院，但这些府中公共医疗保障的目标人口并不多，居民因为收入普遍较高，更愿意选择服务水平较高、医疗环境更好的私人医院。反之，经济发展较落后的府往往集中着更多最需要公共医疗服务的贫困人口，他们从事着最辛苦的工作，拿着最低收入，身体健康状况普遍较差，但贫困人口集中的府却只能得到很少的资金预算，这显然有违公平原则。“30铢医疗计划”采用按人头付费的方式，

---

① 刘雨嘉：《泰国“30铢治百病计划”存在的问题及解决对策研究》，大连海事大学，硕士学位论文，2016年，第25页。

按计划目标人群拨付预算，较好地避免社会医疗资源浪费。

三　泰国“30铢医疗计划”对中国的启示

目前，中国社会医疗保障体系是以城镇职工基本医疗保险、城镇居民基本医疗保险、新型农村合作医疗保险为基础，辅之以大病医疗保险支撑、城乡医疗救助制度托底的多层次医疗保障体系。但是，以“保大病为主”的保障思路使受众群体的日常门诊医疗负担沉重，医疗救助制度即使发挥保障“最后防线”的作用，大部分目标人群（农村五保户除外）仍存在一定“起付线门槛”，影响了中国社会医疗保障服务全民覆盖目标的实现。本文认为，曾被世界卫生组织高度评价为“市场经济条件下实现人人享有卫生保健的改革新思路”的泰国全民健康保险计划值得中国借鉴。

（一）提高财政支持力度，建立公共卫生资金稳定增长机制

作为一项准公共产品，政府理应成为医疗卫生服务尤其是社会基本医疗服务资金的主要提供者。由中泰两国医疗卫生公共支出对比可以看出，中国政府对医疗卫生公共支出的财政支持力度严重不足（见图2），公共卫生投入规模已经与中国的经济大国地位不相符。有限的财政投入限制了中国社会医疗保障体系的服务水准，难以体现社会医疗服务的公共福利特征。

在2007年之前，中国私人卫生支出占医疗卫生总支出的比重一直高于政府财政支出，2008年建立新农合医疗体系之后，私人卫生支出占医疗卫生总支出的比重开始逐渐下降，但是直至2014年，中国私人卫生支出占医疗卫生总支出44.21%，仍然远高于同期泰国私人卫生支出占比（22.17%）近23个百分点，个人医疗费用负担沉重（见图3）。

本文考虑到中国人口基数大，短期内实现完全医疗福利制度并不现实，建议可参照泰国从每年新增卫生支出中按一定比例拨付预算的形式，根据人口增长幅度、年龄变化、流动趋势等影响因素，建立相对稳定的财政医疗卫生支出同比增长机制，逐步降低社会居民尤其是低收入者在基本社会医疗保障中的自给部分，提高公共福利水平。

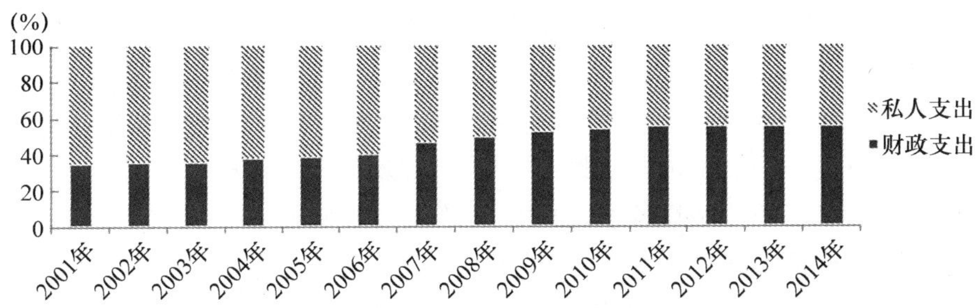

图 3　2001—2014 年中国医疗卫生总支出的结构

资料来源：世界卫生组织，Health expenditure ratios, by country, 2000 - 2014。

（二）有效衔接社会基本医疗保障与医疗救助体系，促进医保全民化

目前，中国社会医疗保障体系由劳动和社会保障部门负责管理，医疗救助体系则由民政部门负责。城镇职工基本医疗保险目标人群是城镇所有用人单位职工及退休人员，相当于泰国的公务员医疗保健计划和职工社会保障计划，其余居民则被分别划入城镇居民基本医疗保险和新型农村合作医疗保险两个模块，相当于泰国的"30 铢医疗计划"目标人群。最困难群体（城乡低保对象、农村五保对象、重点优抚对象、重度残疾人、低收入家庭患者等）在获得基本医疗保险报销及大病医疗保险赔付后，剩余所需负担的医疗费用可以按一定额度向当地民政部门申请医疗救助，救助额度由当地政府自行确定。也就是说，这部分困难人群要获得医疗救助，首先必须要进入社会医疗保障体系。但是，现阶段城镇居民基本医疗保险和"新农合"体系均实行缴费参保机制，一定的资金起付门槛必然让本就生活困难的居民备感压力，有些人被迫放弃医疗保险。虽然民政部门也通过医疗救助基金资助困难人群参加社会保险，但是烦琐的申报手续、过窄的资助范围、过低的资助标准都限制了困难人群的参保积极性。另外，医疗救助制度的"事后救助"模式，需要困难人群先行垫付医疗费用，出院后再向当地民政部门提出救助申请，可能迫使困难群体因无力承受巨额经济负担而干脆放弃治疗，影响医疗救助制度的实施效果。

相比之下，泰国社会医疗保障体系结构更为简单：在国家医疗保障委员会统一管理之下，职工社会保障计划和公务员医疗保健计划专为企业员工和国家公务员服务，其他性质人群均纳入"30 铢医疗计划"。对国家医

疗保障委员会负责的国家医疗保险办公室具体执行“30 铢医疗计划”：通过“30 铢卡”为有一定支付能力的中低收入者提供基本医疗保障；通过“免费卡”为完全无支付能力的老人、儿童、贫困人群提供兜底医疗救助。这种统一机构管理之下的社会医疗保障与财政救助兜底模式，真正实现了社会保障体系与医疗救助体系之间的无缝对接，确保各阶层收入人群都可享受无障碍的基本医疗保障服务。

实现社会医疗保障全民覆盖，需要不同医疗保障制度形式的交叉补贴，从富裕到贫困，从低风险人群（年轻人）到高风险人群（老人、儿童）。① 本文建议：短期内，在民政部门与劳保部门之间建立对接信息平台，实现救助标识实时动态管理，通过医疗救助体系降低医疗保障体系的门槛，简化资助手续，扩大资助范围，尽量将全体社会成员纳入医疗保障体系；长期目标是建立一个国家医疗保障制度平台，实现社会医疗保障制度与医疗救助制度统一管理，提高服务效率。

（三）改革保障费用支付模式，抑制医疗费用不合理增长

中国社会医疗保障体系普遍采用按项目付费的“后付制”，医疗机构定期向医保管理机构上报医疗服务记录，医保管理机构再按每一个服务项目向服务提供机构支付费用。按项目付费模式的优点在于操作简单，但是不利于医疗费用的控制：一方面，“后付制”要求医院先垫付参保人员的医疗费用，会增加医院的坏账风险；② 另一方面，医院得到的费用补偿取决于提供服务项目的数量，容易带来过度医疗。此外，医保机构为了防止医院的不合理行为，也需要花费更高的管理成本用于监督和审查。

支付方式的改进是中国医疗保障体系改革和费用控制的关键，是完善医疗保障管理的重要环节。当前，中国存在“看病难”、“看病贵”的现象，很大程度上跟现行付费方式不合理相关，要想实现“人人享有基

① Harris J.，“Developmental capture of the state：explaining Thailand's universal coverage policy”，*Journal of Health Politics，Policy and Law*，Vol. 40，No. 1，2015，p. 165.

② 吴伟强、李丽：《“后付费”方式带来医院坏账风险增加的防范探析》，《会计师》2011 年第 11 期，第 21 页。

本医疗保险”的目标，付费方式改革是关键。[①] 本文建议，借鉴泰国“30铢医疗计划”的成功经验，逐步在全国推广分级诊疗制度下的门诊服务按人头付费、住院及大病治疗按单病种支付和DRGs的保障费用“先付”模式。按照严重程度和治疗难易程度划分疾病级别，按照规模、覆盖范围、技术水平等划分医疗机构等级，不同级别的疾病在不同级别的医疗机构中治疗。在实现医疗保障广覆盖目标的同时，抑制医疗费用不合理增长。

（四）建立城乡统筹医疗保障体系，实现城乡居民医疗服务均等化

与泰国“30铢医疗计划”保障标准全国统一、保障内容城乡统一形成鲜明对比的是，中国目前不仅城市医疗保障体系与农村医疗保障体系的医疗服务水平存在“二元结构”差异，各个地方的付费方式、缴费参保额度、报销比例、报销限额也都没有统一的标准，一些贫困地区的医疗救助制度由于财政困难甚至名存实亡。[②] 这些横向与纵向不公平现象，亟待改变。为此，2016年，国务院出台了《关于整合城乡居民基本医疗保险制度的意见》，提出“六统一”，即“统一覆盖范围、统一筹资政策、统一保障待遇、统一医保目录、统一定点管理、统一基金管理”。

实现城乡居民医疗保障服务均等化是中国社会保障体系改革的重点目标之一。2011年，中国三大社会医疗保障体系的人均筹资水平分别是：城镇职工基本医疗保险人均筹资1868.36元、城镇居民基本医疗保险人均筹资269.19元、“新农合”人均筹资246.21元，城镇居民医疗保险的人均筹资水平基本与“新农合”持平，城乡居民医疗保障制度的统一化已经具有一定现实基础。[③] 全国医疗信息平台逐步建立，以及2015年跨省就医费

---

① 唐霁送、吴光：《医疗保险付费方式改革经办管理城市实例》，中国劳动社会保障出版社2012年版，第210页。

② 梁士坤：《健康保障托底：医疗救助制度建设的地方实践及未来展望》，《中国卫生政策研究》2017年第10卷第3期，第51页。

③ 王俊华、柏雪：《全民基本医疗保险制度的可行性思考与路径构想》，《苏州大学学报》（哲学社会科学版）2015年第5期，第47页。

用与结报的试点推行，也为缩小各地基本医疗服务水平差距、实现城乡居民医疗服务均等化目标提供了技术手段。

Thailand's 30 Baht Healthcare Plan and its Inspiration to Improve the Social Healthcare System in China

Chen Xin　Yang Fengying　Liu Xinyuan

Abstract By implementing the 30 Baht Healthcare Plan, providing all-inclusive enveloping medical services to the groups that are not covered by the social health insurance system, Thailand has become one of the few developing countries that achieve universal coverage of health care in the world. In view of the defects in current social security system in China, such as the lack of an effective cohesion linking the basic medical care system and the medical assistance system, the urban-rural dual structure of medical service, and the difficulty of controlling medical expenses, this paper suggests that Thailand's experiences, such as the financial fallback system on the 30 baht target group, the pre-paid security costs policy, and the unified security content are worth China to draw lessons from in improving the Social Healthcare System.

Key Words Thailand; The 30 Baht Healthcare Plan; Social Healthcare System of China; inspiration

Authors Chen Xin, Ph. D, Researcher at China-ASEAN Collaborative Center for Regional Development, Associate Professor at Business School of Guangxi University, Master's Supervisor; Yang Fengying, postgraduate of Business College of Guangxi University; Liu Xinyuan, Researcher at China-ASEAN Collaborative Center for Regional Development.

推进中越民间外交的意义构建与路径解析

蓝　瑶

【摘要】全球化背景下，中国要实现和平崛起和伟大复兴的宏愿，民间外交在总体外交经略中发挥着不可替代的作用。为有针对性地进一步建构与越南网络式的伙伴关系，本文从“复合相互依赖说”出发探讨了中国发展对越民间外交的必要性，分析了推进对越民间外交的理论意义和功能意义，其后，基于整体到局部、一般到特殊的逻辑阐述了中国对越民间外交的现状，以及在驱动力和民意基础上存在的问题，最后，以主体、客体、介体和机制为切入点，本文提出了进一步推动对越民间外交的政策建议。

【关键词】民间外交　复合相互依赖　越南

【作者简介】蓝瑶，广西大学中国—东盟研究院越南研究所，研究助理。

所谓民间外交，即不具有国家正式外交资格的个人或组织为了本国利益和本国官方外交目标，或为了维护世界和平、人类共同利益而进行的对外交往活动。[①] 狭义地看，民间外交的行为主体和外交对象都是非官方、非政府的社会团体、机构和个人；广义地看，凡是外交行为主体或外交行为对象，只要有一方不是官方或政府，就属于民间外交。[②] 在中国外交史上，民间外交扮演的角色较为独特，一方面它充当了官方外交的补充，另

① 张胜军：《新世纪中国民间外交研究：问题、理论和意义》，《国际观察》2008 年第 5 期，第 12—18 页。

② 张志洲：《推进中国特色民间外交理论的构建》，《当代世界》2017 年第 5 期，第 18—21 页。

一方面，在某些时候，它更是官方外交的先行者。全球化背景下，中国要实现和平崛起和伟大复兴的宏愿，民间外交在总体外交经略中发挥着不可替代的作用。

纵观国内对民间外交的研究学术史，多位学者对宏观层面的民间外交已进行过多形式、多方位和多层次的探析。譬如，针对民间外交与官方外交的关系，刘志遥、张志洲、朱蓉蓉总结了二者相互补充和促进的关系。[①]针对民间外交的特点，张志洲、刘建平对民间外交的概念和特征进行了精准化定义，指出了其主体、对象、目标和指导思想的特殊性。[②]针对民间外交的意义，余万里、韩光明、周鑫宇、李昕蕾、于宏源阐述了民间外交的战略价值和对国家利益的维护作用，及其在推动全球治理、软实力建设中的协同功能。[③]针对民间外交的不足，杨育谋、沈昕、储殷、王新华指出了中国民间外交的身份错位、对象错位、途径失衡、力量失衡等几大缺陷。[④]针对推进民间外交的建议，张胜军、蔡建国、黄小华分别提出了各自的看法，包括拓展性和反制性地开展民间外交，引入世博会平台，整合资源拓展新空间等。[⑤]

然而对于具体地区或国别层面的民间外交，可搜索到的相关学术成果

---

① 刘志遥：《“民间外交”之我见》，《世界知识》1987年第4期，第15—17页。张志洲：《发展民间外交 补官方外交不足》，《中国社会科学报》2009年11月19日，第6版。朱蓉蓉：《民间外交与政府外交关系初探》，《社会科学战线》2010年第10期，第172—175页。

② 张志洲：《民间外交涵义的学理分析》，《国际观察》2008年第5期，第23—28页。刘建平：《“人民外交”转向“民间外交”》，《中国社会科学报》2009年11月19日，第6版。

③ 余万里：《全球化时代的民间外交》，《国际观察》2008年第5期，第32—36页。韩光明：《公共外交与民间外交的特点分析》，《公共外交》2013年春季号（总第13期），第64—69页。周鑫宇：《民间外交要有新思维》，《世界知识》2016年第5期，第75页。李昕蕾、于宏源：《民间外交在国家软实力建设中的协同作用及其传播机制创新》，《当代世界》2017年第9期，第34—37页。

④ 杨育谋：《民间外交：不可忽视的国际政治软力量》，《社会观察》2007年第6期，第46—48页。沈昕：《民间外交——中国对外传播的重要渠道》，《对外传播》2010年第10期，第43页。储殷：《当代中国民间外交的错位及其解决思路》，《对外传播》2016年第5期，第8—9页。王新华：《中国民间外交：现状、思考与建议》，《学理论》2016年第10期，第72—74页。

⑤ 张胜军：《新世纪中国民间外交研究：问题、理论和意义》，《国际观察》2008年第5期，第12—18页。蔡建国：《以世博会为平台，大力推进公共外交和民间外交》，《公共外交季刊》2010年夏季号（总第2期），第19—26页。黄小华：《为实现“中国梦”创造良好国际环境——关于整合统战资源拓展民间外交新空间的几点思考》，《中国统一战线》2013年第6期，第27—28页。

则较少。王宪鹏指出目前中国与东南亚的民间外交受到现实问题和大国介入的影响，同时自身的整体联动性和交流深度仍需增强，为此，推动中国与东南亚的民间外交应不断丰富工作内容，不断开拓工作领域，不断创新工作方式，坚持短期目标与长期效果的统一。① 戴建方分析了民间外交主导下的东亚区域合作，引述庄建中的会议发言，指出民间合作在区域合作和中日关系中起了一个基础和桥梁的作用。② 尤建华从对缅甸民间工作实践出发，认为民意沟通、民间友好、民生合作是构筑沿边开放新格局的强大助力。③ 张玲、张万洪以缅甸为例，考察以非政府组织为载体的中国民间外交的成就和瓶颈，建议在政策制定、经费来源、执行监管、信息公开等方面更多地推动非政府组织参与到对外交往中。④

从上述文献可看出，国内学者对于民间外交的宏观讨论较为深入，讨论范围覆盖了民间外交的释义、特点、前景、不足，较为全面地反映了深度全球化背景下民间外交的新机遇、新挑战，也提出了各自的政策建议。而细化到国别，对于中国推进对越民间外交尚无太多的挖掘，缺失针对性研究。为了补足目前国内学术界在对越民间外交研究上的不足，本文尝试以越南为个例，探讨中国对越民间外交的必要性，并针对越南的具体情况和遇到的实际困难，提出推进民间外交的具体建议。

一　中国对越民间外交的必要性诠释：复合相互依赖

在世界格局发生深刻复杂转变，实力对比变化带来中国、东盟成员等新崛起国家提出权力再分配诉求的背景下，拓展中越民间外交有着理论和功能的二重意义。笔者将从西方国际关系理论中的“复合相互依赖说”出发，落脚于对越民间外交多样化功能的溢出效果，以诠释中国对越民间外交的必要性。

---

① 王宪鹏：《中国与东南亚的民间外交》，《公关世界》2012 年第 6 期，第 1—6 页。

② 戴建方：《民间外交主导的世纪：东亚区域合作的问题与展望——“东亚区域合作与民间外交的作用”国际学术研讨会综述》，《学术月刊》2005 年第 3 期，第 116—118 页。

③ 尤建华：《从对缅甸民间工作实践看民间外交如何助力构筑沿边开放新格局》，《人民政协报》2014 年 10 月 13 日，第 8 版。

④ 张玲、张万洪：《“一带一路”倡议中的民间外交——基于缅甸田野调查的反思》，《上海对外经贸大学学报》2017 年第 3 期，第 30—40 页。

（一）中国对越民间外交的理论必要性

据约瑟夫·奈的观点，全球化被定义为世界范围内的相互依赖网络，属于相互依赖范畴，即全球层面上的相互依赖。它包括多种形式：气候全球化、经济全球化、军事全球化、社会全球化等。其中社会全球化实质上是人员、文化、形象和思想的流动与传播，同样也包括政治全球化。[①]

在全球范围内相互依赖广泛存在的情境下，世界政治模式超越了二战后占据唯一主导地位的现实主义假设，引入可以用罗伯特·基欧汉及约瑟夫·奈提出的“复合相互依赖”解释的新自由主义国际机制，此种复合相互依赖的特征之一是各社会之间的多渠道联系，包括政府精英、非政府精英、跨国组织之间的正式的或非正式的联系。[②] 由此，一方面，权力的主体趋向多元化，非国家行为主体（国际组织、跨国公司乃至个人）在国际社会中的角色日益凸显，成为构成国际关系不可忽视的力量；另一方面，权力的结构更加分散化，民族国家在国际政治舞台上的中心地位受到冲击，不再垄断国际政治事务的发展进程，普通公民被赋予了更大的活动能力和空间。[③]

综合以上两点，复合相互依赖改变和塑造了当代国际政治的参与主体，赋予了公民参与外交活动的可能性和必要性（图1）。现代社会中，公民个人和组织是最主要的公民力量和公民社会价值载体，在非政府主体参与外交活动的可能性和必要性的驱使下，两者参与的外交行动为“民间外交”提供了不竭的动力。[④] 当公民个人及组织凭借复合相互依赖理论赋予的可能性和必要性，参与民间外交活动时，一方面为民间外交贡献了真正的“民间”本源，另一方面也拓展了民间外交的广泛参与性。

在当前复合相互依赖范式下，全球化进入深度阶段，相互依赖在某种程度上取代了无政府状态，成为国际秩序转型的新动力。此时主权国

---

① ［美］约瑟夫·奈、［加］戴维·韦尔奇：《理解全球冲突与合作：理论与历史》（第9版），张小明译，上海人民出版社2012年版，第291—294页。

② ［美］罗伯特·基欧汉、［美］约瑟夫·奈：《权力与相互依赖》（第4版），门洪华译，北京大学出版社2012年版，第23—24页。

③ 余万里：《全球化时代的民间外交》，《国际观察》2008年第5期，第36—40页。

④ 张志洲：《民间外交涵义的学理分析》，《国际观察》2008年第5期，第23—28页。

家间正式、官方、政府对政府的互动，在某些时候并不是促进国际合作、弥合分歧的最佳途径。而作为传统政府间外交和公共外交补充的第三种形式的民间外交应运而生，并凭借其稳定性、包容性和灵活性在世界范围内蓬勃发展，① 这就可以被视为中国拓展对越民间外交的理论必要性。

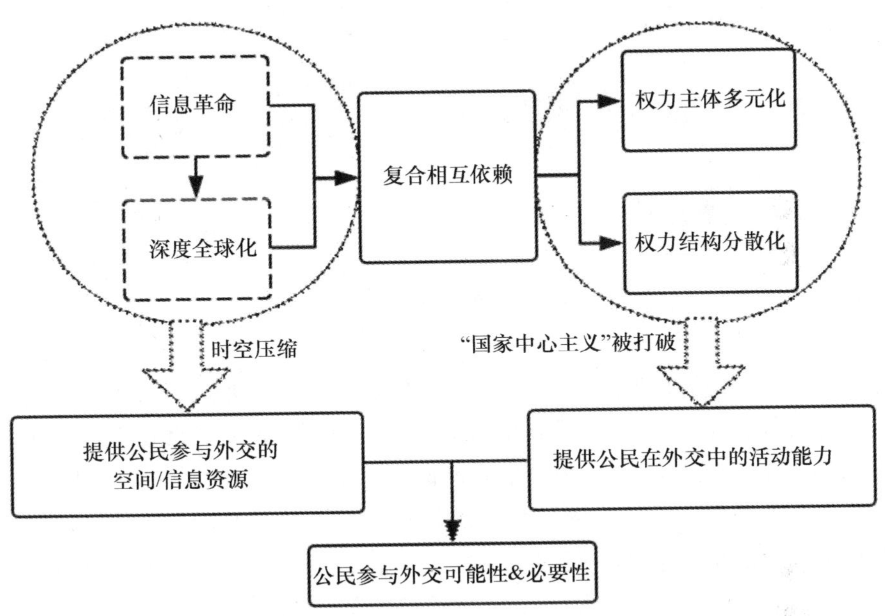

图1　复合相互依赖视域下公民参与外交的可能性及必要性

（二）中国对越民间外交的功能必要性

在国际社会深刻转型期，拓展中越民间外交，可以进一步认识和定位民间外交在中国整体外交中的地位和作用，探索中国民间外交的潜力，发散中国立体外交模式的广度和深度，发挥民间外交的溢出效应（图2），这就可以被视为中国拓展对越民间外交的功能必要性。

---

① 张玲、张万洪：《"一带一路"倡议中的民间外交——基于缅甸田野调查的反思》，《上海对外经贸大学学报》2017年第3期，第30—40页。

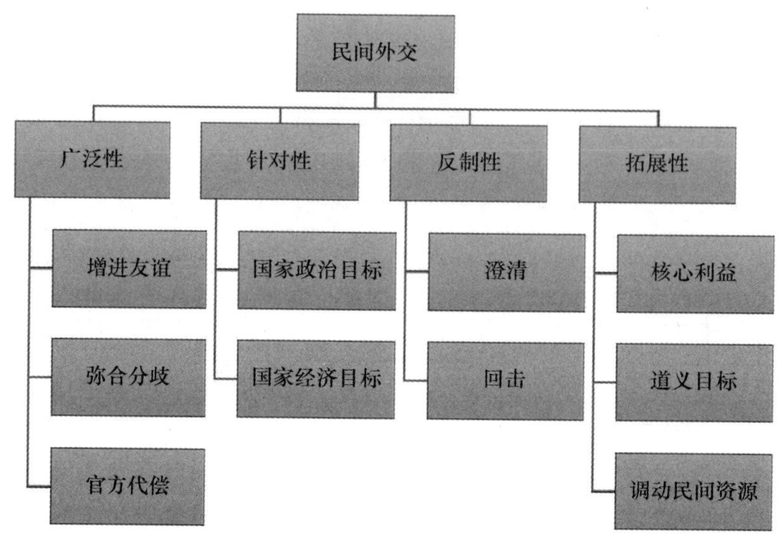

图 2　民间外交的溢出效应

第一，就开展民间外交的广泛性来说，可以达到增进友谊、弥合分歧及官方代偿的作用。对于越南的民间外交，一是能够拉近中越人民的感情，在丰富多彩的交流活动中逐渐形成并深化双边友谊；二是从基层细节着手，以民间交往的形式潜移默化地增信释疑、构建中越互信，弥合两国的分歧；三是能够起到代偿作用，覆盖对越官方外交无法延伸或照顾到的范畴，为对越官方外交的顺利展开打下坚实的民众基础。

第二，就开展民间外交的针对性来说，可以帮助中国在越南实现特定的国家政治目标和国家经济目标。对越南的民间外交，一方面可以为两国政府管控海上分歧奠定民意基础，争取两国人民对海上低敏感度领域合作的支持，在无形中对越宣介"一带一路"互利共赢的命运共同体建设；另一方面也可以扭转当前中资中企在越南的不良形象，服务于中国资金、企业、技术"走出去"的经济建设大局。

第三，就开展民间外交的反制性来说，可以成为中国消除越南民众对华偏见误解、牵制国际上某些团体对中国故意抹黑的高效率渠道，一方面针对误会进行澄清，另一方面主动回击。对越南的民间外交，可以曲折迂回地塑造中国对和平崛起的坚守，让越南民众在日常生活中接受中国的正面形象，无意识地提升对中国的好感度和信任感。而对于蓄意抹黑破坏中越关系的别有用心的一些团体，在官方不便出面或是出面效果不理想的情况下，一些民间机构和组织也可以采取针锋相对的行动和措施加以反击。

第四，就开展民间外交的拓展性来说，可以实现中国的战略性目标，包括保护中国的核心利益，塑造遵循国际道义的国家形象，同时充分调动民间资源对周边外交大局进行辅助。对越南的民间外交，有助于通过丰富两国交往，争取中国在国际事务上的话语权和议程设置能力，同时也能深耕中国软实力传播的土壤，培养中国在越南的存在感和影响力，这都是中国的核心利益。同时，中国非官方机构和个人在民生、救灾、卫生、教育、科技等领域对越南的援助扶持，是遵循国际道义的表现，能够改善中国的国际形象。此外，对越民间外交从比较松散的自发形式走向组织化和制度化，能帮助中国更好整合民间资源，服务于国家周边外交大局。

二　中国对越民间外交的现状及问题分析

中国共产党第十九次全国代表大会开启了新时代中国特色大国外交的新征程，中国此前偏重“大国”的外交战略逐步转向“周边”与“大国”并重，强调“亲、诚、惠、容”理念和“与邻为善、与邻为伴”的周边外交方针。对于中国而言，东南亚是“21 世纪海上丝绸之路”的枢纽。越南作为东盟核心成员国之一，无论从历史沿革抑或现实考量观之，皆是中国极需争取与之和睦共处的重要邻国。在对越关系中，民间外交能发挥关键性作用并具有特殊的积极意义。遗憾的是，中国在对越民间外交的实践过程中面临诸多挑战。

（一）中国民间外交及对越民间外交现状

当前中国民间外交正处于蓬勃发展时期，取得了一系列的喜人成果。笔者将遵循从宏观到微观、从整体到局部的逻辑，探讨中国民间外交的整体现状、对东南亚现状和对越南现状。

1. 中国整体民间外交的现状

民间外交是中国特色外交理论和实践创新的重要组成部分，也是中国外交实践的优势项目。新中国成立伊始，外交活动的一大特色就是重视和积极开展民间外交，力争使得官方外交与民间外交相辅相成。长期以来，民间外交一方面为中国开拓外交阵地、争取国际舆论场作出了重要贡献，另一方面也有助于维护世界及地区和平、为自身发展营造和平稳定的国际环境。

从中国民间外交概念的发展历史来看，中国历代领导人对民间外交高度重视，并提出了一系列民间外交思想。首先在中国政治生活中涉及民间外交范畴的领导人是周恩来总理，在外交实践中他曾使用过“人民外交”、“国民外交”等不同名称，并于 1957 年对中国的整体外交作出界定阐释，即“中国的外交是官方的、半官方的和民间的三者结合起来的外交”，赋予了民间外交正式的地位和身份。① 1972 年中日建交，“民间外交”这一概念被正式提出，随着越来越多的国家与中华人民共和国正式建立官方外交关系，“民间外交”作为与官方外交并行不悖的独特要素，也得到越来越普遍和广泛的使用。② 具体来说，新中国的民间外交思想形成过程主要分为三个阶段（表 1）。

表 1　**新中国民间外交思想形成三大阶段**

阶段	思想	提出者
第一时期	“人民外交”、“以民促官”	毛泽东、周恩来
第二时期	民间外交为经济建设服务	邓小平
第三时期	“以人为本”、开展“人文外交”、推动构建和谐世界	以江泽民、胡锦涛、习近平为总书记的几届中央领导集体

资料来源：李进军：《中国特色民间外交：认识与建议》，《公共外交季刊》2013 年第 4 期，第 1—9 页。

从中国民间外交实践的当前发展形势来看，“十八大”以来，中国外交实践除了维护国家安全及核心利益，还担负着追求共同发展和国际安全的责任，其模式也相应地从建立“点对点”式的政府式关系网络，向“网联网”式的全球伙伴关系转变。③ 基于此，习近平总书记引领中国周边外交进入了“以我为主、当仁不让、奋发有为、扬长补短、精耕细作”

① 张志洲：《发展民间外交 补官方外交不足》，《中国社会科学报》2009 年 11 月 19 日，第 6 版。

② 张胜军：《民间外交的内涵与特征：以新中国的基本经验为考察》，《当代世界》2017 年第 4 期，第 16—19 页。

③ 周鑫宇：《民间外交要有新思维》，《世界知识》2016 年第 5 期，第 73 页。

的新阶段，[①] 并以做好新时期周边外交工作为目标，提出了一系列的新思想、新理念及新举措。在此阶段，民间外交成为官方外交主干道的“最后一公里”，对官方外交的影响空前加大，在相当程度上甚至决定了官方外交的落地实效。[②]

从中国民间外交的定位和重要性来看，2013 年 10 月，习近平总书记在周边外交工作座谈会上发表重要讲话，提出了“三管齐下”的战略布局，将民间外交的重要性提升到与经济和安全并行的文化战略高度，即在文化上“要着力加强对周边国家的宣传工作、公共外交、民间外交、人文交流，巩固和扩大我国同周边国家关系长远发展的社会和民意基础”。[③] 2014 年 5 月，习近平总书记在中国国际友好大会暨中国人民对外友好协会成立 60 周年纪念活动上指出，维护世界和平、促进各国共同发展，必须大力加强文明交流互鉴，而民间外交正是推进文明交流互鉴最深厚的力量，[④] 这同样是在点明民间外交在国家总体外交中的重要地位。

总之，当今世界多极化、经济全球化和社会信息化的趋势使得民族国家利益的内涵和外延都向纵深拓展，纯粹的官方外交活动已不足以完全实现和维护好中国国家利益。全球化的深入推进带来的世界“扁平化”打破了时间和空间的隔阂，公民个人及组织日渐频繁地参与跨国交往，提升了民间外交的能力和作用空间。事实上，中国的民间外交在历史上各个时期都为国家外交大业发挥了不可替代的作用，今后仍将也必将继续作出特殊贡献。[⑤]

2. 中国对东南亚民间外交的现状

从国家整体外交路线来看，中国面向东南亚地区的民间外交实践活动

① 陈向阳：《习近平以周边外交战略思想主动塑造周边新秩序》，中国网，2016 年 1 月 12 日，http：//news. china. com. cn/world/2016 - 01/12/content _ 37554548. htm，登录时间：2017 年 9 月 26 日。

② 储殷：《当代中国民间外交的错位及其解决思路》，《对外传播》2016 年第 5 期，第 8—9 页。

③ 陈向阳：《习近平以周边外交战略思想主动塑造周边新秩序》，中国网，2016 年 1 月 12 日，http：//news. china. com. cn/world/2016 - 01/12/content _ 37554548. htm，登陆时间：2017 年 9 月 26 日。

④ 《习近平：中国人民愿同各国人民和睦相处和谐发展》，中国网，2014 年 5 月 15 日，http：//www. chinanews. com/gn/2014/05 - 15/6175973. shtml，登录时间：2017 年 9 月 27 日。

⑤ 赵启正：《由民间外交到公共外交》，《外交评论》2009 年第 5 期，第 1—3 页。

是中国民间外交的重要组成部分。新中国成立初期，中国与部分东南亚国家间的民间交流就已经展开。“冷战”之后，中国与这些东南亚国家间的民间外交关系迅速发展。到了新世纪，中国与东南亚的民间外交正式进入大发展阶段。[①] 当前，民间交往已成为中国面向东盟国家实施“一带一路”倡议的重要基础，是在践行习近平总书记提出的加强“五通”，即政策沟通、设施联通、贸易畅通、资金融通和民心相通时，与其中“民心相通”紧密契合的合作重点。可以说，民心向背对中国针对东盟国家开展双多边各领域合作和实施区域开放发挥着越来越大的作用。[②]

从中央政府与东南亚民间外交的现状来看，当前中国—东盟民间外交呈现出多方面的特点：第一，范畴更加全面，民间合作涵盖政治、经济、文化、社会、教科文、民生、环境、城市建设等各领域；第二，形式更加丰富，双方非政府组织的交流在加深，各种国际多边博览会和论坛也在拓展；第三，内容更加充实，多种民间合作交流催生多样化的民间外交，布局朝向“民间先行、以民促官、官民并举”；第四，路径更加合理，推动民间外交从国别来说由传统友好国家向所有东南亚国家过渡，从对象来说纳入对象国全社会精英阶层和普通阶层；第五，战略更加明晰，民间外交专注于中国特色文化的输出、增强民族情感的亲善联系，服务于国家软实力建设。

从地方政府与东南亚民间外交的推进来看，地方政府也同样发挥了积极作用。以具备独特历史文化优势和地理区位优势的广西为例，首先，抗法和抗美时期，广西曾为越南、老挝培养大量革命和建设力量；其次，中国的壮族与东南亚国家的一些民族血缘相通、习俗相近；再次，广西学者对于东南亚的研究深入翔实，拥有大量一手资料；最后，广西与东南亚地区陆海相连，双方自发的民间交流已有悠久历史、深厚根基。基于此，广西对于国家拓展对东盟国家民间外交的作用是无可替代的。为善用自身地缘优势，服务国家周边外交总体布局，广西近年大力推进多方位的“立体外交”，广西壮族自治区外事办公室主任李文杰曾对此表示，“立体外交”收到了“组合拳”效应，形成了广西与东南亚全方位、宽领域、多层次

① 王宪鹏：《中国与东南亚的民间外交》，《公关世界》2012 年第 6 期，第 1—6 页。

② 尤建华：《从对缅甸民间工作时间看民间外交如何助力构筑沿边开放新格局》，《人民政协报》2014 年 10 月 13 日，第 8 版。

交往格局，从地方层面促进了中国和东南亚各国民间的经济合作、人文交流。[①]

3. 中国对越民间外交的现状

本着推动两国悠久传统友好关系发展的方针，中越两国多年来从党际外交、国家外交和民间外交等层面不断加强外交活动，双方民间外交取得了不少成果。因此，在“一带一路”倡议深入实施的背景下，拓展中越民间外交有巩固现有成果的基础意义。

中国的中越友好协会与越南的越中友好协会承担了两国民间外交的主要推动工作，并取得了大量的前期成果（表2）：中国中越友好协会成立于1950年，从属于中国人民对外友好协会，是从事中越两国民间外交活动的全国性人民团体，其主要职责是增进中越两国人民友谊、推动两国国际合作、促进共同发展。越南越中友好协会同样成立于1950年，是越南获得独立后最早成立的友好协会之一，其基于加强和扩大两国人民友好合作关系的宗旨，多年来不断进行革新并按照主动、创新、灵活、有效四个方针努力提高民间外交活动的效果。在当前世界局势复杂多变的背景下，两个友好协会为增强两国人民相互了解、夯实两党和两国互信关系的民意基础作出了重要贡献，搭建了进一步增进两国民族友谊的重要桥梁。

这是多年来中越两国为拓展民间情谊打下的良好基础，基于此，拓展中越民间外交一方面可以帮助两国巩固现有成果，争取让已有的机制体制发挥更大的作用；另一方面也可以借由已铸就的良性基础，进一步拓展民间外交的工作局面。

表2　**中越民间外交现有机制化成果不完全统计**

组织主体	活动	频次
中越两国共青团组织	中越青年大联欢	2010年、2013年、2016年三届
中国全国友协，越南友好组织联合会	中越人民论坛	2010年至今八次会议
中国人民对外友好协会，越南友好组织联合会，广西人民对外友好协会	中越边民大联欢	2009年起每年举办

① 《广西与东南亚民间外交具有无可替代的优势》，《当代广西》2013年第12期，第16页。

续表

组织主体	活动	频次
中国国际广播电台、广西壮族自治区新闻出版广电局、越南国家数字电视台、越南广宁广播电视台	中越友谊歌曲演唱大赛	2005 年起举办，2010 年起每年举办
中国驻越南大使馆、越中友好协会	迎新春中越友好联欢会	每年举办

领域	内容（2016—2017 年）
文化	《中越文化协定 2016—2018 年执行计划》《中越互设文化中心协定》
	中越友谊宫（中越两国文化交流、人民群众展开各项活动的场所）
	中越边境友好文化室
教育	《中国教育部和越南教育培训部 2016—2020 年教育交流协议》
	河内大学孔子学院
媒体	中国新华社代表团造访越南《人民报》社，越南《人民报》社代表团造访中国《人民日报》社，越南《广宁报》社和中国广西日报传媒集团举行媒体合作座谈会
学术	“‘一带一路’倡议：越中合作新机遇”研讨会，“中越关系：现状与亟待解决的问题”学术研讨会，“中越关系：正常化 25 周年与展望”研讨会
民生	中国红十字会向越南遭受干旱、海水入侵、洪水影响的灾民提供援助
边境	至 2017 年 6 月，越南 60 个边防屯与中国广西和云南公安边防屯结为友好站屯；28 对村屯签署友好村屯文书；8 对村寨缔结友好关系

资料来源：根据 VietnamPlus（https://en.vietnamplus.vn/）新闻整理。

（二）中国对越民间外交存在的问题

诚然，蓬勃发展的民间外交依旧面临一些障碍，中国对越民间外交也同样如此。笔者认为可以从驱动和基础两大要素入手，对中国对越民间外交中存在的问题进行阐释。

1. 驱动不足：渠道单一、资源匮乏

党的十八大后，中国提出了建设中国特色大国外交的理念，致力于在国际上更好地发挥负责任大国的作用。然而，若要将中国外交打造成为国际治理体系中的重要组成部分，周边外交体系中的对越民间外交还存在一些桎梏。

从驱动主体来说，除了中越友协和越中友协，中越两国其他的民间机构和个人对于推进两国民间外交的参与略显不足，范围局限在边境地区，民间外交的活动也不够多样化和立体化。从表 2 观察到，中越两国间目前已经取得了机制化的民间外交成果，并形成了多种年度固定举办的双边友好活动，但这些机制和活动，多数是由中越和越中友协主导的。在活动范畴上，中越民间外交涉及领域涵盖文化、教育、媒体、学术和民生，但实际参与者有部分重叠，覆盖范围不够广泛，未真正接触越南社会主流人群。在活动地域上，中国对越民间外交较为偏重边境地区，这是因为边境地区的民间自发交流更为顺畅频繁，边民是拓展民间外交的坚实倚靠。但是，中国对于寻求从边境向越南国家内部纵深拓展民间外交，形成地理上的带动效应，其途径和手段依旧有限。

从驱动资源来说，首先，在与越南社会接触和交流时，民间外交依旧具备较强的政治图谋色彩，导致宣传效果不佳，容易遭遇普通民众的政治反弹；其次，中国面向民间外交的官方资源有限，制约了面向越南全社会的外交活动的广泛开展，无暇顾及话语权、软实力、全球治理等耗费大量资源、需要长期积淀的新领域；再次，与越南交往和接触所涉及的领域日渐宽泛，需要覆盖政治、经济、文化、社会多范畴的专门人才，且对专业的要求进一步细化，这些人才的缺口无法仅依靠政府解决。

2. 基础不足：越南舆论对华民意的负面偏向

2017 年 9 月，笔者赴越南进行调研及交流，期间走访了越南社科院、越南外交学院等机构，拜访了越南访问量排行前列的线上媒体的新闻工作者，从一个侧面初步了解了越南学术界、媒体乃至普通民众的对华民意走势。

据赴越调研访谈及民调机构调查结果可知，越南的学术界、媒体和普通阶层三者对华情感和民意有较大偏差，具体表现为学者对华以建设性态度和友好偏向为主，媒体普遍存在对华疑虑，民众对华情感消极、偏向负面。官方外交仅代表政府间互动关系，而越南全社会多阶层体现了非国家行为体乃至个人对政治的参与。因此，在亟须弥合对华情感的差距、总体提升对华好感的舆情传播客观要求下，能够渗透至对象国社会基层的中越民间外交在面对民意基础不足的挑战时凸显出了其重要意义。

第一，从学术界层面来说，越南学者普遍从历史和大局出发，对中越友好抱有信心与希望，同时也肯定了中越保持友好的必要性，并主张以建设性的态度推动中越合作交流。越南社科院中国研究所副所长冯氏惠教授指出中越民众间的负面观感并非社会主流，并展望了中越关系积极向好发展的前景：只要切实遵循“长期稳定、面向未来、睦邻友好、全面合作”十六字方针和“好邻居、好朋友、好同志、好伙伴”四好精神，两国有能力也必将能够通过民间外交积极推动全面战略合作伙伴关系持续不断拓展。越南外交学院副院长陈越泰博士指出，中国和越南两党两国和人民间交流和沟通的渠道众多，而争端只是中越关系的一部分，两国暂时管控分歧共谋发展是中越关系大局的客观要求和必然结果。他指出，中国作为海上强国崛起、走向太平洋是必然的，越南必须学会与崛起的中国共处，在此背景下，两国多样化的民间外交可以让越南降低对中国战略误判的可能性。越南社科院中国研究所前所长杜进森教授建议，中越间“同志加兄弟”的传统情谊和两国民间外交需通过语言互通来支撑，因此双方应重视关于中文和越南文的教育培训。

第二，从媒体层面来说，越南新闻工作者对中国的观感有待提升，其内心对华戒备和忧虑仍需中国进一步加强增信释疑工作；同时他们更为关注落到实处的问题，期待中方给出合作项目的详细信息。一方面，越南一些访问量较大的线上媒体对中国存在误解甚至偏见，一部分新闻工作者对中国的“海上扩张”偏信，而对于中国的“和平崛起”和中越海上合作却将信将疑、态度冷淡。笔者此次调研与 VnExpress 国际版记者及越南《农村报》国际版记者进行了 3 个小时的座谈，期间越南记者最关心的是南海问题，对我方提出的问题较为尖锐，表现出对中国海上实力的忧虑，甚至隐含了对中国“以大欺小”的指摘，两位记者对于中方在南海“首先建岛”的思维定式也较难被说服和改变。另一方面，越南新闻工作者对于中国“一带一路”倡议具体落地措施的了解不足，越南最大线上新闻网站 VietnamNet 的国际版编辑就表示，希望中方“一带一路”项目落地的信息分享更为公开，他们也对中国地方省份如何参与“一带一路”建设很感兴趣，但指出中方政府组织的宣介活动一般会同时邀请多个国家的记者参加，而由于各国的关切有所不同，时间却有限，导致推介会缺少针对性，不能完全回应越南记者的疑问。

第三，从普通民众层面来说，越南民众表现出对中国的平均好感度不高，特别是在中越间发生海上突发事件时，甚至会出现民意对官方的绑架。自 2011 年起，越南国内排华浪潮抬头，极端民族主义者不断制造事端

向政府施压，[①] 破坏了越南政府以亲善态度处理中越关系的民意基础。据美国民调机构皮尤研究中心（Pew Research Center）公布的2017年春季全球态度民调信息，在亚太地区的7个主要国家里，大多数国家对中国的印象不及它们对美国和俄罗斯，印度、菲律宾、韩国、日本和越南对美国的好感度都高于它们对中国的好感度。越南民众眼中的中国国家形象极端趋于负面，仅有10%的受访民众对中国表示好感，远远低于地区对华好感平均值，其对华好感度在亚太7国中位列倒数第一，甚至不及日本（图3）。

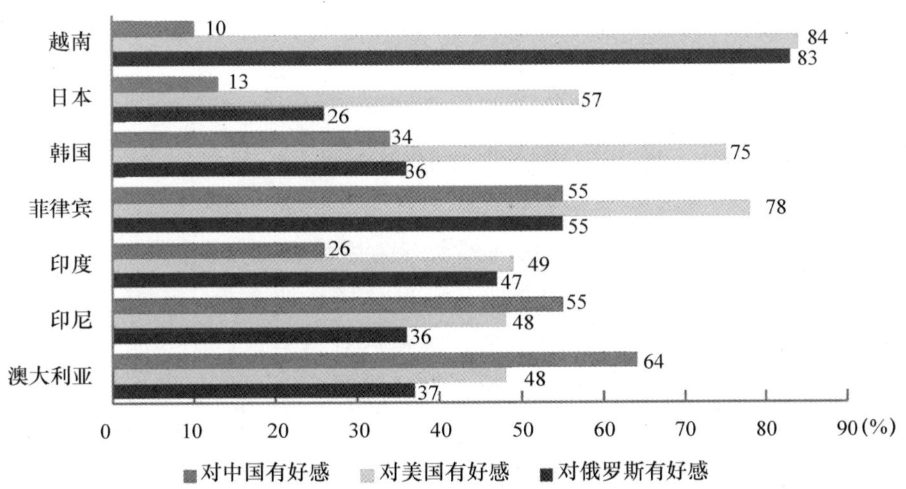

图3　亚太地区国家对俄、美、中三国好感度民调数据

资料来源：Spring 2017 Global Attitudes Survey，Pew Research Center.

由此可见，越南社会各阶层对中国的情感不尽相同，对于中越关系前景的展望也有所差别。越南学者对华抱持建设性的态度，以发展的眼光看待中越关系；越南媒体或是对强大的邻国存在疑虑，或是对中国“一带一路”细化的方针路线不甚了解，期待中国政府给出更详尽的项目规划；越南普通民众容易被海上问题和民族主义操控情绪，对华情感最为负面。总之，当前对越民间外交的先天基础不足，导致越南民间对华好感度偏差，官方外交带动的影响力无法深入民间基层。在此背景下，深入民众和基层

① 王卓一：《越南民族主义对中越南海争端的影响》，上海社会科学院博士学位论文，2013年，第19页。

的民间外交须承担起消除媒体和普通民众对华好感赤字和拉动两国民间友谊正向发展的重要职责。

三　推进中越民间外交的对策建议

深度全球化放大了政治生活中“民间社会”的作用，此时，仅在官方层面展开外交，其针对性和效果都略显不足，大力开展民间外交、拓宽对外交往渠道的重要性进一步凸显。为有效管控中越矛盾和冲突，为双边关系塑造“韧性”和提升防冲击能力①，使其良性发展，笔者从以下几方面给出了推进中越民间外交的路径建议。

（一）主体：推进民间外交主体多元化

从推进主体来说，应探索民间外交行为体的多元化，扩大推进主体的覆盖面。第一，善用中国在越企业，通过宣扬企业文化、承担社会责任，构筑以企业外交为特色的民间外交，以表达对越南普通民众的民生关切，推动中国与越南民间互信的增强和友好的增进。第二，借用公益性组织、宗教性组织、非政府组织推进中越民间外交，鼓励这些政治色彩相对稍淡的组织与越对话，提高对越行动能力，争取让中国的民间外交接地气、通民情，把中国的影响力传达至越南社会的最基层。第三，借助中国连续多年是越南第一大外国游客来源地的先天优势，注重推行公民外交，通过改善中国游客的形象，潜移默化地在越南社会中根植中国积极正面的国家形象。

（二）客体：从精英到普通民众渐进化推进

从推进客体来说，应从越南社会精英阶层起步，逐步推及并过渡至普通阶层。民间外交主要基于人际传播的方式，受众范围受到限制，其效果也受制于越南国内大众传播依据培养理论在普通民众中形成的“拟态现

① 王玉贵、顾莹惠、朱蓉蓉：《中国共产党民间外交理论与实践研究》，《党史研究与教学》2004 年第 5 期，第 20—29 页。

实”。正如北京大学袁明教授所述，任何社会在任何时期都会拥有一批具备历史感、现实感和超前意识的社会精英，这些精英作为社会的头脑和眼睛，其观点和看法往往对政府和整个社会的观点和看法产生重大影响。因此，对越民间外交应更多着眼于其国内的社会精英和意见领袖，塑造“精英舆论”。[①] 基于越南国内对华舆论情感分层明显的特点，中国民间外交也应践行先易后难的逻辑，针对对华友好度较高的精英阶层，可以集中力量进行争取，推行目的性较强的民间外交活动，形成发散效应；针对对华友好度较低的普通阶层，可以推行目的性较弱、参与度更为广泛的民间外交活动，同时期待精英阶层的带动作用，构建逐步过渡的态势。

（三）介体：发挥越南华人、在华留学生与线上媒体之作用

从推进介质来说，首先，应重视越南当地华人华侨和越南在华留学生在推进民间外交中能起到的巨大作用。一方面，华人华侨经历了在中越关系大局变迁的历史背景下和社会文化氛围中展开的交趾—安南—越南的迁移、定局和融入当地社会的进程，大部分在当地生根发芽、具备一定社会影响力和带动力，已成为中国与越南开展民间交流可以倚靠的重要力量。另一方面，越南在华留学生人数众多，他们熟悉中国的语言、文化和民情，了解中国政治经济社会的发展情况，具备将来从事国际文化交流的坚实情感和专业基础。据不完全统计，越南在华留学的学生有一万多人，这些青年人将来会是越南经济社会发展的中坚力量，同时也会是中国推进对越民间外交的强大助力。以侨为桥、以学为桥，能够提升民间外交的效率、降低民间外交的成本。民众的口耳相传总能达到事半功倍的效果，华人华侨和留学生完全可以胜任传递速度快、阻力小，顺畅传导中越友好情谊的良性介质。

其次，在现代世界，无论是精英还是普通民众，在认识世界时往往都需要通过媒体这一介体。中国发展对越民间外交，应顺应“互联网＋”时代，善用网络载体，借助线上媒体，推介中国特色的文化消费品。在“互联网＋”时代带来的历史机遇中，通过互联网、社交媒体、新媒体等网络

---

① 沈昕：《民间外交——中国对外传播的重要渠道》，《对外传播》2010 年第 10 期，第 43 页。

载体实现中国与越南的联系与互动成为必然，此种跨界、跨行、跨组织、跨媒介的全新传播方式有助于推进中国民间外交的社会化进程。[①] 这一方面对在技术上为网络无障碍沟通提供更多的硬件支撑提出了客观要求；另一方面也要求中国在互联网文化传播上实现更多的突破，大力开发中国特色的文化消费品，如具备中国文化感染力，能够吸引越南青年人的电视剧、电子书等，通过文化经济化、市场化打造文化强国。

（四）机制：形成长效交流平台

从推进平台来说，应致力于形成长效性交流机制，夯实平台的多边性、多轨性和网络性。第一，中国对越民间外交可以借助中越双边合作机制展开，同时也可以在众多地区和国际多边外交场合展开。第二，中国对越民间外交应配合其他轨道的外交同步展开，关注政府、非政府专业人士、商业人士、普通民众、教育培训研究机构、社会公益组织、宗教、资助援助、传媒等维度。第三，中国对越民间外交需适应由网络构建的、具有全新意义的信息社会。因此，培养同时具备外交、网络技术、中华文化、越南国别等方面专业知识的综合性人才势在必行，对于推进对越民间外交，有目的性地进行外交人才储备不可或缺。此外，中国对越民间外交也可以借用由政府搭台的各类双多边合作交流大型平台，如中国—东盟博览会等，推进文化、经济、科技、城市等各项专题框架下的对越民间外交。

四　小结

基于国力的提升和经验的丰富，当前中国周边外交中官方外交的成果斐然，与越南构筑了常态化的高层互访和各类外交合作机制，宏观上对越外交的战略路线已具备一定的科学性和合理性。然而，若要在深度全球化背景下建构与越南网络式的伙伴关系，还需借由对越民间外交加强中越两国社会的融合，实现中国对越民间外交从形式到内容的增量式发展，逐渐

① 李昕蕾、于宏源：《民间外交在国家软实力建设中的协同作用及其传播机制创新》，《当代世界》2017 年第 9 期，第 34—37 页。

向“大民间外交”转变,[①] 从而进一步提升中国整体外交的效率及效果，最终落实到发扬并进一步增进中越传统友谊，构建良好国际形象，把握当前重要的和平发展战略机遇期，营造互利共赢的稳定外部环境，打造中国与越南乃至东盟命运共同体。

The Meaning Construction and Path Analysis of Promoting Sino-Vietnamese People to People Diplomacy

Lan Yao

Abstract In the context of globalization, the People to People Diplomacy played in the overall diplomatic strategy is irreplaceable for China to realize the peaceful rise and the Great Rejuvenation. On how to further the construction of the network partnership with Vietnam, this article analyzes the status quo, problems and necessity of China-Vietnam People to People Diplomacy, and elaborates on the status quo from the whole to parts, from the general to specific; secondly identifies problems that the People to People Diplomacy encounters in the field of driving forces and public support base; then proceeds to the analysis of the theoretical and functional significance of promoting the People to People Diplomacy with Vietnam. In view of the subject, mediator and mechanism, this article puts forward policy suggestions to further promote the Sino-Vietnamese People to People Diplomacy.

Key Words People to People Diplomacy; Complex Interdependence; Vietnam

Author Lan Yao, Research Assistant of Department for Vietnam Studies, China-ASEAN Research Institute of Guangxi University.

① 王新华:《中国民间外交：现状、思考与建议》,《学理论》2016 年第 10 期，第 72—74 页。

中菲银行业合作：现状和制约因素分析

申　韬　赵　敏

【摘要】近年来，迅速扩大的贸易规模对中国和菲律宾两国银行业服务水平提出了更高要求，为双方金融合作带来更大的机遇和更广阔的发展前景，但两国银行业合作起步晚，进程缓慢，存在诸多经济性和非经济性影响因素。本文试图通过深入分析中国和菲律宾银行业合作现状和阻碍合作的制约性因素，为深化两国银行业未来合作奠定良好基础。

【关键字】中菲关系　银行业合作　制约因素

【基金项目】教育部人文社会科学研究规划基金项目“汇率不确定条件下中国—东盟产能合作研究”（17YJA790066）；广西哲学社会科学研究课题“‘一带一路’沿线国家金融生态环境、经济增长与区域金融合作差异化研究”（17FJY002）。

【作者简介】申韬，广西大学商学院副院长，博士，教授；赵敏，广西大学中国—东盟研究院，硕士研究生。

菲律宾银行体制改革与金融开放同步。20 世纪 90 年代初期，菲律宾银行业实施重大改革，依据 1987 年《菲律宾宪法》有关条款和 1993 年颁布的《新中央银行法》，1993 年 7 月 3 日，菲律宾中央银行（Bangko Sentral ng Pilipinas，BSP）正式成立，取代 1949 年 1 月 3 日成立的原菲律宾中央银行（Central Bank of Philippines，CBP）行使货币当局职能。受亚洲金融危机和全球金融自由化浪潮影响，由 BSP 主导的银行业改革向自由化和

非制度化方向发展。[①] 中菲两国银行业合作始于90年代的授信融资和通货汇兑等业务领域。但是，受到两国之间经济、政治和社会等各种因素影响，两国银行业合作步伐缓慢，程度有待进一步加深。因此，深入研究两国银行业合作的现状和制约性因素，对于促进两国银行业、经贸和双边关系的进一步发展具有非常重要的理论价值和实践指导意义。

一　菲律宾银行业发展现状

（一）银行业不同机构发展趋势不同，增减幅度不同

菲律宾中央银行（BSP）成立之后，继续加紧推行CBP提出的金融机构重建计划，发展规模更大、竞争力更强的金融机构，淘汰资产薄弱、经营落后的中小金融机构，并进一步促进菲律宾银行业和金融服务机构经营的多样化与专门化，此后逐渐形成由中央银行、国有银行、私人银行和外资银行组成的菲律宾银行体系（如图1所示）。

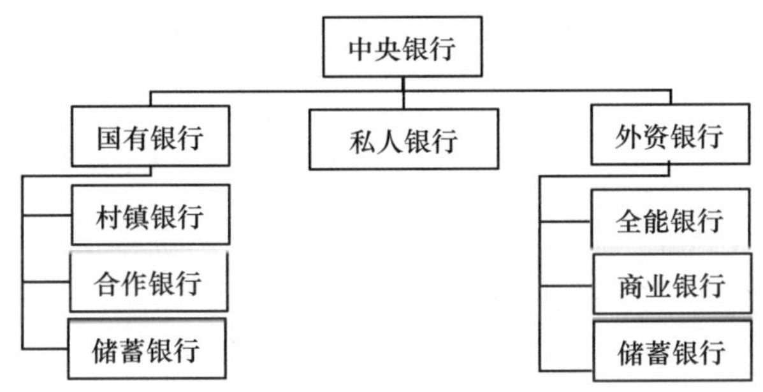

图1　菲律宾银行体系结构

资料来源：菲律宾中央银行，http：//www. bsp. gov. ph/，登录时间：2018年1月9日。

菲律宾国有银行类型主要为村镇银行和合作银行，包括小部分储蓄银行；作为分支或附属机构运营的外资银行类型则以全能银行和商业银行为主，它们与本地商业银行面临同等监管要求。除菲律宾土地银行、菲律宾

① 沈红芳：《金融自由化条件下的菲律宾新中央银行对银行业的监管与改革》，《南洋问题研究》1999年第3期，第42—48页。

发展银行和菲律宾国家银行三家主要由政府控股的银行外，大部分银行都由私营部门拥有控制权和多数股权。总体而言，菲律宾银行业仍是以商业银行、提供基本金融中介服务的小型金融机构居多，外资银行分支机构明显偏少。

截至2016年底，菲律宾银行总数量为602家，分支机构有10576家，包括6家外资全能银行，14家外资商业银行，2家外资商业银行分公司。菲律宾银行业不同类型银行发展速度不一，增减幅度呈现不同趋势。2010—2016年，全能银行和商业银行的总行和分支机构数量同步增长，而储蓄银行、村镇银行和合作银行的总行数量减少的同时，分支机构数量却呈现增长趋势。整体上，菲律宾银行业机构长期处于过剩状态，经营落后、实力弱小的银行逐步被市场淘汰，银行业机构总行数量由2010年的758家下降为2016年的602家；同时，实力雄厚、经营和管理先进的银行市场份额不断扩大，分支机构呈上升趋势，由2010年的8119家上升为2016年的10576家（见表1）。

表1　　**2010年和2016年菲律宾银行业不同类型机构数量**　　单位：家

年份	银行类型	全能银行和商业银行	储蓄银行	村镇银行和合作银行	合计
2010	总行	38	73	647	758
	分支机构	4643	1345	2131	8119
	总数量	4681	1418	2778	8877
2016	总行	42	60	500	602
	分支机构	6195	2116	2265	10576
	总数量	6237	2176	2765	11178

资料来源：菲律宾中央银行，http：//www. bsp. gov. ph/statistics/statpnnopbs. asp，登录时间：2017年10月10日。

（二）银行业总资产和总负债业务规模持续扩大

2010年菲律宾银行业总资产达6.92万亿比索，由于存款、利润和留存收益等持续增长，2015年菲律宾银行业总资产达12.09万亿比索，相当于菲律宾当年国内生产总值的90.49%，其中，全能银行和商业银行的资产总额达10.9万亿比索，储蓄银行总资产达1万亿比索，村镇银行和合作

银行总资产达 0.2 万亿比索。2016 年银行业总资产达 13.59 万亿比索，增长 12.41%，其中，全能银行和商业银行的资产总额达 12.3 万亿比索，储蓄银行总资产达 1.08 万亿比索，村镇银行和合作银行总资产达 0.21 万亿比索。[①] 菲律宾经济的高速增长促使菲律宾银行业长期保持积极增长态势，银行业的表现在亚洲地区内可圈可点，被惠誉国际信用评级公司给出了“稳定”的评级。[②]

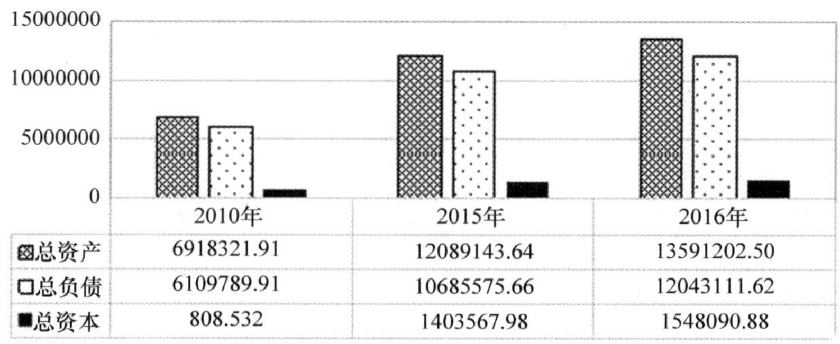

	2010年	2015年	2016年
总资产	6918321.91	12089143.64	13591202.50
总负债	6109789.91	10685575.66	12043111.62
总资本	808.532	1403567.98	1548090.88

图 2　2010 年和 2016 年菲律宾银行总资产、总负债及总资本情况（单位：百万比索）

资料来源：菲律宾中央银行，http：//www. bsp. gov. ph/statistics/statbskrpbs. asp，登录时间：2017 年 10 月 10 日。

目前，菲律宾银行业主要采取提高贷款利率的方式维持经营并获利，贷款业务在菲律宾银行业中占有绝对优势地位。菲律宾银行业贷款总额 2010 年达 3.3 万亿比索，占银行业总资产的 47.75%，2015 年达 6.53 万亿比索，占银行业总资产的 54%，占比超过总资产的一半，2016 年高达 7.61 万亿比索，占银行业总资产的 56.01%。

（三）银行业存款持续增长，贷款主要投放于第三产业

存款数量持续增加，但总体基数较小。图 3 显示，2010—2012 年，菲

---

① 菲律宾中央银行，http：//www. bsp. gov. ph/statistics/statbskrpbs. asp，登录时间：2017 年 10 月 10 日。

② 中国驻菲律宾经商参赞处，2017 年 2 月 14 日，http：//ph. mofcom. gov. cn/article/jmxw/201702/20170202514868. shtml，登录时间：2017 年 10 月 10 日。

律宾银行业存款总额增长缓慢，2011 年增长率仅为 4.9%，2012 年增长率为 7.01%；2013 年存款总额增长加快，增长率达 32.24%；2014 年存款增长率下降为 12.03%，低于 19.1% 的贷款增长率；2015 年存款增长率再次下降为 8.29%，低于 11.5% 的贷款增速；2016 年存款增长率上升至 13.81%，依然低于 16.62% 的贷款增速。

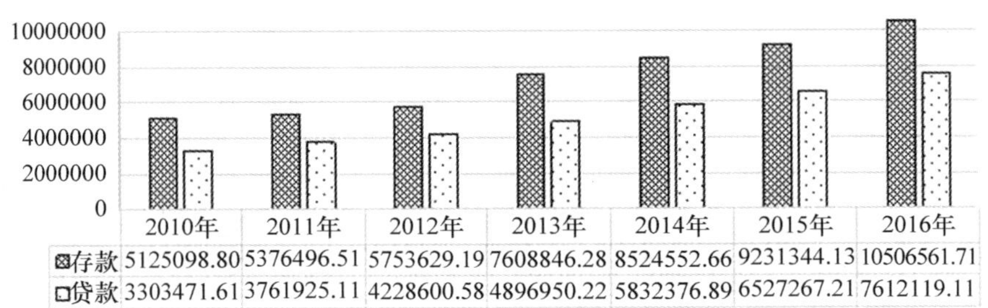

图 3　2010—2016 年菲律宾银行业存贷款情况（单位：百万比索）

资料来源：菲律宾中央银行，http：//www.bsp.gov.ph/statistics/statbskrpbs.asp，登录时间：2017 年 10 月 10 日。

2016 年菲律宾银行业贷款偏向房地产和建筑业、批发零售贸易、制造业、电力等供应行业、金融和保险业，其中，第三产业贷款占比最大，第一产业贷款规模较小，所占份额仅为 3.27%，见图 4。

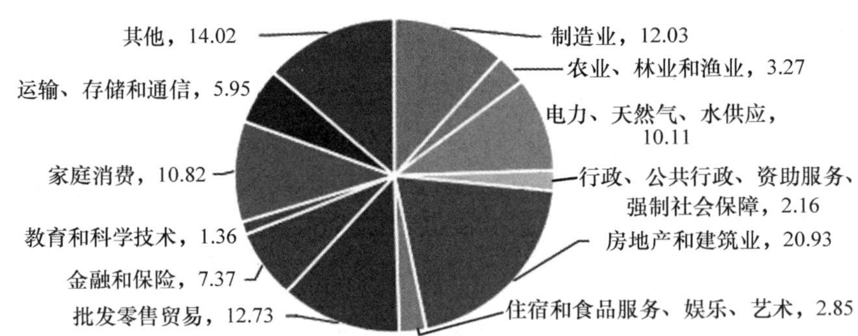

图 4　2016 年菲律宾银行业贷款的各部门投向占比（%）

资料来源：菲律宾中央银行，http：//www.bsp.gov.ph/statistics/statlophcpbs.asp，登录时间：2017 年 10 月 10 日。

（四）不良贷款率整体较低，但村镇银行和合作银行潜在风险偏大

菲律宾银行业不良贷款率逐年下降，贷款损失风险降低，但结构性失衡表现明显（见表2）。2010年菲银行业总不良贷款率高达3.57%，2016年下降为1.89%。菲中央银行要求银行不良贷款率必须维持在4%以下的水平，但储蓄银行、村镇银行和合作银行的不良贷款率始终高于平均水平，村镇银行和合作银行的不良贷款率一直居高不下，2014年高达11.85%，不良贷款潜在损失风险巨大，导致2014年菲律宾银行业不良贷款总额达134830.59百万比索，2016年仍然高达144157.94百万比索。

表2　2010年和2014—2016年菲律宾银行业不良贷款率　单位：%

年份	银行类型 类别	所有银行	全能银行和商业银行	储蓄银行	村镇银行和合作银行
2010	不良贷款率	3.57	2.86	7.12	9.68
	不良贷款拨备覆盖率	97.62	118.48	52.23	51.53
2014	不良贷款率	2.31	1.82	4.4	11.85
	不良贷款拨备覆盖率	119.83	142.43	76.73	58.30
2015	不良贷款率	2.09	1.6	4.53	11.55
	不良贷款拨备覆盖率	118.42	141.07	73.87	68.44
2016	不良贷款率	1.89	1.4	4.71	10.73
	不良贷款拨备覆盖率	119.89	144.67	73.05	75.55

资料来源：菲律宾中央银行，http://www.bsp.gov.ph/statistics/statbskrpbs.asp，登录时间：2017年10月10日。

2014年以来，不良贷款拨备覆盖率整体一直较稳定，保持在118%—120%，贷款损失准备金较充足，但是储蓄银行的不良贷款拨备覆盖率仅为70%左右，村镇银行和合作银行更是低至58.3%，远远无法满足不良贷款损失准备金的监管要求。尽管村镇银行和合作银行实力较弱但数量较多，其总行数量虽然由2010年的647家下降为2016年的500家，但分支机构数量却由2131家增长为2265家。不良贷款拨备覆盖率普遍偏低，使得菲银行业整体仍然面临较大的潜在风险。

（五）经营成本较高，利润来源单一化

菲银行业营业总收入中净利息收入占主要部分，2016 年净利息收入占总收入的 72.14%，其中，全能银行和商业银行的净利息收入与总收入比为 70.96%，村镇银行和合作银行为 71.39%，储蓄银行该比例最高达 80.21%。[①] 其他业务发展速度缓慢，利润来源缺乏多样性。与其他表外业务量发达的国家相比，菲银行业的收入受利率波动影响面临更大风险，投资回报率也普遍偏低。表 3 显示，与 2010 年相比，2016 年的成本收入比率几乎不变，银行效率并未明显提高，2016 年资产收益率和产权收益率分别为 1.2% 和 10.46%，与 2010 年相比均有下降，银行业经营管理成本偏高，经营效率低下导致银行业整体盈利水平下降。

表 3　2010 年和 2016 年菲律宾银行业盈利指标　单位：%

年份	类别 \ 银行类型	所有银行	全能银行和商业银行	储蓄银行	村镇银行和合作银行
2010	资产收益率（ROA）	1.41	1.44	0.79	3.42
	产权收益率（ROE）	12.38	12.72	7.02	20.38
	净利差率	3.93	3.60	5.12	17.72
	成本收入比率	63.52	61.53	72.95	77.25
2016	资产收益率（ROA）	1.2	1.18	1.34	1.69
	产权收益率（ROE）	10.46	10.49	10.52	9.00
	净利差率	3.23	2.92	5.46	9.37
	成本收入比率	63.62	62.96	63.58	75.84

资料来源：菲律宾中央银行，http://www.bsp.gov.ph/statistics/statbskrpbs.asp，登录时间：2017 年 10 月 10 日。

二　中菲银行业合作现状

中国和菲律宾的金融业发展基础差异十分明显，银行业发展水平不一。中菲两国银行业合作始于 2002 年，长期以来银行业合作的实践经验为

① 菲律宾中央银行，http://www.bsp.gov.ph/，登录时间：2017 年 10 月 10 日。

空白，由于两国银行制度、银行作业标准、发展水平、金融国际化程度、金融业统计标准、会计制度、市场化进程和制度等方面的差异性，双方深化业务合作存在一定的操作性障碍。[①] 此外，两国的金融管理当局尚未建立监管协作关系和相应的协调机制，两国银行业的监管准则、行业条例、货币政策和实施依据、对金融市场的调节和干预力度也有所不同，导致双方在金融机构设立和高级管理人员资格认定等监管合作领域中也面临无法规避的政策性障碍。

（一）互设银行业分支机构进程缓慢

菲律宾首都银行和中国银行在促进中菲经济合作中扮演着十分重要的角色。在诸多菲律宾候选银行中，首都银行是中国政府授权在中国设立分行的规模最大、发展最快的商业银行，成为菲律宾银行业开拓中国市场的先驱者。截至 2015 年底，菲律宾首都银行在中国设立一个总部，并在上海、南京、常州和泉州设立分行。20 世纪 90 年代初期，首都银行首先在北京和上海设立代表处，2001 年 10 月在上海浦东金融中心建立分行。2010 年，首都银行（中国）有限公司总行在南京市开业，[②] 注册资本为 130000 万元人民币，其中，100000 万元人民币或者等值的自由兑换货币由菲律宾首都银行及信托公司拨付，30000 万元人民币或者等值的自由兑换货币由菲律宾首都银行及信托公司上海分行的营运资金划转。菲律宾联盟银行有限公司控股的新联商业银行在厦门和重庆设有分行。2015 年 6 月 29 日，北京银监局批准菲律宾金融银行股份有限公司设立北京代表处（详见表 4）。

表 4　**菲律宾银行业在中国分支机构设立情况（截至 2016 年 6 月）**

银行名称	设立时间	设立地点	注册资本（元）
首都银行及信托公司上海代表处	1992 年	上海	—

① 谢佳敏：《中国—东盟银行业合作现状与问题》，《区域金融研究》2014 年第 6 期，第 55—57 页。

② 2009 年中国银监会批准菲律宾首都银行及信托公司在中国境内分行改制为首都银行（中国）有限公司。

续表

银行名称	设立时间	设立地点	注册资本（元）
首都银行及信托公司北京代表处	1994 年	北京	—
首都银行及信托公司上海浦东分行	2001 年	上海	10000 万
首都银行（中国）有限公司总行	2010 年 4 月 22 日	南京	130000 万
首都银行（中国）有限公司南京分行	2010 年 4 月 22 日	南京	10000 万
首都银行（中国）有限公司上海分行	2011 年 2 月 27 日	上海	10000 万
首都银行（中国）有限公司常州分行	2011 年 12 月 28 日	常州	10000 万
首都银行（中国）有限公司泉州分行	2013 年 4 月 26 日	泉州	10000 万
新联商业银行厦门分行	1993 年 10 月	厦门	10000 万
新联商业银行重庆分行	2003 年 10 月	重庆	10000 万
菲律宾金融银行股份有限公司北京代表处	2015 年 6 月 29 日	北京	—

资料来源：中国银监会，http：//www.cbrc.gov.cn/govView_2592BBCE988B4B888B6C3A79AF21033F.html，登录时间：2017 年 10 月 10 日。

2002 年 1 月，中国银行在马尼拉开设分行，成为菲律宾唯一的中资银行。互设机构是中菲两国银行业合作史上具有里程碑意义的重大成果，有助于中菲银行业进一步增进了解，提高互信，夯实业务合作基础。与其他东盟国家相比，中国与菲律宾互设分支机构过程缓慢，中国银行业已在泰国设立 26 家分行，在越南设立 4 家分行和 1 个代表处，即使在经济发达程度不高的老挝和缅甸也设立了 2 家分行，[①] 但是 2002 年之后，中国银行业再未进驻菲律宾设立任何类型机构。

（二）经贸合作成为推手，人民币业务合作程度不断加深

2003 年 8 月 30 日，《中国人民银行与菲律宾中央银行货币互换协议》签订。针对人民币逐步国际化的趋势，菲央行于 2006 年批准菲律宾比索与人民币的直接兑换业务。2010 年 1 月 1 日，中国—东盟自贸区正式建立，中菲贸易额持续增长（如图 5 所示）。目前，两国银行业合作主要以经贸合作为目的，两国银行业合作的业务主要集中于外贸公司委托业务，即通过各种业务联盟，提供信用证服务及担保，提供资信调查和咨询服务，授

① 根据各央行网站数据整理。

信融资，办理国内外结算、买卖，代理买卖外汇，业务覆盖货币资金的流通和借贷领域。

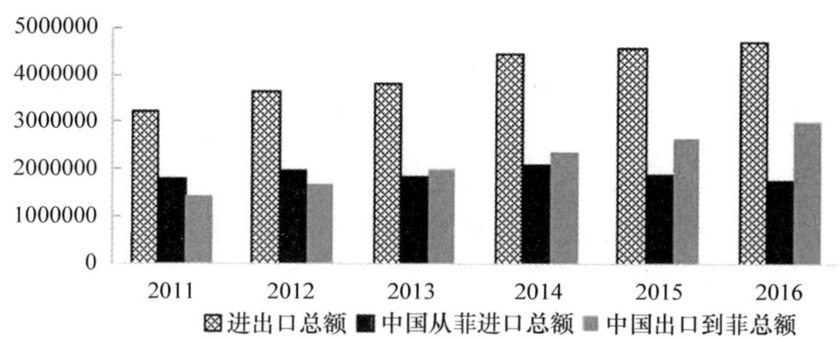

图 5　2011—2016 年中国与菲律宾进出口贸易总值（单位：万美元）

资料来源：Wind 数据库。

近年来，中菲两国经贸合作呈现纵深发展趋势，2012—2016 年，两国进出口贸易以年均 8.04% 的速度增长，尤其中国对菲律宾出口额以年均 15.9% 的速度快速增长。随着双边贸易和投资的发展，人民币业务规模不断扩大，人民币在菲律宾的使用日益广泛。2010 年以来，包括菲律宾首都银行在内的几家本地银行开始办理人民币现钞业务，人民币业务一直保持增长势头。随着两国贸易发展，人民币业务需求增加，菲律宾银行业日益熟悉人民币业务，人民币作为跨境贸易结算货币的用途呈现持续性扩大的趋势。[①]

中国银行马尼拉分行开业初期主要业务为本币业务，包括存款、汇款、贷款、贸易融资、贸易结算等，业务重点为贸易结算与融资业务。2009 年以来，中行马尼拉分行加快发展人民币业务，相继完成首笔个人人民币汇款、与当地人民币业务参加行进行资金买卖、当地代理行人民币转汇款、跨境贸易人民币结算等海外人民币业务。目前，中行马尼拉分行可提供人民币存款、兑换、资金买卖、汇款、贸易结算和贷款等一系列人民币业务产品和服务。2011 年，该分行与菲律宾交通银行（PBCOM）、首都银行及信托公司（METROBANK）、菲律宾金融银行（BDO）、菲律宾中华

① 《菲律宾央行对人民币业务前景表示乐观》，中国驻菲律宾经商参赞处，2009 年 12 月 23 日，http：//www. mofcom. gov. cn/aarticle/i/jyjl/j/200912/20091206691664. html，登录时间 2017 年 10 月 10 日。

银行（RCBC）和菲律宾群岛银行（BPI）等14家菲大型商业银行签订《人民币业务合作协议》，在人民币现钞业务、外汇买卖、跨境贸易结算等业务领域开展深入合作，累计完成人民币资金买卖23亿元。中行马尼拉分行作为菲律宾人民币业务的领军银行，一直坚持积极营销代理行，扎实推进与代理行的人民币业务合作，以继续保持在菲律宾金融市场的人民币业务主导地位。①

（三）监管机构交流与合作广度和深度有限

目前，中菲银行业合作范围仅限于银行业务和银企间的业务往来，两国监管机构尚未建立正式联络渠道，更是尚未形成统一、有效的金融监管体系，缺乏对两国合作银行、证券及保险行业全面、有效的风险监管。双方监管机构之间互设金融监管机构十分有限，货币互换合作尚待加强，无法及时、有效地传递信息，对两国之间的资本流动难以实施有效的监督与控制，在联手调节金融市场、发挥防范金融风险方面的整体合作体系构建落后。金融欺诈、印制贩卖假币、非法集资、资本非法抽逃和银行纠纷等现象无法得到及时制止与妥善解决。虽然2005年菲律宾与中国已签订双边监管合作谅解备忘录，成为东盟各国与中国签订双边监管协议的先行者，但协议的执行和实施效果尚待进一步考察和改进。金融全球化趋势使得金融业不断改革创新、金融机构日益复杂化，加大了各国金融监管难度和监管成本，而金融监管水平落后，监管工作能力弱于形势，无法及时对跨国金融机构违规经营予以有效监管。

表5　**中国银监会签署的双边监管合作谅解备忘录**

机构名称	生效时间
菲律宾中央银行 Bangko Sentral ng Pilipinas	2005. 10. 18
泰国中央银行 Bank of Thailand	2006. 9. 18
越南国家银行 State Bank of Vietnam	2008. 5. 5
印度尼西亚中央银行 Bank of Indonesia	2010. 7. 15

① 陈新：《中行与菲律宾交通银行签署人民币业务合作协议》，和讯银行，2011年5月9日，http：//bank. hexun. com/2011－05－09/129419091. html，登录时间：2017年10月10日。

续表

机构名称	生效时间
印度尼西亚金融服务局 Otoritas Jasa Keuangan Republic of Indonesia	2015. 6. 4

资料来源：中国银监会，http：//www.cbrc.gov.cn/chinese/home/docViewPage/11020102.html，登录时间：2017 年 10 月 10 日。

（四）战略投资成为引入两国市场的重要途径

2003 年 8 月 30 日，中菲在马尼拉签署了《中国进出口银行与菲律宾财政部关于中华人民共和国政府向菲律宾共和国政府提供 4 亿美元优惠出口买方信贷的谅解备忘录》。2010 年 1 月 7 日，在中国—东盟自由贸易区论坛项目的签约仪式上，中国国家开发银行和菲律宾 GNPOWER 有限公司共同签署了菲律宾马立万斯（Mariveles）燃煤电站项目，签约金额为 9.43 亿美元。[①] 2016 年 10 月 21 日，杜特尔特总统对中国进行为期 4 天的国事访问，中国银行与菲方相关部门签署《促进中菲中小企业跨境贸易与投资战略合作协议》，并与菲律宾 7 家企业签署《银企合作谅解备忘录》，中国国家发展改革委和菲律宾国家经济发展署签署了《关于开展产能与投资合作的谅解备忘录》。[②] 战略投资成为引入两国市场的重要途径，双方在资产管理、投融资、金融租赁、产融结合等领域广泛合作，共同构建“资源共享、优势互补、风险共担、利益均沾、互惠双赢、合作发展”的新型战略合作关系成为两国银行业新的追求。

三　中菲银行业合作的制约因素分析

（一）经济性因素

第一，中菲经济发展水平有较大差距。2016 年中国 GDP 总量达 74.4

① 王志伟、黄莹：《国家开发银行签约菲律宾马立万斯燃煤电站项目》，国际电力网，2010 年 1 月 8 日，http：//power.in-en.com/html/power-548891.shtml，登录时间：2017 年 10 月 10 日。

② 刘静：《中国银行探路“一带一路”金融窗口 助力中菲经贸合作》，中国经营报，2016 年 11 月 7 日，http：//www.cb.com.cn/finance/2016_1107/1171526.html，登录时间：2017 年 10 月 9 日。

万亿人民币，人均 GDP 为 53980 元。2016 年菲律宾 GDP 总值达 8126403 百万比索（11847.12 亿元人民币），[①] 人均 GDP 为 11405.72 元人民币。[②] 同年，中国第一产业占比 8.6%，同比增长 3.3%；第二产业占比 39.8%，同比增长 6.3%；第三产业占比 51.6%，同比增长 7.7%。结构调整稳步推进，转型升级步伐逐渐加快，服务业的发展迅速，三大产业结构优化，经济结构由工业主导向服务业主导转型的趋势更趋明显。

2016 年菲律宾第一产业占 8.75%，同比增长 -1.3%，远低于亚洲其他发展中国家 3% 的平均增速；第二产业占 33.94%，同比增长 8.4%；第三产业占 57.31%，同比增长 7.4%，2010—2016 年，菲第二产业和第三产业同比增长变化幅度较大。菲律宾服务业带动、工业为辅、农业疲软的经济结构多年没有改变。菲律宾服务业对整体经济增长的贡献举足轻重，BPO（服务外包）引领服务业强势发展，2015 年菲 BPO 公司产值达 220 亿美元，同比增长 16.4%。旅游业发展良好，2015 年旅游收入 50 亿美元，约占 GDP 的 8%。制造业拖累工业发展，2015 年，制造业同比仅增长 2.5%，增幅较 2014 年的 10.5% 下滑较大，[③] 国际经济不景气对菲律宾本土制造业带来较大负面影响。由于历史原因，菲律宾在工业化道路上步伐缓慢，受国际环境影响较大。经济发展水平和所处经济发展阶段不相同，中菲两国银行业之间合作与监管的目标和承受能力也不尽一致。

表 6　　**2016 年中国和菲律宾经济总值**　　单位：百万元人民币

	中国		菲律宾	
	GDP	占比（%）	GDP	占比（%）
第一产业	6399493.92	8.6	103662.30	8.75
第二产业	29616262.56	39.8	402091.25	33.94
第三产业	38396963.52	51.6	678958.45	57.31
GDP 总值	74412720.00	100	1184712.00	100

数据来源：Wind 数据库。

① 1 菲律宾比索（PHP）=0.1458 人民币（CNY），2016 年 12 月。

② ASEAN Secretariat，http：//asean.org/，登录时间：2017 年 10 月 10 日。

③《2015 年菲律宾经济形势及 2016 年展望》，中国驻菲律宾经商参赞处，2016 年 5 月 16 日，http：//ph.mofcom.gov.cn/article/law/201605/20160501319042.shtm，登录时间：2017 年 10 月 9 日。

第二，银行业基础设施水平存在差异。BMI 研究结果显示，亚太市场中，菲律宾基础设施行业位于“高风险 + 低回报”区间，投资者在参与政府推行的大量新项目时，可能面临更多的风险和挑战。基础设施建设方面投入不足，2015 年菲律宾基础设施领域投入仅增长 8.8%，2016 年基础设施领域支出开始增加，同比增长 40%，执行率达到 80% 左右，主要集中于交通方面。① 金融领域的基础设施投入仍然较少，金融基础设施建设更为落后，截至 2016 年底，菲律宾人口达到 10339 万人，国内共有 11178 家银行机构，每万人仅拥有 1.08 家，全能银行和商业银行共有 6237 家，ATM 设备数量为 19084 台，每万人拥有 1.85 台，只有 119 家银行有电子银行设施。② 相比之下，2016 年，中国人口 138271 万人，全国各地区银行业金融机构网点共计达 22.8 万个，每万人拥有 1.65 家，全国联网 ATM 设备数量 92.42 万台，每万人拥有 6.68 台。③

第三，银行业资产数量和资产质量不一。从资产质量上看，中国银行业资产总额较大，2016 年中国银行业资产总额达 2262557 亿元人民币，比上年同期增长 15.8%，其中，商业银行资产总额 1759383 亿元人民币，占银行业资产总额的 77.8%，实力相对较强。④ 2016 年不良贷款率最高为农村商业银行的 2.49%，不良贷款率最低为外资银行的 0.93%，资产质量相对较好。就资本充足率来看，中国银行业资本充足率满足不低于 8% 的国际标准，2016 年股份制商业银行的资本充足率最低为 11.62%，外资银行的资本充足率最高为 18.58%。相比之下，2016 年菲律宾银行业资产总额为 13591202502.39 比索，约为 19.8 亿元人民币，与中国资产总额数量相差较大。2016 年菲律宾不良贷款率最高为村镇银行和合作银行的 10.73%，最低为全能银行和商业银行的 1.4%，菲律宾资本充足率最低为全能银行

① 中国信保资信：菲律宾基础设施行业报告。

② 菲律宾中央银行（BSP），http://www.bsp.gov.ph/statistics/statpnnopbs.asp，登录时间：2017 年 10 月 12 日。

③《2016 年中国 ATM 市场述评：稳健发展 智慧升级》，《金融时报》网站，2017 年 3 月 21 日，http://bank.hexun.com/2017-03-21/188569293.html?from=rss，登录时间：2017 年 10 月 12 日；《银行网点加速瘦身 裁员潮不会出现》，《经济日报》网站，2017 年 4 月 12 日，http://www.ce.cn/xwzx/gnsz/gdxw/201704/12/t20170412_21887394.shtm，登录时间：2017 年 10 月 12 日。

④ 中国银监会官网，http://www.cbrc.gov.cn/index.html，登录时间：2017 年 10 月 10 日。

和商业银行的 15.03%，最高为村镇银行和合作银行的 17.72%。[①] 菲银行业整体发展水平较低，不良贷款率较高，资产质量相对较差，存在一定的潜在风险，阻碍银行机构开展跨境经营。

第四，两国银行业准入条件限制不同。在全球金融自由化浪潮和 IMF 贷款条件压力的双重作用下，1992 年起，菲律宾银行业朝着自由化和非制度化方向发展，[②] 银行业改革的主要措施为促进金融部门自由化，允许 10 家外国银行进入并在菲设立有权进行整体服务性经营的外资分行，允许外资银行以合资方式进入菲银行业。

表 7　**中国和菲律宾银行业准入条件对比**

	中国	菲律宾
注册资本最低限额	10 亿人民币或等值自由兑换货币（2015 年前）	2015 年前：28 亿比索（约 4.15 亿人民币） 2015 年后：24 亿比索（约 3.54 亿人民币）
出资比例及数量限制	不得超过 20%	不得超过 40%
服务对象限制	需相关监管部门监管	外资银行禁止向非居民提供比索贷款

资料来源：中国银监会官网，http://www.cbrc.gov.cn/index.html；菲律宾中央银行（BSP），http://www.bsp.gov，登录时间：2017 年 10 月 10 日。

虽然两国金融服务方面均已承诺开放市场，但在政策上仍存在较大差异。一是准入条件限制。2015 年之前在中国设立外商独资银行、中外合资银行的注册资本最低限额为 10 亿元人民币或等值的自由兑换货币，2015 年 1 月 1 日起中国降低外资银行准入条件，根据《国务院关于修改〈中华人民共和国外资银行管理条例〉的决定》，对外商独资银行、中外合资银行在中国境内设立分行，不再规定其总行无偿拨给营运资金的最低限额。同时，不再将已经在中国境内设立代表处作为外国银行（外国金融机构）在中国境内设立外商独资银行、中外合资银行和外国银行在中国境内初次

① 菲律宾中央银行（BSP），http://www.bsp.gov.ph/statistics/statpnnopbs.asp，登录时间：2017 年 10 月 10 日。

② 沈红芳：《金融自由化条件下的菲律宾新中央银行对银行业的监管与改革》，《南洋问题研究》1999 年第 3 期，第 42—48 页。

设立分行的条件。[①] 2000 年在菲律宾设立商业银行的最低注册资本为 4.1539 亿元人民币。2015 年菲律宾国会 No.10641 号文件规定：对于外国银行在本地注册成立的子公司和国内银行成立条件一样，设立商业银行的最低注册资本为 24 亿比索（折合人民币约 3.5379 亿元）。[②] 对于外国银行授权设立的分支机构银行永久分配资本金额不低于国内相同类别银行所需的最低资本。两国外资银行准入条件均有所降低，对于双方银行业合作将有所推动。二是出资比例及数量限制。中国规定单个境外金融机构向中资金融机构投资入股比例不得超过 20%。菲律宾规定外国个人和非银行公司可以拥有或控制的投资入股比例不能超过 40%。三是服务对象限制。菲律宾禁止外资银行向非居民提供比索贷款，并通过颁发不同的银行执照来限制外资银行的服务范围。而外资金融机构在中国经营人民币业务需要相关监管部门批准。[③]

最后，两国银行业监管体系存在差异。一方面是监管体系难以对接。菲律宾银行业监管权限主要由中央银行独立行使。由于中央银行成立年限较短，其监控管理水平相对滞后，应对国内各种金融情况时经验较欠缺，目前银行业的金融风险控制力度处于相对宽松水平。中国银监会是中国银行业的主要监管机构，中国人民银行执行部分监管职能，财政部对中国银行业执行企业会计准则情况进行监督；根据不同的业务，中国银行业还受其他监管机构的共同监管。两国银行业监管体系存在巨大差异，难以实现监管方面的有效对接。此外，由于长期中断与外部金融业的联系，菲律宾银行监管体系面对新问题的反应力和处置力有限，关于行业内新问题的监管立法相对滞后，监管力度较为宽松。另一方面是缺乏防范和应对危机的有效协调机制。1997 年亚洲金融危机和 2007 年美国次贷危机发生时，中国和菲律宾都受到了冲击。在资本高速流动的全球一体化背景下，任何一

① 周洪双：《为外资银行提供更加宽松的制度环境》，《光明日报》2014 年 12 月 24 日，http://epaper.gmw.cn/gmrb/html/2014-12/21/nw.D110000gmrb_20141221_2-04.htm?div=-1，登录时间：2017 年 10 月 9 日。

② 其他银行最低注册资本为：全能银行为 4950 亿比索，储蓄银行为 1000 亿比索（马尼拉地区）、500 亿比索（宿务市和达沃市）和 250 亿比索（其他地区），村镇银行为 100 亿比索（马尼拉地区）、50 亿比索（宿务市和达沃市）26 亿比索（其他地区），合作银行 10 亿比索。

③ 苏保祥、粟金刚、田代臣：《CAFTA 框架下深化中国—东盟银行业与监管合作的研究》，《经济研究参考》2011 年第 31 期，第 34—47 页。

国发生危机，都会对其他国家产生巨大的连锁效应，而面对危机，任何一个国家都不能独善其身，更无法凭一己之力解除和度过危机。目前，中菲两国尚未建立起相对完善的防范风险和应对危机的金融监管协调机制，难以实现应对危机时的通力合作与一致性行动。

（二）非经济因素

第一，菲律宾国内政局缺乏稳定性。菲律宾存在家族政治集团、非政府组织、能源利益集团、军方等多个利益集团，多变的政治环境中，国内政局缺乏稳定性。[①] 菲律宾历史上就是军人政变频繁的国家，自马科斯政权倒台后，军人政变频繁发生，政局动荡。家族政治集团贪污腐败成风，集团之间争权夺利严重，家族政治集团是菲律宾政治舞台上最活跃的群体，极大地催生腐败现象，而各大家族政治集团的腐败及其相互之间的争权夺利就成为菲律宾政治领域的常态。[②] 中菲南海问题上，菲律宾能源利益集团扮演着非同寻常的重要角色。同时，菲律宾非政府组织活跃，广泛分布于经济、政治、社会等各领域。继巴西和印度之后，菲律宾成为发展中国家中拥有非政府组织规模位列第三的国家。[③] 1991 年，菲律宾出台了地方政府法规（*The Local Government Code of 1991*），对地方各级行政机构及立法机构中的非政府组织成员数量予以明确规定，并明确规定了非政府组织在参与制定各地发展战略中的决策权力。

第二，地缘关系复杂。良好的政治环境是两国银行业交流合作的前提和基础。经济金融全球化、金融市场开放度不断提高、国际资本自由流动不断增强，使金融业的潜存风险也日益增大，为实现两国银行业的持续良好合作，必然要巩固良好的政治环境。菲律宾长期通过民间占领、政府接管和主权宣示等方式占领原属中国的南海岛礁，并不断强化

---

① 朱陆民、刘燕：《国内政治因素对菲律宾对华政策的影响》，《印度洋经济体研究》2016 年第 5 期，第 49—71 页。

② 邓鑫：《菲律宾：总统们的腐败与反腐败》，《深圳特区报》2011 年 11 月 28 日，第 B11 版；季正聚：《菲律宾三任总统与腐败》，《中国经贸导刊》2003 年第 1 期，第 47 页。

③ Segundo E. Rpmero, Jr, Rostum J. Bautista, "Philippine NGO in the Asia Pacific Context", in Tadashi Yamamoto, *Emerging Civil Society in the Asia Pacific Community*, Washington D. C., University of Washington Press, 1996. pp. 188 – 189.

对所占岛礁的主权宣示，拉拢域外大国介入，使南海问题日益国际化。[1]随着南海争端的不断发展，南海问题有东盟化、国际化的趋势，美、日、印等区域外大国也试图插足南海争端，使南海争端日趋复杂。一直以来，中国对加强两国银行业合作总体上持积极的态度，而菲律宾近年来政治局势发生复杂变化，南海问题的复杂化和国际化给两国交流与合作带来种种障碍，使两国银行业合作前景面临不确定性。虽然南海问题迟迟未能解决，但菲律宾总统杜特尔特希望年内与中国就南海争端展开双边对话。[2] 中国始终致力于同包括菲律宾在内的直接有关的当事国，通过谈判协商和平解决南海争端，共同维护南海的和平稳定，但是南海问题的日益发酵导致两国政治关系走向不甚明朗，在一定程度上影响了两国银行业合作。由于银行业的特殊性，两国银行业合作要取得实质性的突破和进展，需要依赖于两国政治关系的进一步改善。

第三，民族文化和宗教的限制性。中国与菲律宾在文化、宗教信仰等方面存在很大差异。宗教在菲律宾人生活中处于中心地位，84%的菲律宾国民信奉基督教，9%的国民信奉新教，5%的国民信奉伊斯兰教。宗教对于菲律宾人来说不仅仅是信仰，更是生命的延续，与此对应的是大多数与宗教相关的节日和礼仪，菲律宾全国各民族的节日有几百个，各种节日以及礼仪充满宗教韵味和民族风格。中国少数民族众多，各民族文化、语言和风俗习惯迥异。不同的文化和宗教信仰背景下，思维方式、行为模式互适期相对较长，导致双边银行业合作的隐性成本较高。

第四，专业人才储备不足，交流有限。中菲两国银行业信息交流仍不顺畅，中菲银行业的人才培养缺乏对外交流学习的开放平台，缺乏交流的长效机制。受到人员往来不便和菲律宾当局业务政策限制，两国银行客户信息交流和沟通不畅成为影响银行业服务升级的一大瓶颈。一方面，中国银行业无法充分及时掌握菲资企业的背景资料或运营信息，使得相关机构为菲资企业提供基本融资授信服务的能力受到限制；另一方面，由于无法掌握菲资企业在中国的经营情况，菲银行业也难以对客户进行服务升级。近年来，在中国—东盟共建命运共同体的框架下，两国经贸联系日益紧

---

① 刘冬：《中菲经济关系与政治安全关系的差异性分析》，暨南大学，硕士学位论文，2013年。

② 《菲律宾总统杜特尔特谈南海问题：坚持与中国对话协商》，《菲律宾商报》2016年10月17日，http://www.shangbao.com.ph/zgxw/2016/10-19/56228.shtml，登录时间：2017年10月9日。

密，作为窗口服务行业，银行业面临的机遇和挑战增多，银行业将提高人才储备作为提高竞争实力的重要战略之一。金融业发展速度快，要求行业内部、各领域之间以及国际定期开展全方位、多层次、多渠道的沟通交流，加强相互合作以促进共同进步。目前，两国之间、两国与国际相关组织之间的交流学习平台较少，严重制约银行业跨国经营专业人才培养和储备，人力资源作用无法发挥至最优贡献度。

第五，菲教育发展相对滞后。银行业本身涉及多学科领域的技术要求，需要各种类型专业人才，而长期组织规范化和制度化的培训、学习需要大量人力、物力和财力投入，但菲律宾银行业结构中中小银行数量众多，人员流动将造成大量投入浪费，资金不足的银行通常选择忽略长效人才培养。就人才培养的教育机制来看，菲律宾各阶段教育入学人数基本保持平稳，并未呈现大幅波动（见表 8）。2015 年菲律宾小学教育入学比例约为 14.34%，中学教育的入学比例为 7.21%，而高等教育入学比例大约为 0.63%。注册专业人士有所减少，由 2011 年的 1943589 人下降为 2014 年的 93960 人,[①] 高等教育发展落后、专业人才储备不足，未来将在一定程度上制约菲律宾银行业发展，制约中菲两国银行业合作的进一步深化。

表 8　**2011—2015 年菲律宾各阶段入学人数**　单位：人

	2011 年	2012 年	2013 年	2014 年	2015 年
学前教育	2079974	2156014	2285454	2210571	—
小学教育	14377761	14507460	14487233	14478844	14480738
中学教育	6973801	7051279	7171208	7281362	72807616
高等教育	496949	522570	564769	632076	636183

资料来源：2016 年菲律宾统计年鉴，http：//www. psa. gov. ph/sites/default/files/PSY%202016. pdf，登录时间：2017 年 10 月 9 日。

四　结语

随着中国—东盟自由贸易区的建成和人民币国际化发展，中菲贸易发展迅猛，双方投资步伐加快，两国经济联系不断加强，双方企业对银行业

① 菲律宾统计局，http：//www. psa. gov. ph/，登录时间：2017 年 10 月 9 日。

服务需求的缺口日益扩大，而银行业合作是双边跨境经贸合作发展的重要推动力量。为此，首先，两国金融监管当局应尽快以适当方式建立沟通渠道，积极探寻有效的监督机制，以期在互相沟通信息的基础上共同监测宏观经济形势，协调各国经济政策，稳固区域金融市场和预防金融危机；其次，及时抓住人民币在东盟地区扩大使用的战略机遇，拓展业务合作的广度和深度，搭建人民币清算平台，进一步构建两国银行业对话、沟通、互访、交流、合作的平台；再次，促进合作模式多样化和合作层次不断提升，加强、促进研究机构与人员以及商业银行、同业公会、从业人员的合作研究与交流，增进相互理解与信任，为扩大合作营造舆论环境和良好氛围；最后，构建两国货币清算和金融监管合作机制，共同研发以人民币计价的金融产品，促进人民币在菲律宾地区的使用，真正实现通汇便利，协助客户锁定交易成本、降低汇率风险，更好地服务两国企业往来。面对银行业的全面开放，双方只要能够抓住机遇，发挥优势，顺应当下世界金融变化的趋势，必能在竞争中合作，在合作中共赢和发展。

China-Philippines Banking Cooperation: Current Situation and Restriction Factors

Shen Tao   Zhao Min

Abstract The rapid trade expansion between China and the Philippines puts forward higher requirements for the bilateral banking services, and produces opportunities and broader development prospects for China-Philippines financial cooperation. However, the banking cooperation between the two countries started late and still remains in the primary stage with numerous economic and non-economic influential factors. For laying the better foundation for China and the Phillipines' future banking cooperation, this paper analyzes current cooperation situation and identifies the restrictions that hinder the banking cooperation between China and the Philippines.

Key Words China-Philippines Banking Cooperation; current situation; restrictions

Authors Shen Tao, Ph. D, Vice Dean and Professor of the Business School of Guangxi University, Master's supervisor; Zhao Min, Postgraduate of China-ASEAN Research Institute of Guangxi University.

中马出入境旅游与进出口贸易关系辨析

程　成　周泽奇　宋建林

【摘要】1999—2016年中国—马来西亚双边旅游与进出口贸易均增长较快，其中出境旅游与出口贸易的增长更为显著。相对于进出口贸易而言，双边旅游更容易受到社会、政治等领域的事件的影响，旅游与贸易的相互关系主要表现为入境旅游推动进出口贸易，进出口贸易推动出境旅游，但没有形成符合“三阶段”假设的关系。Granger因果检验表明，入境旅游与进出口贸易之间存在双向因果关系，进口贸易与出境旅游之间存在单向因果关系，出口贸易与出境旅游之间不存在因果关系。在中马双边贸易额下滑的情况下，中国出境马来西亚旅游流却保持快速增长，表现为进出口贸易推动出境旅游发展。目前，马来西亚入境中国旅游流已经接近容量偏好限制，入境旅游对进出口贸易表现为正向拉动效应，出境旅游对进出口贸易表现为反向冲击作用，进口贸易对出入境旅游均表现为正向拉动效应，出口贸易对入境旅游表现为反向冲击作用，对出境旅游表现为正向拉动效应。由于商务旅游的增长相对于出口贸易的增长存在一个滞后期，中马两国进出口贸易额的下降要大于非商务旅游所带来相关产品贸易额的提升。

【关键词】中国　马来西亚　出入境旅游　进出口贸易

【基金项目】国家社会科学基金重点项目“中国—东盟旅游与贸易互动关系研究”（15AJY015）；教育部长江学者和创新团队发展计划“中国—东盟区域发展团队”。

【作者简介】程成，广西大学中国—东盟研究院，研究员，博士生导师；周泽奇（通讯作者），广西大学中国—东盟研究院，硕士研究生；宋建林，广西大学中国—东盟研究院，硕士研究生。

中国与马来西亚自1974年建交以来，双边旅游与贸易一直较为稳定地发展。数据显示，1999—2016年马来西亚入境中国旅游人数从37.29万人次上升到116.5万人次，年均增长6.9%。在所有入境中国的客源国中，马来西亚仅次于韩国、日本、越南、美国、俄罗斯，排在第六位。同期，中国出境马来西亚旅游人数从25.78万人次上升到212.49万人次，年均增长13.2%，远高于马来西亚其他客源国的水平，中国是继新加坡和印度尼西亚之后马来西亚的第三大客源国。相似地，中国与马来西亚双边贸易额分别在2003年、2008年、2013年突破了200亿、500亿、1000亿美元大关，呈现跳跃式增长。虽然2013年以后中、马双边贸易额逐年回落，至2016年降到了884.71亿美元，但马来西亚依然是中国在东盟的第二大贸易伙伴，中国则是马来西亚最大进口国以及第二大出口市场。[①] 由上述数据可以看出，中马双边旅游客流量越大，进出口贸易额往往也越高。那么，趋势相同是否意味着中、马两国的出入境旅游与进出口贸易之间存在必然的互动关系？这种关系是否可以定量地加以分析和认识？它们之间是否存在明确的（双向、单向）因果关系？其两两之间的脉冲响应是正向拉动还是负面冲击？这些命题都迫切需要逐一加以探讨。

一 文献回顾与述评

国际贸易与国际旅游作为国际交流的主要形式，从不同的角度诠释了“要素流动”的行为。国际旅游可以看作不同国家（地区）间人员、服务的贸易流动，国际贸易则可以看作不同国家（地区）间产品、资金的旅行交流。Easton[②] 认为旅游是另一种形式的商品贸易，并对两者的需求关系进行了研究。Chirathivat[③] 聚焦于东盟和印度在旅游与贸易层面的合作问

① 依据《中国统计年鉴》（2000—2016）、马来西亚旅游局官网（http://mytourismdata.tourism.gov.my，登录时间：2017年7月27日）相关数据计算整理而得。

② Easton, S. T., “Is Tourism Just Another Commodity? Links between Commodity Trade and Tourism”, *Journal of Economic Integration*, Vol. 13, No. 3, 1998, pp. 522 - 543.

③ Chirathivat S., “ASEAN-India Cooperation In Trade and Tourism: Trends and Prospects”, *Journal of Asian Economics*, Vol. 7, No. 4, 1996, pp. 743 - 757.

题。Suresh 和 Tiwari① 对印度出入境旅游、进出口贸易及经济增长的因果关系展开研究。Denise、Saayman 等②发现，南非和其 9 个主要客源国的入境旅游与进出口贸易之间存在长期均衡关系，且以双向 Granger 因果关系为主。Jordan 和 Wilson③ 发现中国与众多伙伴国在入境旅游与进出口贸易之间存在着双向 Granger 因果关系。Khalid 和 Qudair④ 分析了多个伊斯兰国家旅游与贸易的数据，发现游客人数与贸易方式之间存在长期的平衡关系。Santanagallego、Ledesmarodríguez 和 Pérezrodríguez⑤ 以加纳利群岛为对象，分析了各岛屿间旅游与贸易存在双向 Granger 因果关系。Khan、Toh 和 Chua⑥ 以新加坡为例，Kadir 和 Jusoff⑦，Mohd Hafiz、Mohd Fauzi 和 Jamaluddin⑧ 分别以马来西亚为例，Ozcan⑨ 以地中海国家为例，Katircioglu⑩ 以塞浦路斯为例，研究不同国家旅游与贸易发展的相互关系。

马丽君等⑪探讨了菲律宾入境中国旅游与贸易对重大事件的响应及相

---

① Suresh, K. G., Tiwari, A. K., "Does International Tourism Affect International Trade and Economic Growth? The Indian Experience", *Empirical Economics*, Vol. 23, No. 3, 2017, pp. 1 – 13.

② Denise, F., Saayman, A., Saayman, M., "The Relationship Between Tourism and Trade in South Africa", *South African Journal of Economics*, Vol. 78, No. 18, 2010, pp. 287 – 306.

③ Jordan, S., Wilson, K., "Causality Between Trade and Tourism: Empirical Evidence from China", *Applied Economics Letters*, Vol. 77, No. 8, 2001, pp. 279 – 283.

④ Khalid, H. A., Qudair, A. I., "The Causal Relationship between Tourism and International Trade in Some Islamic Countries", *Economics Studies*, Vol. 5, No. 5, 2004, pp. 45 – 56.

⑤ Santana-Gallego, M., Ledesma-Rodríguez, F. J., Pérez-Rodríguez, J. V., "Tourism and Trade in Small Island Regions: The Case of The Canary Islands", *Tourism Economics*, Vol. 17, No. 1, 2011, pp. 107 – 125.

⑥ Khan, H., Toh, R. S., Chua, L., "Tourism and Trade: Co-Integration and Granger Causality Tests", *Journal of Travel Research*, Vol. 44, No. 2, 2005, pp. 171 – 176.

⑦ Kadir, N., Jusoff, K., "The Cointegration and Causality Tests for Tourism and Trade in Malaysia", *International Journal of Economics & Finance*, Vol. 2, No. 1, 2010, pp. 126 – 135.

⑧ Mohd Hafiz M. H., Mohd Fauzi M. H., Jamaluddin M. R., "Bilateral Trade and Tourism Demand", *World Applied Sciences Journal*, Vol. 10, No. 3, 2010, pp. 110 – 114.

⑨ Ozcan, C. C., "International Trade and Tourism for Mediterranean Countries: A Panel Causality Analysis", *Social Science Electronic Publishing*, Vol. 31, No. 2, 2016, pp. 89 – 97.

⑩ Katircioglu, S., "Tourism, Trade and Growth: the Case of Cyprus", *Applied Economics*, Vol. 41, No. 21, 2009, pp. 2741 – 2750.

⑪ 马丽君、江恋、孙根年：《菲律宾入境中国旅游与贸易对重大事件的响应及相关关系》，《华中师范大学学报》（自科版）2015 年第 49 卷第 4 期，第 623—629 页。马丽君、孙根年、王洁洁等：《15 年来中日出入境旅游对双边贸易的影响》，《经济地理》2010 年第 30 卷第 4 期，第 672—677 页。

关关系，以及15年来中日出入境旅游对双边贸易的影响。王洁洁等[①]分析了中韩出入境旅游对进出口贸易的推动作用，以及香港—大陆旅游流与贸易流的互动关系。王克军[②]探讨了主要客源国对中国入境旅游市场的贡献。董小麟等[③]分析了中国与其他9个国家之间的旅游服务贸易竞争力状况。戴学锋等[④]研究了出境旅游的超速发展对中国国际收支平衡的负面影响。章锦河等[⑤]剖析了中国出境旅游与国际服务贸易关系。刘玉萍等[⑥]将旅游与贸易按目的和类别进行细分，从更深层探寻两者的相互关系。韩亚芬等[⑦]认为，中国主要客源地进出口贸易对入境旅游有着重大影响。雷平等[⑧]发现出境旅游比入境旅游增长速度更快。杨旸等[⑨]发现中国大陆居民出境旅游受文化距离影响较少。蒋依依等[⑩]研究认为贸易开放度对发达经济体出境旅游需求的影响更为显著。石张宇[⑪]和赵多平等[⑫]分析发现中国和俄罗斯

① 王洁洁、孙根年、马丽君等：《中韩出入境旅游对进出口贸易推动作用的实证分析》，《软科学》2010年第24卷第8期，第30—35页。王洁洁、孙根年、黄柳芳：《香港—大陆旅游流与贸易流的互动关系分析——基于1990—2009年数据》，《经济问题》2010年第23卷第12期，第118—122页。

② 王克军：《主要客源国对中国入境旅游市场的贡献分析》，《旅游学刊》2017年第32卷第1期，第32—41页。

③ 董小麟、庞小霞：《我国旅游服务贸易竞争力的国际比较》，《国际贸易问题》2007年第33卷第2期，第78—83页。

④ 戴学锋、巫宁：《中国出境旅游高速增长的负面影响探析》，《旅游学刊》2006年第21卷第2期，第41—45页。

⑤ 章锦河、刘珍珍、陈静等：《中国出境旅游与国际服务贸易关系分析》，《地理科学》2012年第32卷第10期，第1161—1167页。

⑥ 刘玉萍、郭郡郡：《入境旅游与对外贸易的关系——基于中国2001—2008年月度数据的实证分析》，《经济地理》2011年第31卷第4期，第696—700页。

⑦ 韩亚芬、孙根年：《中国主要客源地进出口贸易与入境旅游发展关系的研究》，《资源开发与市场》2011年第27卷第8期，第744—746页。

⑧ 雷平、施祖麟：《出境旅游、服务贸易与经济发展水平关系的国际比较》，《旅游学刊》2008年第23卷第7期，第28—33页。

⑨ 杨旸、刘宏博、李想：《文化距离对旅游目的地选择的影响——以日本和中国大陆出境游为例》，《旅游学刊》2016年第31卷第10期，第45—55页。

⑩ 蒋依依、刘祥艳、宋慧林：《出境旅游需求的影响因素——兼论发展中经济体与发达经济体的异同》，《旅游学刊》2017年第32卷第1期，第12—21页。

⑪ 石张宇、徐虹、沈惊宏：《中俄双边旅游与进出口贸易互动关系的实证研究》，《人文地理》2015年第130卷第2期，第141—147页。

⑫ 赵多平、孙根年、马丽君等：《中国对俄口岸城市出入境旅游与进出口贸易互动关系的研究——1993—2009年满洲里市的实证分析》，《经济地理》2011年第31卷第10期，第1733—1739页。

旅游与贸易存在关联影响。赵多平等①研究发现欧洲七国入境中国客流量与进口贸易额间存在单向因果关系。林龙飞等②发现中国入境旅游人数与进出口贸易间存单向 Granger 因果关系。

在旅游与贸易关系研究的基础上，一些学者运用不同的实证模型定量分析旅游与贸易之间的影响程度和方向，如国外学者 Satheesh 和 Russell③运用 OPM 模型研究美国堪萨斯州，发现国际旅游可以促进该州农产品国际贸易的发展。Santana-Gallego、Ledesma-Rodríguez 和 Pérez-Rodríguez④ 运用引力模型分析了 195 个国家的旅游与贸易数据，发现旅游能够促进国家间贸易额的增长。Keum⑤ 运用引力模型研究韩国旅游与贸易的关系，发现旅游流量受到经济规模和距离的影响。国内学者刘祥艳等⑥运用 VECM 模型探讨中国内地与香港之间旅游与贸易的相互影响机制。李芬英等⑦运用脉冲响应函数研究中国—澳大利亚旅游与贸易互动关系。张群⑧运用脉冲响应函数分析云南省入境旅游与对外贸易的动态均衡关系。苏建军等⑨分析了中国与欧洲七国进出口贸易与入境旅游数据，提出国际货物贸易与入境

① 赵多平、孙根年、苏建军：《欧洲七国入境中国旅游与进出口贸易的关系——1985—2009 年的协整分析和 Granger 因果关系检验》，《世界地理研究》2011 年第 20 卷第 4 期，第 121—133 页。

② 林龙飞、易可：《入境旅游与对外贸易动态关系研究》，《北京第二外国语学院学报》2014 年第 36 卷第 3 期，第 25—31 页。

③ Satheesh, A., Russell, T., "Does Tourism Remote Cross-Border Trade", *American Journal of Agricultural Economics*, Vol. 85, No. 3, 2003, pp. 569 - 579.

④ Santana-Gallego, M., Ledesma-Rodríguez, F. J., Pérez-Rodríguez, J. V., "International Trade and Tourism Flows: An Extension of the Gravity Model", *Economic Modelling*, Vol. 52, No. 15, 2016, pp. 1026 - 1033.

⑤ Keum, K., "Tourism Flows and Trade Theory: A Panel Data Analysis with the Gravity Model", *Annals of Regional Science*, Vol. 44, No. 3, 2010, pp. 541 - 557.

⑥ 刘祥艳、蒋依依、李玉婷：《内地—香港出入境旅游与进出口货物贸易之间的相互影响——基于 VECM 模型的实证分析》，《商业研究》2016 年第 62 卷第 2 期，第 117—124 页。

⑦ 李芬英、陈瑛、刘二虎：《中国—澳大利亚旅游与贸易互动关系研究》，《资源开发与市场》2017 年第 33 卷第 6 期，第 721—726 页。

⑧ 张群：《入境旅游与对外贸易的动态均衡关系——基于云南省数据分析》，《技术与市场》2016 年第 23 卷第 11 期，第 184—187 页。

⑨ 苏建军、徐璋勇、赵多平：《国际货物贸易与入境旅游的关系及其溢出效应》，《旅游学刊》2013 年第 28 卷第 5 期，第 43—52 页。

旅游的溢出效应模型。王公为等[①]分析了内蒙古12个盟市的旅游与贸易数据，提出入境旅游与进出口贸易关系的区域差异模型。

二　研究设计

（一）研究假设

Kulendran 和 Wilson[②] 分析了澳大利亚与美国、英国、日本、新西兰四大客源国的旅游与贸易因果关系，并提出了“马可·波罗”假设[③]和“兴趣与关注”假设[④]。这两个假设认为，国际贸易是由人的旅游行为而引发的，即商务旅游促进国际贸易。国际贸易从商务旅游开始，在成功的国际商人的带动下，越来越多的人积极参与商务旅游活动，商务旅游和国际贸易的发展提升了消费者对不同国家、文化等信息的兴趣与关注。孙根年等[⑤]在上述两个假设的基础上，引入“反馈—循环”假设和“容量限制”概念，认为非商务旅游也能推动国际贸易发展，提出旅游与贸易的互动发展“三阶段”假设[⑥]。由此可知，国际贸易的发展会给以商务旅游为代表的国际旅游提供动力和发展空间。而随着国际旅游的活跃，一个国家的对外开放程度也会进一步加强，其贸易结构与总量也将得到改进与提升。

---

① 王公为、乌铁红：《内蒙古入境旅游与进出口贸易关系的区域差异——基于12个盟市面板数据的实证检验》，《干旱区资源与环境》2017年第31卷第2期，第203—208页。

② Kulendran, N., Wilson, K., “Is there a Relationship between International Trade and International Travel”, *Applied Economics*, Vol. 101, No. 32, 2002, pp. 1001 - 1009.

③ “马可·波罗”假设：300多年前，作为商人的马可波罗从意大利出发，辗转旅行至中国，其最主要的目的就是寻找商机，进行商品的买卖。

④ “兴趣与关注”假设：随着兴趣与关注的进一步扩大，以探亲访友、休闲度假以及出国务工为动机的非商务旅游也就应运而生。该假设在马可·波罗假设的基础上认为在商务旅游带动国际贸易之后，国际贸易的积极开展也会引发非商务旅游行为，即国际贸易促进国际旅游。

⑤ 孙根年、周露：《日韩东盟8国入境我国旅游与进出口贸易关系的研究》，《人文地理》2012年第27卷第6期，第87—94页。

⑥ “三阶段”假设：孙根年等认为旅游与贸易的互动呈现低水平缓慢初始、加速发展以及市场容量受限平缓发展三个阶段。

（二）研究方法

1. 推拉方程。首先，采用二次多项式方程 $Y = aX^2 + bX + c$、logistic 函数（1）构建中马两国出入境旅游与进出口贸易之间的 4 个推拉方程。同时，使用本底趋势线对"非典"以及"马航"期间的 ITMC 和 OTCM 进行内插订正，以减少非正常数据对实证分析的影响。

$$Y = \frac{b_1}{1 + \exp\left[-b_2 \times (X - b3) \right]} \tag{1}$$

2. ADF 与 Granger 因果检验。为了排除各变量自相关的影响以及可能存在的伪回归现象，对选取的原始数据去对数后进行增广"迪基—福勒"检验（Augmented Dickey-Fuller Test，简称 ADF 检验）。本文在 VAR 模型的基础上建立 ADL（p，p）模型（2），滞后阶数 p 可根据 AIC 最小信息准则来确定。如果检验结果拒绝原假设 H_0：$\beta_1 = \cdots \beta_p = 0$，则称变量 X 是引起变量 Y 变化的 Granger 原因，否则，变量 X 不是变量 Y 的 Granger 原因。同理，若要检验变量 Y 是否为变量 X 的 Granger 原因，只需将模型中的 X 与 Y 互换位置即可。

$$Y_t = \gamma + \sum_{m=1}^{p} \alpha_m Y_{t-m} + \sum_{m=1}^{p} \beta_m X_{t-m} + \varepsilon_t \tag{2}$$

3. 脉冲响应函数。为了进一步探讨中国与马来西亚在出入境旅游与进出口贸易之间的相互关系，本文引入脉冲响应函数（3）来观察由随机干扰项产生的一个标准差大小的信息冲击对变量 *OTCM*、*ITMC*、*ECM*、*IMC* 两两之间的冲击效应，并进行分析。

$$Y_t = \gamma + \varepsilon_t + \Psi_1 \varepsilon_{t-1} + \cdots + \Psi_p \varepsilon_{t-p} \tag{3}$$

Y_t是由内生变量组成的 k 维向量，γ 是常数向量，Ψ_i是系数矩阵。矩阵 Ψ_s表示为：$\Psi_s = \frac{\partial Y_{t+s}}{\partial \varepsilon_t}$，即 Ψ_s的第 i 行第 j 列元素确定在保持所有其他信息在所有时期都为常数的情况下，第 j 个变量在时期 t 的信息（ε_{jt}）增加一个单位对于第 i 个变量在时期 $t+s$ 时的值（Y_i，$t+s$）产生的影响。如果已知在同一时点上 ε_t的元素变化 δ_1 至 δ_n，则这些变化对于向量 Y_{t+s}的值的组合影响将为：

$$\Delta Y_{t+s} = \frac{\partial Y_{t+s}}{\partial \varepsilon_{1t}} \delta 1 + \frac{\partial Y_{t+s}}{\partial \varepsilon_{2t}} \delta 2 + \cdots + \frac{\partial Y_{t+s}}{\partial \varepsilon_{nt}} \delta n = \Psi_n \delta \tag{4}$$

其中，$\delta=(\delta_1, \delta_2, \cdots, \delta_n)$。通过对每个信息的脉冲进行单独模拟后，$\Psi_s$的所有列都可以被计算出，将 Ψ_s的第 i 行第 j 列元素$\frac{\partial Y_{i,t+s}}{\partial \varepsilon_{jt}}$，$(j=1, 2, \cdots, n)$ 作为 s 的函数来绘制，此函数称为脉冲响应函数。它描述了在时期 t 以及更早期的所有其他变量都保持常数的情况下，$Y_{i,t+s}$对于 Y_{jt}的某一次性脉冲的反应。

（三）变量选择与数据来源

1. 变量选择。如表 1 所示，本文的研究变量选择中国—马来西亚旅游与贸易两个序列。其中，序列 1 为测度中国—马来西亚出入境旅游的两个变量，具体是中国出境马来西亚旅游流（*The Outbound Tourists from China to Malaysia*，简称 *OTCM*）、马来西亚入境中国旅游流（*The Inbound Tourists from Malaysia to China*，简称 *ITMC*）；序列 2 为测度中国—马来西亚进出口贸易的两个变量，具体是中国出口马来西亚贸易额（*The Export from China to Malaysia* ，简称 *ECM*）、中国进口马来西亚贸易额（*The Import from Malaysia to China*，简称 *IMC*）。

2. 数据来源。*OTCM*、*ITMC*、*ECM*、*IMC* 四个研究变量的相关数据主要来源于中经网统计数据库①、马来西亚旅游局官网②，分析时间段则是选取东南亚金融危机之后的 1999—2016 年。

表 1　　**本文的研究变量**

变量名	英文全称	简称
中国出境马来西亚旅游流	*The Outbound Tourists from China to Malaysia*	*OTCM*
马来西亚入境中国旅游流	*The Inbound Tourists from Malaysia to China*	*ITMC*
中国出口马来西亚贸易额	*The Export from China to Malaysia*	*ECM*
中国进口马来西亚贸易额	*The Import from Malaysia to China*	*IMC*

① 中经网统计数据库，http：//db. cei. gov. cn，登录时间：2017 年 7 月 27 日。

② 马来西亚旅游局，http：//mytourismdata. tourism. gov. my，登录时间：2017 年 7 月 27 日。

（四）描述性统计

1. *OTCM*、*ITMC*、*ECM*、*IMC* 均增长较快，且 *OTCM*、*ECM* 的增长更为显著。出入境旅游方面，*ITMC* 增长幅度较小，从 1999 年的 37.29 万人次增加至 2016 年的 116.5 万人次，增长了 2.12 倍，年均增长率为 6.9%。同期，*OTCM* 从 25.78 万人次增加至 212.49 万人次，增长了 7.24 倍，年均增长率为 13.2%。进出口贸易方面，1999—2016 年，*IMC* 从 36.07 亿美元增长到 490.44 亿美元，年均增长 16.5%；*ECM* 从 16.75 亿美元增长到 394.26 亿美元，年均增长 20%①（如图 1 所示）。

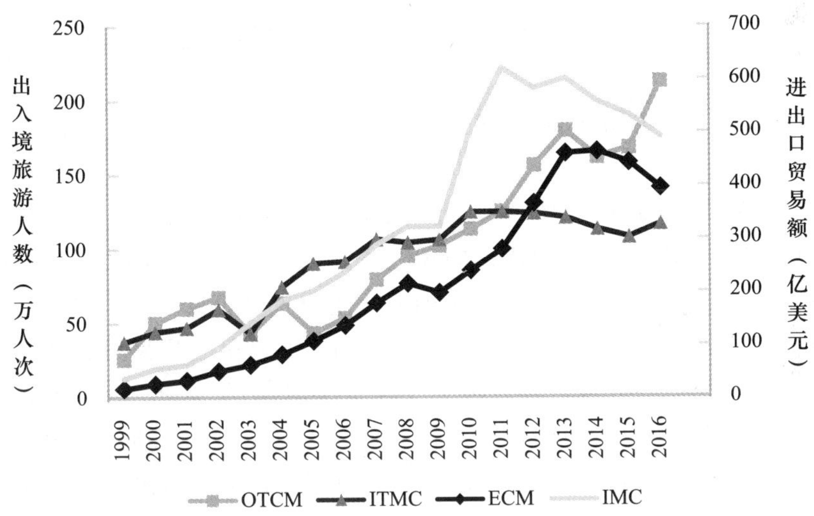

图 1　1999—2016 年中国—马来西亚 *OTCM*、*ITMC*、*ECM*、*IMC*

资料来源：根据中经网统计数据库、马来西亚旅游局的相关数据绘制而得。

2. *IMC*、*ECM* 发展分为三个阶段。第一，稳步恢复阶段（1999—2008 年）。东南亚金融危机之后 *IMC* 与 *ECM* 呈现稳步增长的趋势，其中 *ECM* 增长速度快于 *IMC*。第二，迅速回升阶段（2009—2013 年）。这一期间受到 2008 年全球金融危机的影响，*IMC* 增速放缓，*ECM* 出现下滑。2009 年

① 依据中经网统计数据库、马来西亚旅游局的相关数据计算整理而得。

之后，*IMC* 与 *ECM* 均迅速回升，并分别于 2011 年、2013 达到峰值。第三，下降回落阶段（2013—2016 年）。在此期间，*IMC* 与 *ECM* 均出现大幅度的下降，其中 *ECM* 下降幅度更大。

3. 相比于进出口贸易，出入境旅游的发展更容易受到社会、政治等事件的影响。近 18 年来，*OTCM* 整体呈现上升发展的趋势，但由于受到 2003 年"非典"以及 2014 年"马航"事件的影响，当年 *ITMC* 与 *OTCM* 均出现了下降，并对后续年份产生了一定影响。将 *OTCM* 与 *IMC*、*ECM* 进行对比分析发现，*OTCM* 与 *IMC* 之间的相关程度较高，两者基本保持同向发展的趋势；而 *OTCM* 与 *ECM* 在 2013 年后出现了负相关的现象。*ITMC* 与 *IMC*、*ECM* 之间基本保持着同向发展的趋势，相互之间也存在一定的相关性。

三 *OTCM*、*ITMC*、*ECM*、*IMC* 关系的推拉方程

（一）*OTCM* 与 *IMC* 推拉方程

以 *IMC* 为因变量，*OTCM* 为自变量，建立推拉方程（5），相关系数 $R^2=0.9826$。从图 2a 拟合曲线和方程（5）可以看出，*OTCM* 与 *IMC* 拟合曲线呈现 *S* 型，随着 *OTCM* 的增长 *IMC* 表现出先慢后快，最终趋于稳定的趋势。*OTCM* 与 *IMC* 的关系以 2001 年、2010 年为拐点分为三个时段：第一时段（1999—2001 年），*OTCM* 对 *IMC* 的影响不太显著，*OTCM* 增速大于 *IMC*，两者关系表现为 *IMC* 推动 *OTCM*；第二时段（2002—2010 年），*OTCM* 与 *IMC* 均快速增长，*IMC* 增速更为迅速，两者关系表现为 *OTCM* 推动 *IMC*；第三时段（2011—2016 年），*OTCM* 对于 *IMC* 的影响逐渐趋于平缓，*OTCM* 的增长对 *IMC* 的提升较弱，两者关系表现为 *IMC* 推动 *OTCM*。

$$IMC=\frac{565.2216}{1+\exp\left[-0.0577248\times(OTCM-84.2915)\right]} \tag{5}$$

（二）*OTCM* 与 *ECM* 推拉方程

以 *ECM* 为因变量，*OTCM* 为自变量，建立推拉方程（6），相关系数 $R^2=0.9872$。从图 2b 拟合曲线和方程（6）可以看出，随着 *OTCM* 的增加，*ECM* 经历了从缓慢上升到加速发展，最后趋于平稳。*OTCM* 与 *ECM*

的关系以 2004 年、2012 年为拐点分为三个时段：第一时段（1999—2004 年），*OTCM* 与 *ECM* 均处于较低水平，其中 *OTCM* 增速大于 *ECM*，两者关系表现为 *ECM* 推动 *OTCM*；第二时段（2005—2012 年），*ECM* 增长速度明显大于 *OTCM*，两者关系表现为 *ECM* 推动 *OTCM*；第三时段（2013—2016 年），*ECM* 增速大幅下滑，呈现平稳缓慢上升的趋势，*OTCM* 对 *ECM* 的推动作用有限，两者关系表现为 *ECM* 推动 *OTCM*。

$$ECM = \frac{448.54}{1 + \exp\left[-0.0370926 \times (OTCM - 299.4749)\right]} \tag{6}$$

（三）*ITMC* 与 *IMC* 推拉方程

以 *IMC* 为因变量，*ITMC* 为自变量，建立推拉方程（7），相关系数 $R^2 = 0.9587$。从图 2c 和方程（7）可以看出，*ITMC* 与 *IMC* 拟合曲线呈现为开口向上的二次函数曲线。这说明 *ITMC* 对 *IMC* 的影响在初期并不显著，

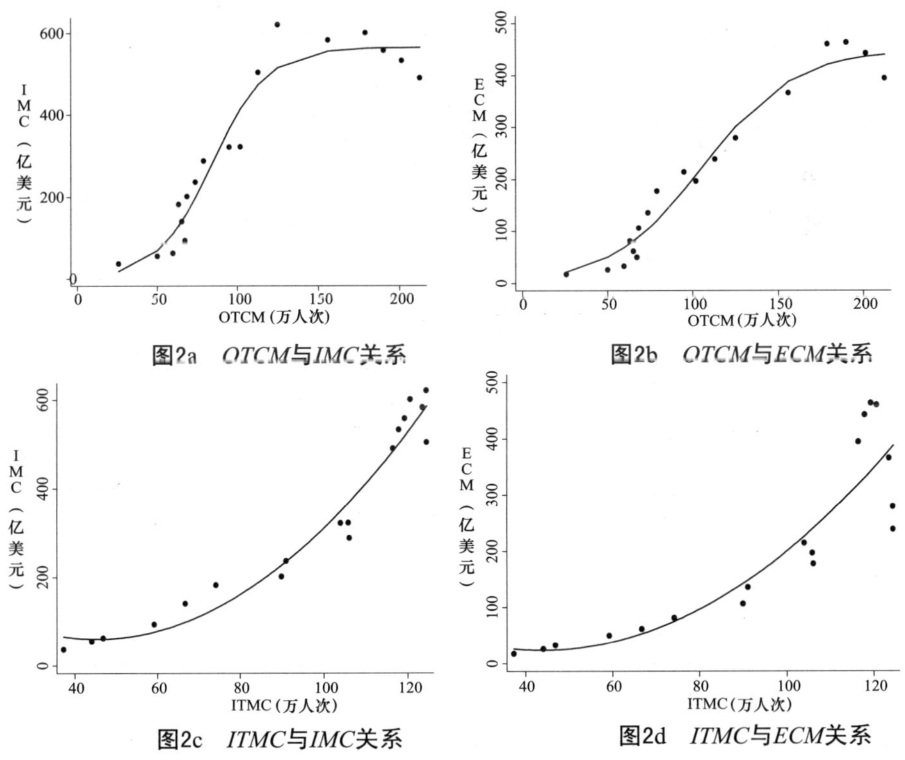

图2a　*OTCM*与*IMC*关系

图2b　*OTCM*与*ECM*关系

图2c　*ITMC*与*IMC*关系

图2d　*ITMC*与*ECM*关系

随着 *ITMC* 的增加，*IMC* 的增长呈现出先慢后快的发展趋势。*ITMC* 和 *IMC* 的关系以 2010 年为拐点分为两个时段：第一时段（1999—2010 年），*ITMC* 增速大于 *IMC* 增速，两者关系表现为 *IMC* 推动 *ITMC*；第二时段（2011—2016 年），*ITMC* 进入容量限制，增长逐渐减慢，*IMC* 大于 *ITMC* 增速，两者关系表现为 *ITMC* 推动 *IMC*。

$$IMC = 0.0837095ITMC^2 - 7.591424ITCM + 232.593 \qquad (7)$$

（四）*ITMC* 与 *ECM* 推拉方程

以 *ECM* 为因变量，*ITMC* 为自变量，建立推拉方程（8），相关系数 $R^2 = 0.9330$。从图 2d 和方程（8）可以看出，*ITMC* 与 *ECM* 拟合曲线凸向横坐标轴。这说明随着 *ITMC* 的增加，*ECM* 呈现先缓慢后加速的增长趋势。以 2007 年为拐点，*ITMC* 与 *ECM* 的关系可分为两个时段：第一时段（1999—2007 年），*ITMC* 快速发展，而 *ECM* 增长较为缓慢，即 *ITMC* 增速明显大于 *ECM*，两者关系表现为 *ECM* 推动 *ITMC*；第二时段（2008—2016 年），这一阶段 *ITMC* 逐渐进入容量限制，增长速度逐渐减慢，*ECM* 增速明显大于 *ITMC*，两者关系表现为 *ITMC* 推动 *ECM*。

$$ECM = \frac{462.1024}{1 + exp\left[-0.0727489 \times (ITMC - 103.6175)\right]} \qquad (8)$$

四　*OTCM*、*ITMC*、*ECM*、*IMC* 关系的因果检验

建立 *OTCM*、*ITMC*、*ECM*、*IMC* 之间的推拉方程可以说明变量的变动关系，但无法明确表明两两之间的因果关系。下面，在平稳性检验的基础上，需要对 *OTCM*、*ITMC*、*ECM*、*IMC* 做 *Granger* 因果检验。由表 2 的检验结果可以看出，*LNOTCM*、*LNITMC*、*LNECM*、*LNIMC* 在 1% 的临界值水平下都是平稳的，即 I（0）。因此，可以直接构造回归模型并进行 *Granger* 因果检验。

表 2　　*LNOTCM*、*LNITMC*、*LNECM*、*LNIMC* 的 ADF 检验

变量	检验类型（c，t，p）	水平值检验结果				
		ADF 统计量	1% 临界值	5% 临界值	10% 临界值	是否平稳
LNOTCM	（c，t，0）	-4.874	-4.380	-3.600	-3.240	是

续表

变量	检验类型（c，t，p）	水平值检验结果				
		ADF 统计量	1% 临界值	5% 临界值	10% 临界值	是否平稳
LNITMC	（c，0，0）	-3.784	-3.750	-3.000	-2.630	是
LNIMC	（c，0，0）	-3.808	-3.750	-3.000	-2.630	是
LNECM	（c，t，0）	-4.196	-3.750	-3.000	-2.630	是

注：检验类型（c，t，p）中，c 表示有常数项，t 表示有趋势项，p 表示滞后阶数。

（一）*ITMC* 与 *IMC* 存在双向因果关系

表 3　　*OTCM*、*ITMC*、*ECM*、*IMC* 的 Granger 因果检验

原假设	观测值	F 值	p 值	滞后期	结论
LNIMC 不是 *LNITMC* 的 Granger 原因	16	2.87	0.0155	2	拒绝
LNITMC 不是 *LNIMC* 的 Granger 原因	17	3.35	0.0438	1	拒绝
LNECM 不是 *LNITMC* 的 Granger 原因	16	3.19	0.0097	2	拒绝
LNITMC 不是 *LNECM* 的 Granger 原因	17	3.81	0.0315	1	拒绝
LNIMC 不是 *LNOTCM* 的 Granger 原因	16	3.68	0.0047	2	拒绝
LNOTCM 不是 *LNIMC* 的 Granger 原因	16	1.33	0.1439	2	接受
LNECM 不是 *LNOTCM* 的 Granger 原因	16	1.91	0.0618	2	接受
LNOTCM 不是 *LNECM* 的 Granger 原因	16	0.77	0.3278	2	接受

注：显著性水平均为 5%。

由表 3 的 Granger 因果检验结果可知，*LNIMC*→*LNITMC*、*LNITMC*→*LNIMC* 均在 5% 的显著性水平下拒绝原假设，这说明 *ITMC* 与 *IMC* 互为因果关系。*IMC* 的增长不仅促使更多的马来西亚商人前往中国参与国际贸易，提升中国对马来西亚的吸引力，还能促进以探亲访友、观光旅游、务工为动机的 *ITMC* 增长。中国入境旅游与进口贸易优惠政策的助推，越来越多的马来西亚商人前往中国销售商品，从而对 *IMC* 的提升增加了更多可能。

（二）*ITMC* 与 *ECM* 存在双向因果关系

在 5% 的显著性水平下，*LNECM*→*LNITMC*、*LNITMC*→*LNECM* 均拒绝原假设，这说明 *ITMC* 与 *ECM* 互为因果关系。*ECM* 的增长有助于促进中、

马两国产业发展以及居民收入与财政收入的提高。中国经济实力的提升可以加强相关旅游设施的建设，从而促进 *ITMC* 的发展，吸引更多马来西亚游客。同时，*ITMC* 的发展能够提升来华马来西亚商人、消费者对中国货物商品的认可程度与采购可能，从而为 *ECM* 的增加创造更多机会。

（三）*IMC* 是 *OTCM* 的单向因果关系

在 5% 的显著性水平下，*LNIMC*→*LNOTCM* 拒绝原假设，*LNOTCM*→*LNIMC* 接受原假设，这说明 *IMC* 与 *OTCM* 存在单向因果关系，即 *IMC* 是引起 *OTCM* 的原因，但 *OTCM* 不是引起 *IMC* 的原因。*IMC* 的增长意味着越来越多的马来西亚商品进入中国，这一状况在一定程度上会提升中国居民对马来西亚产品以及文化的兴趣与关注，从而促进 *OTCM* 的增长。相对于入境旅游，中国出境旅游发展较为滞后，1997 年起中国居民才逐渐形成出境旅游的概念，因而 *OTCM* 对 *IMC* 的影响表现为不显著。

（四）*ECM* 与 *OTCM* 不存在因果关系

在 5% 的显著性水平下，*LNECM*→*LNOTCM*、*LNOTCM*→*LNECM* 均接受原假设，这说明 *ECM* 与 *OTCM* 相互间不存在因果关系。但是，考虑到所选取的数据样本容量较小等因素，*ECM* 与 *OTCM* 真实的 Granger 因果关系可能被隐藏起来，导致检验结论与实际情况有所偏差。*ECM* 不是 *OTCM* 的原因：一是可能 *OTCM* 存在滞后性，出口贸易的发展的确会产生出境旅游的动机但是出境旅游并不会随着出口贸易的提升而迅速做出反应；二是 *ECM* 对 *OTCM* 的 Granger 因果关系可能建立在一个较长滞后期的基础之上，而小样本数据无法检验出来。与 *EMC* 类似，由于中国的出境旅游市场发育较晚，并且在签证等出国手续上便利化程度较低，导致 *OTCM* 对 *ECM* 的 Granger 因果关系也不显著，*OTCM* 不是 *ECM* 的原因。

五　*OTCM*、*ITMC*、*ECM*、*IMC* 关系的冲击效应

进行脉冲响应分析的前提是要求建立的向量自回归模型具有稳定性。经过稳定性检验，变量 *LNITMC* 与 *LNIMC*、*LNECM* 以及变量 *LNOTCM* 与

LNIMC、*LNECM* 之间建立的 VAR 模型中所有根模的倒数均小于 1，且均落在单位圆内，这说明所建立的 VAR 模型都是稳定的。在 VAR 模型稳定的基础上，进一步生成脉冲响应冲击图 3a、3b、3c、3d、3e、3f、3g、3h。

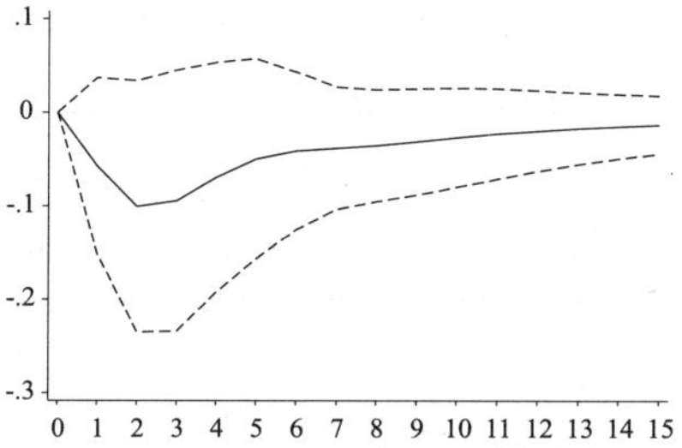

图3a *ECM*对*ITMC*的冲击

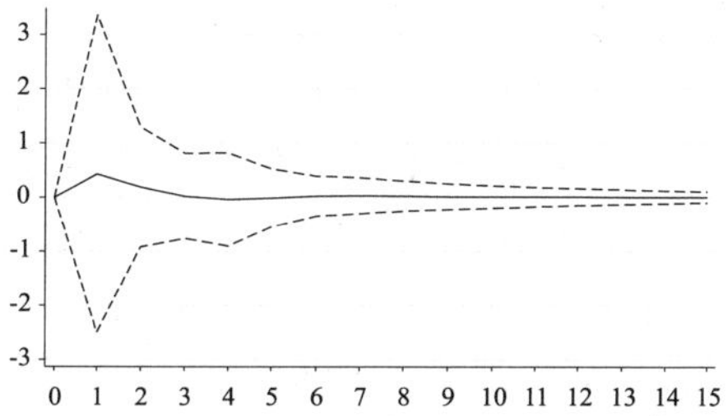

图3b *ITMC*对*ECM*的冲击

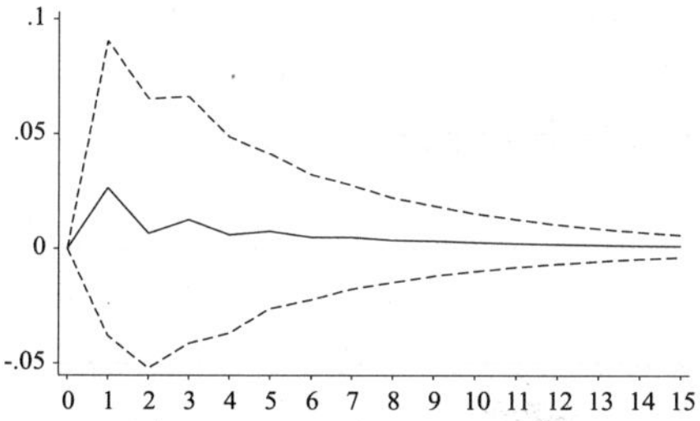

图3c *IMC*对*ITMC*的冲击

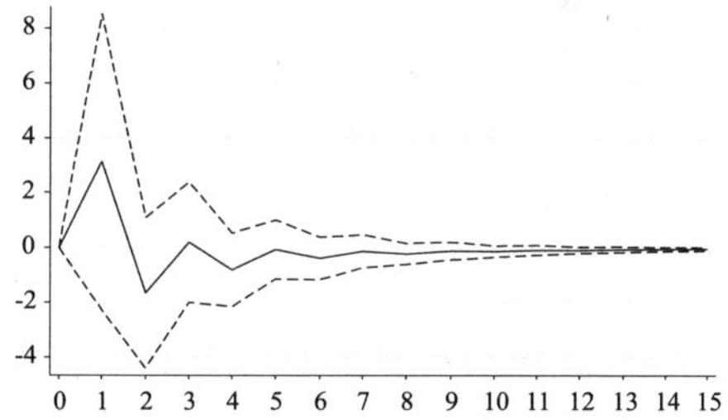

图3d *ITMC*对*IMC*的冲击

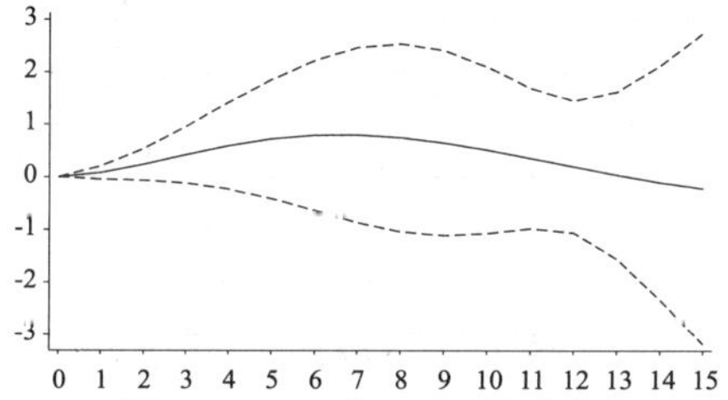

图3e *ECM*对*OTCM*的冲击

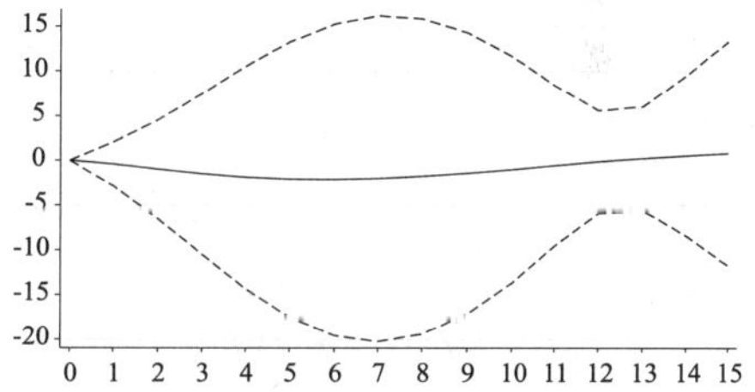

图3f *OTCM*对*ECM*的冲击

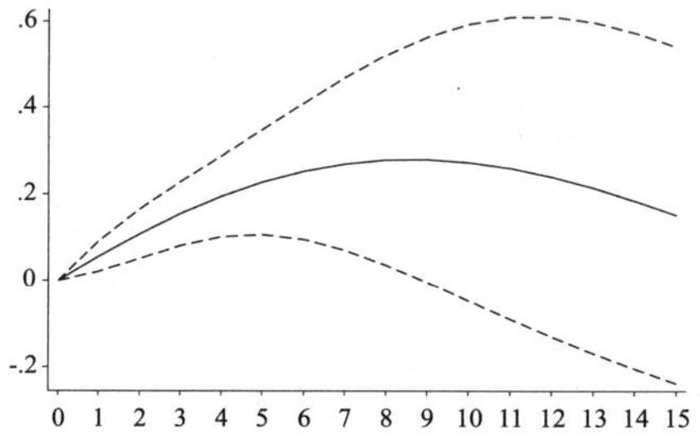

图3g *IMC*对*OTCM*的冲击

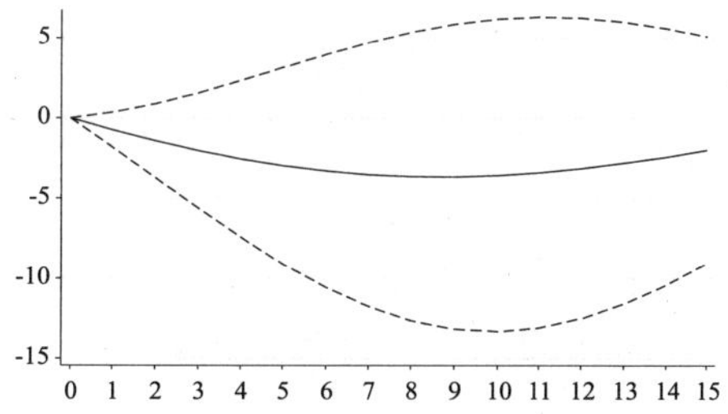

图3h *OTCM*对*IMC*的冲击

（一）*ECM* 对 *ITMC* 产生反向冲击作用，但 *ITMC* 对 *ECM* 存在正向拉动效应

由图3a可知，当一个单位的*ECM*增量冲击产生后，该冲击对*ITMC*产生了一定的反向冲击。该反向冲击在第2年达到最大值，第3年、第4年迅速缩小，并在第5年之后逐渐减弱，且在未来收敛至零值。图3b则表明，当一个单位的*ITMC*冲击产生之后，该冲击立即对*ECM*增量产生正向拉动效应，并于第1年达到最大值。从第2年开始，*ITMC*对*ECM*增量的拉动作用减弱并于第5年起趋于零值，*ITMC*不再对*ECM*产生冲击影响。这表明*ITMC*一开始对*ECM*存在一定的拉动作用，但是该作用所产生影响的时间较短。

（二）*IMC* 对 *ITMC*、*ITMC* 对 *IMC* 均有正向拉动效应

从图3c可见，当一个单位的*IMC*增量冲击产生后，该冲击对入境旅游产生正向的拉动效应。*ITMC*于第1年便达到最大值，随后拉动效果波动下降，从第5年起逐渐趋于零值。这表明*IMC*对*ITMC*存在一定的正向拉动效应，但是该效应存在时间较短，且作用效果波动性较大，不稳定。图3d说明当一个单位的*ITMC*冲击产生后，该冲击对*IMC*增量在第1年存在正面的拉动效应，但第2年立刻产生负面作用，并在随后的时间段呈现负面冲击，波动减弱，最终趋于零值。

（三）*ECM* 对 *OTCM* 产生正向拉动效应，*OTCM* 对 *ECM* 产生反向冲击作用

从图3e可以发现，当一个单位的*ECM*冲击产生后，该冲击在一段时间内对*OTCM*存在正向的拉动效应，并于第7年达到最大值。随后，*OTCM*的增长开始变缓，并逐渐趋于零值。图3f的脉冲响应图则体现了当一个单位*OTCM*产生冲击后，*ECM*逐渐产生微弱的负面反应，并且该反应随着时间的推移会慢慢消失。

（四）*IMC* 对 *OTCM* 有正向拉动效应，*OTCM* 对 *IMC* 产生反向冲击作用

图 3g 表明，当一个单位的 *IMC* 冲击产生后，*OTCM* 存在积极正向的反应。该反应逐渐增强并于第 8 年达到了最大值。随后冲击效应逐渐削弱。这表明 *IMC* 一开始会对 *OTCM* 产生较大的正向拉动效应，但该效应随后会逐渐减弱。图 3h 则说明，当一个单位的 *OTCM* 冲击产生后，该冲击对 *IMC* 产生了负面效果，并且随着时间的推移不断增强。直到第 9 年，*OTCM* 带来的反向冲击有所减弱，并最终趋于零值。

六　辨析性结论与讨论

（一）辨析性结论

1. *ITMC* 与 *IMC*、*ECM* 的关系更多表现为 *ITMC* 推动 *IMC*、*ECM*。研究表明，*ITMC* 与 *IMC*、*ECM* 之间的互动关系基本保持着同向发展的趋势，以 2007 年和 2010 年为拐点，划分为两个阶段。从 2010 年开始，*ITMC* 的增速放缓，并出现小幅波动回落。这说明在经历了快速发展的第二阶段后，*ITMC* 目前正逐步进入了偏好与容量限制阶段，增长开始乏力，*IMC*、*ECM* 对 *ITMC* 的促进作用逐渐下降。随着中、马两国出入境旅游与进出口贸易的持续发展，*ITMC* 与 *IMC*、*ECM* 的互动关系更多表现为 *ITMC* 推动 *IMC*、*ECM*。

2. *OTCM* 对 *IMC*、*ECM* 的影响主要表现为 *IMC*、*ECM* 对 *OTCM* 的推动作用。分析显示，*OTCM* 与 *IMC* 互动关系的两个拐点出现在 2001 年和 2010 年，*OTCM* 与 *ECM* 互动关系的两个拐点为 2004 年和 2012 年。*OTCM* 与 *IMC*、*ECM* 总体呈现同向增长的关系，出境旅游人数的增加伴随着进出口贸易额的上升，虽然增长幅度有所不同，且个别年份波动性较大，但 *OTCM* 与 *IMC*、*ECM* 的关系主要表现为 *IMC*、*ECM* 对 *OTCM* 的推动作用。近年来，在经历了旅游与贸易的同步发展后，*OTCM* 的增速要明显大于 *ECM*、*IMC* 的增速。

3. *ITMC* 与 *IMC*、*ECM* 存在双向因果关系，*IMC* 与 *OTCM* 存在单向因果关系，*ECM* 与 *OTCM* 不存在因果关系。实证检验结果可能受到小样本容

量的影响，没有准确地反映出 *OTMC*、*ITMC*、*IMC*、*ECM* 之间的真实因果关系。但仍然可以看出，中国—马来西亚的出入境旅游与进出口贸易作为两个相对独立的体系，在运行、统计中似乎没有什么关联，但 Granger 因果检验结果显示，*ITMC* 与 *IMC*、*ECM* 存在双向因果关系，*IMC* 与 *OTCM* 存在单向因果关系，*ECM* 与 *OTCM* 不存在因果关系。这表明，它们之间存在某种特定的关系，以至于不同程度地影响着彼此的发展。

4. *ITMC* 对 *IMC*、*ECM* 存在正向拉动效应，*OTCM* 对 *IMC*、*ECM* 产生反向冲击作用。脉冲响应分析显示，*ITMC* 增长对 *IMC*、*ECM* 基本呈现为正向拉动效应。其中，*ITMC* 对 *ECM* 的作用存在一定的波动性。*OTCM* 增长对 *ECM*、*IMC* 则呈现反向冲击作用，其中 *OTCM* 对 *IMC* 的反向冲击更为明显。*IMC* 增长对 *OTCM*、*ITMC* 的冲击均表现为正向拉动效应；*ECM* 增长对 *ITMC* 的冲击呈现为反向作用，对 *OTCM* 的冲击呈现为正向效应。以上的响应都基本发生在短期之内，即以 5 年为界限。从长期来看，5 年之后 *ITMC*、*OTCM* 与 *IMC*、*ECM* 之间的相互冲击均逐渐减弱以至消失。

（二）讨论

1. *OTCM* 与 *IMC*、*ECM* 之间并没有形成符合“三阶段”假设的关系。与大部分对旅游与贸易关系研究的结论不同，*OTCM* 与 *IMC*、*ECM* 的互动关系表现出不同的结果：*OTCM* 与 *IMC*、*ECM* 之间并没有形成符合“三阶段”假设的关系。对于 *OTCM* 而言，*IMC*、*ECM* 是主要的推动作用。1997 年 3 月《中国公民自费出国旅游管理暂行办法》颁布，标志着中国出境旅游市场形成。此后的 20 世纪末至 21 世纪初，*OTCM* 开始迅速增长，但此时中国作为即将加入 WTO 的新兴成员，与其他国家的双边贸易还未真正开始井喷式发展。因此，在这一阶段，*IMC*、*ECM* 的增长速度要小于 *OTCM* 的增长，彼此的互动关系表现为 *IMC*、*ECM* 推动 *OTCM* 的发展。随着中国加入 WTO 以及出境旅游政策的进一步完善，2010 年之前中国对外贸易、出境旅游获得了快速发展，以马来西亚为对象的出境旅游与进口、出口贸易之间的相互推动作用基本相当。贸易推动了旅游，旅游同样也推动着贸易的发展。2010 年之后世界进入后金融危机时代，国际经济形势呈现下行的趋势，中国外贸环境日趋严峻，同样地，*IMC*、*ECM* 的增速也逐步放缓。在中、马两国双边贸易额出现下滑的情况下，*OTCM* 却依然保持

着快速增长，这意味着 *OTCM* 的增速要大于 *IMC*、*ECM* 的增速，从而旅游与贸易的互动关系主要表现为 *IMC*、*ECM* 推动 *OTCM*。

2. 对中国和马来西亚而言，*OTCM* 对 *IMC*、*ECM* 的脉冲响应冲击在短期均出现反向冲击。在以往的研究中，*OTCM* 与 *IMC*、*ECM* 之间大都表现为相互促进的正向推动效应。然而，对中国和马来西亚而言，*OTCM* 对 *IMC*、*ECM* 的脉冲响应在短期均出现了反向冲击。针对这一结论，本文认为原因可能在于：中国与马来西亚之间的进出口产品以电子、矿物燃料、机械、动植物油以及矿砂、矿渣为主，中国居民出境前往马来西亚旅游的动机基本以观光游览、探亲访友为主。随着国内产能过剩以及国际贸易形势不确定性的增加，以经商为动机的出境旅游更加减少。中、马两国进出口贸易额的下降要大于非商务旅游所带来相关产品贸易额的提升。脉冲响应函数是用来衡量 *OTCM* 变量的一个标准差冲击对 *IMC*、*ECM* 当前及未来取值的影响轨迹，从本文选取的数据可以看出，*OTCM* 的增长伴随着 *IMC*、*ECM* 的降低。在这样的趋势下，未来短期内 *OTCM* 对 *IMC*、*ECM* 存在一个反向的冲击效应。

3. *ECM* 的增长对 *ITMC* 在短期内存在反向冲击。目前，由于 *ITMC* 已经接近偏好和容量限制，并且 *ECM* 近年来呈现下滑趋势。在不明朗的双边贸易环境下，一些以经商为动机的马来西亚人会选择前往其他国家寻找商机而不是继续入境中国开展贸易合作。此外，大部分商务旅游者对一国的经商环境存在观望心态，只有在风险较小的前提下才会选择前往目标国家开展贸易。商务旅游的增长相对于出口贸易的增长存在一个滞后期。因此，在容量限制的前提下，近年来 *ECM* 的降低造成以商务往来为目的旅游人数的下降，从而在未来短期内对 *ITMC* 造成反向冲击。

An Analysis on the Relationship between China-Malaysia Inbound and Outbound Tourism and Import and Export Trade

Cheng Cheng　Zhou Zeqi　Song Jianlin

Abstract　From 1999 to 2016, the bilateral tourism and import and export trade between China and Malaysia have increased rapidly, with the outbound tourism and export trade growing more significantly. Compared with the import and export trade, the bilateral tourism is more easily affected by social and political events. The interaction between tourism and trade mainly is: inbound tourism promotes the import and export trade, and import and export trade promotes outbound tourism. However, there is no relationship that conforms to the "three stages" hypothesis. Granger causality tests show that the inbound tourism and trade is a two-way causality, and a simple-direction Granger causal relationship is found between import trade and outbound tourism. In addition, there is no causal relationship between export trade and outbound tourism. While the bilateral trade volume between China and Malaysia has declined, the outbound tourism from China to Malaysia has maintained a rapid growth, which is manifested in the development of the outbound tourism promoted by the import and export trade. Currently the inbound tourism from Malaysia to China is close to preferences and capacity limits, and the inbound tourism has a positive effect on the import and export trade while the outbound tourism has a negative effect. On the other hand, the import trade has a positive effect on the inbound and outbound tourism, while the export trade has a negative effect on the inbound tourism and a positive effect on the outbound tourism. Due to the lag period between the growth of the business travel and the growth of the export trade, the decline of the import and export trade between China and Malaysia is greater than that of the non-business tourism.

Key Words China; Malaysia; inbound and outbound tourism; import and export trade

Authors Cheng Cheng, Professor at China-ASEAN Research Institute of Guangxi University, Doctoral Supervisor; Zhou Zeqi, Postgraduate Student, China-ASEAN Research Institute of Guangxi University; Song Jianlin, Postgraduate Student, China-ASEAN Research Institute of Guangxi University.

人文交流

People and Culture

“一带一路”视角下中国—东盟大学联盟建设问题研究

胡美术

【摘要】“一带一路”共商共建共享进程中，中国—东盟自贸区域内发展对高质量人才的需求呈几何式增长，迫切要求推动中国—东盟大学联盟建设，集聚域内高校及国家智慧，为区域发展和经济全球化贡献中国—东盟方案。本文拟从梳理当前世界范围内大学联盟及当前中国与东盟域内大学联盟建设情况出发，对建设高水平中国—东盟大学联盟的重要性、现实基础、问题及相应对策等进行初步探索，试图为中国—东盟大学联盟建设提供一个视角。

【关键词】中国—东盟大学联盟　“一带一路”　共商共建共享　区域发展

【基金项目】中国—东盟区域发展协同创新中心科研专项和教育部长江学者和创新团队发展计划联合资助“中国与越南教育交流变迁”(BY201503)。

【作者简介】胡美术，中国—东盟区域发展协同创新中心，助理研究员。

随着经济全球化和区域经济一体化的发展，国内外高校为应对自身发展所遇困境，以合作办学或联盟等形式共享校内外资源，共建对外宣传交流合作平台，提升联盟整体及成员高校影响力，服务经济社会文化发展，成为一种新的趋势。在“一带一路”和中国—东盟自由贸易区升级版建设进程中，当顺应时代发展要求、域内高校成长需求、区域发展和经济全球化发展规律，按照共商共建共享原则，理顺域内大学联盟体制机制，以区域发展与域内国家现代化需求、学校类型、办学层次和专业优势为切入点，加速推进高水平中国—东盟大学联盟建设。

一　当前研究回顾

当下，学术界关于大学联盟的研究主要集中在如下方面。一是关于国内大学联盟建设及跨国大学联盟建设的研究。这方面，除建设九校联盟（C9）、重庆市大学联盟、海洋大学联盟等之外，还涉及金砖国家大学联盟、中俄工科大学联盟等跨国大学联盟建设。相关研究认为中国大学联盟建设处于初期发展阶段，需加大力度，扎根国内国际环境，借鉴国外大学联盟建设经验，主要代表人物有刘薇、[①] 张雪、静丽贤[②]等。其中，黄崴[③]认为，香港回归20年后，在粤港澳大湾区建设进程中，粤港澳地区应发挥优势，率先形成最具发展空间和增长潜力的世界级新经济区域。为此，需携手打造粤港澳大学合作发展联盟，建立健全联盟合作发展机制，打造高水平科学研究和创新人才培养高地，应对经济社会发展全球化竞争。二是关于欧美国家内部大学联盟机制方面的研究。学者们对美国的“常青藤”大学联盟、五校联盟、东方联盟、东南联盟，英国的罗素集团，加拿大的G13联盟，澳洲八校集团，德国理工大学联盟等优秀大学联盟的基本情况及运行机制进行了深入研究，梳理出这些大学联盟值得借鉴的方面及存在的不足。主要代表人物有葛继平、郎朋、[④] 金凤、朱洪镇[⑤]等。其中，向东春[⑥]对美国大学联盟的生成逻辑与运行特点进行了研究，认为美国大学联盟是实现学术创新和资源共享的路径，其“大学合作委员会”（Committee

---

① 刘薇：《中国C9与美国CIC大学联盟之比较分析》，《长春教育学院学报》2013年第7期，第86—88页。

② 张雪、静丽贤、孙晖、陈岩：《基于大学联盟视角的津京冀区域高等教育合作》，《河北联合大学学报》（哲学社会科学版）2015年第3期，第88—91页。

③ 黄崴：《建立粤港澳大学联盟——打造世界高水平科研和人才培养高地》，《高教探索》2016年第10期，第18—31页。

④ 葛继平、郎朋：《欧美大学联盟运行机制及其启示——以罗素集团和五大联盟为例》，《教育探索》2015年第11期，第140—143页。

⑤ 金凤、朱洪镇、李延吉：《美国CIC大学联盟探析》，《现代教育科学》2007年第4期，第88—90页。

⑥ 向东春：《美国大学联盟的生成逻辑与运行特点》，《高等教育研究》2014年第3期，第105—109页。

on Institutional Cooperation，CIC）在学术合作、跨学科发展、人才培养等方面成绩斐然。CIC 的价值诉求是知识共享与知识创新，运行特点是采取扁平组织架构和对话式治理模式，构建互涉的多学科合作平台，搭建资源共享的人才培养基地。其成功的关键因素是建立良好的信任关系和追求共有效益。美国大学联盟的运行机制具有较强的参考价值。三是关于区域性国际性大学联盟的研究。主要对环太平洋大学联盟、欧洲的 IDEA 联盟、国际研究型大学联盟、东亚研究型大学协会、世界大学网络等国际性大学联盟等进行研究。主要代表人物有焦磊、谢安邦、[①] 胡政明[②]等。其中，李姝姝[③]以 U21 国际大学联盟为例探讨了跨国大学联盟的运行机制，同时也指出了跨国大学联盟存在的问题，特别是西方国家与亚洲国家的大学在大学联盟事务中话语权不同的问题。四是关于东盟大学联盟的研究。张建新[④]对《东盟大学联盟质量保障指导方针实施手册》进行了解读，从第三方视角梳理了东盟大学联盟的建设经验。由泰国学者 Choltis Dhirathiti 撰写、张成霞翻译的文章[⑤]认为，整合区域内各大学优势成就了东盟大学联盟的特色，对区域内人文交流、互联互通和区域合作具有积极意义，同时区域教育合作也面临着信息分享不够充分、教育质量亟待提高、交流经费有待充实、联盟机制有待完善、大学联盟影响力有待提高等诸多问题，需要提升大学联盟的整体实力。除此之外，部分学者还对中国与东盟高等教育合作问题进行了探讨，但未对中国—东盟大学联盟建设问题进行专门系统的研究，更未从“一带一路”和中国—东盟自贸区升级版建设的角度来探索这一问题。在大学联盟蓬勃发展之际，本文拟对中国—东盟大学联盟的建设问题进行初步探索，作抛砖引玉之用。

大学联盟也称“高校联盟”，是指若干所有着共同利益追求并围绕共同战略目标的高校，在达成具有约束性的联盟规则基础上建立的联合体。

① 焦磊、谢安邦：《国际化视域下大学联盟发展模式探究——以澳大利亚八校联盟为例》，《江苏高教》2012 年第 4 期，第 149—151 页。

② 胡政明：《国际大学联盟与高等教育的发展研究》，《中国电力教育》2014 年第 30 期，第 4—9 页。

③ 李姝姝：《国际大学联盟对中国高校国际化的启示——以 U21 国际大学联盟为例》，《高教学刊》2016 年第 20 期，第 15—16 页。

④ 张建新：《东盟大学联盟质量保障的经验》，《学园》2008 年第 4 期，第 90—94 页。

⑤ ［泰国］Choltis Dhirathiti：《构建高等教育合作关系：东盟大学联盟在东南亚的实践经验》，张成霞译，《东南亚纵横》2013 年第 11 期，第 62—65 页。

一般来说，大学联盟多为民间社会组织，按照联盟规则，秘书处设在参加联合体的大学内部。从当前中国与东盟区域发展情况来看，中国—东盟大学联盟的建设，应在一般大学联盟建设的基础上，强化域内国家政府间的合作并建立健全体制机制，设置常设的管理与服务机构，以加强中国—东盟大学联盟资源整合的能力，从而提升其整体效能，提高其在区域和全球大学联盟中的影响力和竞争力。

二 推进建设中国—东盟大学联盟的重要性

推进中国—东盟大学联盟建设，对提升域内大学综合实力、满足域内人们对共商共建共享教育成果的期待、适应域内市场对高质量人才需求和推进国家现代化建设具有重要积极意义。

（一）是促进域内大学自身发展的现实需求

伴随着现代化进程的加速，信息化进一步发展，更为扁平的“地球村”将逐渐形成，高校为实现其基本功能，必须向现代化、信息化、区域化和全球化的方向转型。全球化和区域一体化发展是推动高校现代化转型的外在动力，大学自身价值实现是推动高校现代化转型的内在动力，中国“双一流”大学建设是国内高校现代化转型不可多得的契机，而大学联盟是高校现代化转型重要的、有效的平台。大学联盟以对话、合作与共享等形式，促进高校之间，高校与政府、社会、市场之间的良性互动，极大节约了资源，减少了消耗，提高了效率，促进了发展，是高校现代化转型的重要实践成果和发展方向。推进中国—东盟大学联盟建设，其主要目的就在于共享域内参与高校的优质资源，激发域内大学联盟所辖大学加速发展的原始动力，促进政府、社会、市场关注大学联盟发展，从而支持大学联盟及其大学的建设，最大化大学联盟所辖大学的办学经费来源，提升大学联盟影响力，扩大优质师资及学生来源，从而提升大学联盟所辖大学在域内和国际高校内的竞争力，提高大学联盟及其师生在国际事务中的影响力与话语权。

（二）是满足域内人们对共商共建共享教育成果期待的重要举措

诚如习近平主席在“十九大”报告中所说，现阶段中国社会的主要矛盾是人民日益增长的美好生活需要和不平衡不充分的发展之间的矛盾。高等教育是满足美好生活需要的路径之一。在区域发展过程中，具备跨文化交流能力的人才受到额外的青睐，而有跨文化交流能力的专业型人才极度匮乏，无法满足当前区域发展的需求。相应地，人们对跨文化交流能力和专业知识紧密结合的教育服务需求也得不到满足。如在越南的高速路和轻轨建设过程中，大量的施工工人本地化，而工程师和中高层管理人员由中国派出，跨文化交流方面存在障碍，特别是跨文化技术人才之间的交流障碍尤为明显。尽管部分越方的技术人员希望能够得到系统的中方技术标准的培训，但由于当前中越在技术型人才培养过程中合作深度仍不够，同时受经费、师资、教材、实践基地等诸多方面的影响，这一问题仍未得到较好解决。

调查发现，在技术型人才越来越受重视的今天，中国与东盟国家域内的学生特别是技术型人才更希望获得提升跨文化交流能力的服务。可以说，跨文化交流能力的技术人才培育，是解决区域发展过程中技术型人才不足的当务之急，也是激发人们积极参与区域发展的动力之一。当前，尽管中国与东盟国家之间互派留学生成果初显，部分东盟国家如越南、老挝等国的地方党政干部来中国参加短期培训的人数也逐年增加，但客观来说，中国—东盟自贸区域内国家之间跨文化技术型人才的培育力度仍显不足，长期以来，域内国家主要以西方国家为学习对象，交流的语言主要以英语为主，这极大增加了域内技术型人才使用双方熟悉语言交流的难度。鉴于当前域内高校发展不平衡不充分及合作不全面不深入的情况，已经无法满足域内人们对共商共建共享教育成果的迫切期待的实际，加速推进中国—东盟大学联盟建设，提升域内人们从高校教育交流合作中获得跨文化交流的能力，从而提升参与区域经济社会发展的能力，增强域内人们的获得感幸福感，是今后一段时期内努力的方向。

（三）是适应区域发展对高质量人才的客观要求

中国—东盟自贸区已进入升级版建设阶段，从“黄金十年”进入“钻石十年”，正处于爬坡阶段和关键时期，今后十年及相当长一段时期内，自贸区建设进程中的攻坚克难和创新发展都离不开充足的高质量的人力资源。然而，在经济全球化和区域经济一体化发展、交通工具高速发展促使“地球村”这一概念得以实现的背景下，人才流动受“推拉理论”等诸多因素影响，高质量的人力资源在区域或全球流动，客观上造成了部分地区优质人力资源供需失衡的情况，且由于人力资源成本逐年增加，高质量人力资源产出效率严重滞后于全球经济社会发展需求。中国—东盟大学联盟的建设，为集中域内国家或地区的高校资源培养优质人才，缓解域内经济社会发展对高质量人才需求，提供了一种可能的方案。

（四）是加速域内国家现代化进程的有效路径

在中国—东盟自贸区内，除新加坡等少数国家已实现国家现代化外，大多数国家仍处于实现现代化的道路上，部分国家还处于战乱和建构稳定秩序的进程中。由于受历史、文化、习俗以及当前区域和国际形势的影响，大多数国家无法照搬他国现代化的体系或方式，只能根据自身发展现实情况，在借鉴他国经验的基础上，创造性地找出一条适合本国现代化建设的路径。通过中国—东盟大学联盟建设，域内大学及其专家学者等共同努力，对欧美发展经验、中国发展经验、东盟发展经验等不同发展模式的理论进行全面深入解读，在深入地参与观察之后，域内各国将对适合本国现代化建设路径和形式有一个更全面深刻的认识，从而能够制定更适合本国现代化的政策，增强现代化的能力，推动现代化建设进程。

三　推进中国—东盟大学联盟建设的现实基础

当前，尽管中国—东盟大学联盟建设的步伐仍显缓慢，但综合当前中国与东盟高等教育交流情况、中国高校参与国内外大学联盟的经验、东盟及欧美地区大学联盟建设积累的经验等来看，推进中国—东盟大学联盟已具备了现实基础。

（一）中国与东盟高等教育交流频繁顺畅

一是坚持举办“中国—东盟高校校长国际合作论坛”。自2007年开始，中国与东盟各国大学每年根据不同主题举办校长论坛，至2017年，参加论坛的学校增加到100多所，论坛的影响力在逐步上升。校长合作论坛的举办，为中国与东盟各国高校之间搭建了一个相互了解、增进友谊、互利共赢的交流与合作平台。二是坚持互派留学生。截止到2017年，中国与东盟各国互派留学生总数超过20万人。① 伴随着区域发展和“一带一路”战略推进，东盟国家留学生留学中国的人数越来越多，覆盖了专科、本科、硕士到博士不同层次。在中国与东盟邻国的边境地区，部分在中国务工的外籍劳工子女也进入了中国的中小学学习，东盟国家留学生主要集中在广西、云南和广东3个省（自治区）。三是建立健全了中国留学生赴东盟和东盟留学生来中国留学的奖学金、管理、培养等相关制度。在东盟留学生来中国留学的奖学金设置方面，不仅有国家层面、省（自治区）层面的，还有各高校的专项奖学金等，名额多、经费足。其中，根据《中国—东盟教育合作行动计划（2017—2020）》，仅3年时间，中国将向东盟十国提供不少于2万个中国政府奖学金名额。② 四是中国重视与东盟各国加强地方党政干部培训交流。如中国地方党政干部赴新加坡培训交流，越南地方党政干部来中国培训考察等。五是中国在中国—东盟协同创新中心、东盟研究专业研究院（中心、所）、孔子学院等建设方面也投入了大量人力物力，累积了较多的研究成果。以上交流及相关研究成果，为推进中国—东盟大学联盟建设提供了可能。

（二）已积累国内和国际大学联盟建设经验

九校联盟拉开了中国大学联盟建设的序幕。2009年，清华大学、北京

---

① 《李克强在第二十次中国——东盟领导人会议上的讲话》，中国共产党新闻网，2017年11月14日，http://cpc.people.com.cn/n1/2017/1114/c64094-29644055.html，登录时间：2018年1月23日。

② 同上。

大学、浙江大学、复旦大学、上海交通大学、南京大学、中国科技大学、哈尔滨工业大学、西安交通大学9所首批985高校签订了《一流大学人才培养合作与交流协议书》，同意按照“优势互补、资源共享”原则，共同选拔培养人才，与美国“常青藤”大学联盟类似，简称C9。C9成立8年来，取得了一系列成果，部分人才培养模式被国内其他高校学习，对中国人才培养起到了很好的示范和引领作用。此后，国内一大批大学联盟成立。2011年，重庆大学、重庆医科大学、西南大学、西南政法大学、中国人民解放军第三军医大学、四川外语学院6所高校成立了“重庆市大学联盟”；2017年，由广东省海洋与渔业厅联合国家海洋局南海分局、中国科学院南海海洋研究所、中山大学、广东海洋大学、中集海洋工程有限公司、中国地质调查局广州海洋地质调查局、广船国际有限公司8个单位共同发起成立了“广东海洋创新联盟”等。此外，一批学校发起或参与了跨国大学联盟建设。如由哈尔滨工业大学和俄罗斯的莫斯科国立鲍曼技术大学共同发起的“中俄工科大学联盟”已由2011年的最初30所高校发展到现在有56所精英大学加盟。经过8年多的发展，中国从国内大学联盟建设和跨国大学联盟建设中汲取了经验，吸收了养分，为推进中国—东盟大学联盟建设奠定了坚实的基础。

（三）推进中国—东盟大学联盟建设体制机制逐步完善

一是顶层制度设计逐步健全。2003年，国务院修订了《中华人民共和国中外合作办学条例》，完成了新时期中外合作办学的顶层制度设计，对以理事会、董事会或者联合管理委员会为主要管理模式的中外合作办学机构的成立、管理等进行了较为全面的界定。在此基础上，2004年，教育部出台了《中华人民共和国中外合作办学条例实施办法》，进一步细化了中外合作办学的操作细则。二是从国家层面不断推进中外合作行动计划落实。如在已有的互派留学生的合作基础上，为进一步推动相关文化教育交流工作的落实，中国与东盟国家教育部部长级会议达成共识，先后通过了《中国—东盟教育合作行动计划（2016—2020）》《中国—东盟教育合作行动计划（2017—2020）》，这一部长会务机制及行动计划的落实，有效推动和指导了中国与东盟文化教育的交流合作，相关机制建设为进一步推动中国—东盟大学联盟建设提供了借鉴。三是“中国—东盟教育交流周”机制

逐步成熟。中国与东盟各国运用这一交流机制和平台，根据不同主题，对国内相关教育资源进行了充分展示，促进了高校之间相互了解。与此同时，“中国—东盟高校校长国际合作论坛”作为交流周的重要组成部分，对于促进域内教育交流和增进域内高校师生的相互了解和友谊，发挥了重要作用。四是“一带一路”建设为中国—东盟大学联盟建设提供了战略支撑。由中国倡议发起，世界范围内相当多国家响应的“一带一路”建设倡议客观要求中国—东盟自贸区在其中发挥更重要的作用。鉴于“一带一路”倡议的共商共建共享原则以及中国与东盟致力于中国—东盟自贸区建设和东盟一体化建设的目标趋同，全面推进中国—东盟大学联盟建设既有现实的需要，客观上也具备了政策支持等基础。

（四）国外大学联盟的经验可成为有效借鉴

一是美国“常青藤”盟校渐进式的深化合作方式值得借鉴。美国的“常青藤”盟校作为20世纪50年代成立起来的大学联盟，取得了令人瞩目的成就。当我们重新梳理这个大学联盟的发展轨迹时不难发现，它成立之初，主要是一个以体育专业和赛事为中心的联盟，从低敏感度的专业开始，并未涉及其他的专业学科，后不断深化到其他专业的教学和科研合作，其渐进式建设的经验值得借鉴。二是英国罗素集团大学联盟的运行机制值得学习。20世纪90年代，英国对高等教育进行了改革，为了获得更多的教学和科研经费，英国24所一流大学组成了罗素集团，以便获得政府在政策和财政上的支持，并通过汇集财力和智力提升成员乃至英国高等教育在国际上的竞争力。① 罗素集团于2007年开始注册成为实体公司，成立了合作组织机构，并建立了一整套完整的规章制度。三是东盟大学联盟仍可发挥基础性作用。成立于1995年的东盟大学联盟至今已有20余年历史，目前其成员为东盟十国中最好的26所大学，按照董事会负责政策层面问题、成员大学负责执行层面问题和秘书处发挥协调和监督作用的架构运行，其终极目标是推动东盟联合大学的建设，尽管目前东盟大学联盟的运行仍存在着诸多困难，但它的存在和建设经验仍可在推进中国—东盟大学联盟建设中发挥基础性作用。

---

① 郭鑫：《世界一流大学战略联盟》，北京师范大学出版社2011年版，第123—132页。

四　推进中国—东盟大学联盟建设的实践、问题及原因

当前，中国—东盟大学联盟已进行了实质性的探索，但由于受多方面因素影响，仍存在着有待进一步完善的地方。

（一）当前中国—东盟大学联盟建设实践

随着中国与东盟国家教育交流的进一步深化，一系列专业性的中国—东盟大学联盟相继成立。如以北京理工大学、重庆大学、大连理工大学、东南大学、哈尔滨工业大学、华南理工大学、天津大学、同济大学和西北工业大学9所理工大学成立的卓越大学联盟，在2014年“中国—东盟高校校长国际合作论坛”上与东盟的8所高校达成共识，签订《联合声明》，成立“中国—东盟工科大学联盟”。[①] 2015年8月，国内30家单位加入“中国—东盟教育培训联盟”，着力服务中国及东盟各国教育培训工作。2016年10月，第三届东盟与中日韩大学校长会议发起成立了“中国—东盟大学智库联盟”，秘书处设于广西大学。[②] 2017年3月，由广西艺术学院发起的首批共19所高校参加的“中国—东盟艺术高校联盟”正式成立，其中中国共8所高校、东盟共11所高校加入联盟。同年7月，由中国对外经济贸易大学主办，柬埔寨国家管理大学、印度尼西亚大学、老挝国家大学、马来西亚大学、仰光大学、菲律宾大学、新加坡管理大学、朱拉隆功大学、越南国家大学等24所东盟国家高校与教育机构筹建的“中国—东盟经济类大学联盟”会议在贵州举行，加速了经济类大学联盟建设的步伐。[③] 7月底，

---

① 《“2014年中国—东盟高校校长国际合作研讨会”在贵州召开》，中国—东盟工科大学联盟，2014年9月2日，http://www.tju.edu.cn/acnet_engtech/xwzx/xwdx/201512/t20151207_268776.htm，登录时间：2018年1月23日。

② 朱小玲：《中国—东盟大学智库联盟成立，秘书处设于广西大学》，人民网，2016年10月31日，http://gx.people.com.cn/n2/2016/1031/c179430-29233365.html，登录时间：2018年1月23日。

③ 熊旭、熊守鹏：《中国—东盟经济类大学联盟举行筹备工作会议》，人民网，2017年7月31日，http://edu.people.com.cn/n1/2017/0731/c1053-29439546.html，登录时间：2018年1月23日。

中国与东盟共22个入盟单位签署了《中国—东盟高校创新创业教育联盟合作备忘录》，成立了“中国—东盟高校创新创业教育联盟”。同年9月，成立于2016年的中国—东盟边境职业教育联盟年会在广西职业技术学院召开了首届年会。

从以上部分专业性中国—东盟大学联盟建设的时间来看，主要集中在2014年以后，特别是2017年成立的专业性大学联盟较多，这与中国—东盟自贸区建设不断深化发展，中国与东盟国家文化教育交流不断深入的实际密不可分。随着“一带一路”倡议和中国—东盟自贸区升级版建设的加速推进，更多具有专业性质的中国—东盟大学联盟将会相继建立。

（二）中国—东盟大学联盟建设存在的问题及原因

从当前部分中国—东盟大学联盟的建设和发展情况来看，由于受综合管理与服务机制未有效建立、围绕区域发展需求不够紧密、中国高校参与涉外高校联盟机制尚未建立、研究不足、动力机制不够健全、经济社会发展不平衡等因素影响，域内大学联盟的建设进程缓慢。

1. 综合性的管理与服务体制机制尚未建立

从当前世界范围内大学联盟的建设来看，特别是一个国家范围内的大学联盟，多是由参与建设的高校自行发起、自行组织、自行管理的教育组织，秘书处设在某一所高校内或按照相应规则在成员高校流动设立。少有像罗素集团注册实体公司，建立高于高校的实体管理与服务机构进行运营管理的情况，跨国家和跨地区的高校联盟更是如此。一般来说，秘书处作为大学联盟的一个服务机构，设置在高校，仅能为联盟内的高校提供最基本的会务等基本服务，除涉及联盟层面的事务，联盟内的高校更多是按照联盟规则在校级之间开展合作与交流，秘书处无法为联盟高校提供更多其他服务，也无法对联盟内成员的合作情况进行有效的监督。未有效建立综合性管理与服务体制机制的原因有四，一是当前的大学联盟主要由原国家内部的大学联盟发展起来，多沿袭了国内大学联盟的制度；二是由于加盟高校更多希望通过形式上的加盟提高影响力，扩大合作交流范围，而不希望受到实质性的监管，在履行更多义务和加强联盟一体化建设方面的意愿并不高；三是建立综合性管理与服务机制需要联盟内高校承担经费、人力资源等方面的责任；四是建立综合性管理与服务机构需要联盟内高校提供相关合作情况，接受相应监督。以上因素一定程度上影响了联盟内高校积极推动综合性管理与服务机制的建设。

2. 围绕区域发展需求不够紧密

如“中国—东盟工科大学联盟”、“中国—东盟大学智库联盟”与“中国—东盟经济类大学联盟”等与当前中国—东盟区域发展和“一带一路”倡议需求相适应，一定程度上能够为区域发展输送人才。作为区域性大学联盟，它们应与区域发展的优势和急需专业紧密结合，应与政策沟通、设施联通、贸易畅通、资金融通和民心相通“五通”紧密结合起来进行建设。在优势资源开发方面，重点应集中在培养旅游文化资源研究开发利用人才上，也要重视急需专业人才的培养，如铁路等基础设施建设人才、汽车等日常家用交通工具及电气研究及生产人才、“互联网＋”等研发高端人才与应用人才等。只有紧紧围绕区域发展需求来推动大学联盟建设，才能使大学联盟的建设上接域内国家政策的“天气”，中聚域内人们需求的“人气”，下接域内经济社会发展的“地气”。已有联盟未能紧密结合区域发展需求的原因主要有两方面，一方面是对中国—东盟区域发展的情况缺乏全面深入的了解，片面认为所有的合作都益于促进区域经济社会的发展；另一方面是对合作交流的期望值不高，满足于一般的学生互派、教师交流方面，在培养的人才融入区域经济社会发展、科研成果转化为区域经济社会发展动力等方面的要求不高。

3. 当前中国部分高校加入涉外大学联盟的准备不足

在“一带一路”倡议越来越受到国家层面重视及沿线国家积极参与之际，中国—东盟区域合作的作用更加凸显。为了搭乘区域发展的快车，部分国内高校未对加入大学联盟的高校情况、区域发展对人才的需求、自身教学科研等情况对大学联盟建设的作用等进行充分评估，就以发起和加入区域大学联盟作为学校国际化的标志性成果。高校的深化改革工作一定程度上影响了高校的选择，使部分高校决策者认为，高校的区域化国际化是每一所高校的必然选择，高校的区域化国际化的道路与模式全然相同。因此，部分高校在发展过程中，自觉不自觉地将与其他国家的师生交流、项目研究，抑或加入大学联盟等作为重要的目标或方向，致使不少高校在自身建设能力严重不足的情况下，盲目走上国际化道路，一定程度上影响了这些高校自我发展，也客观上造成了高校国际化过程中，不同类型高校、不同层次高校出现冲突现象，致使部分资源浪费，给高校国际化合作造成

了负面的影响。

之所以出现这些情况，主要有如下方面的原因，一是在国内高校深化改革的大背景下，部分高校单纯追求区域化、国际化的指标，为了扩大学校的国际化影响能力等加入大学联盟；二是国内高校联盟建设成果凸显，一定程度上带动了部分高校积极发起或加入涉外高校联盟；三是当前国内尚未建立高校加入涉外高校联盟的准入机制，致使部分高校不受约束地盲目加入涉外高校联盟。

4. 研究不足迟滞了中国—东盟大学联盟建设进度

自2001年中国—东盟自贸区开始建设以来的10余年时间中，在教育领域中国重点关注以下方面的工作，一是互派留学生。侧重于为东盟留学生提供不同层次的奖学金，鼓励更多东盟国家青年学生和技术型人才来中国学习深造。二是重视孔子学院的建设。中国在东盟国家孔子学院建设方面投入了大量的人力、物力和财力。三是大力推动筹建中国—东盟联合大学。从当前中国与东盟国家在教育合作方面的研究成果来看，在广度、深度、质量等方面都有待于进一步加强。当前主要精力集中在实践方面，尤其是相关政策的落实方面，对政策落实的具体情况、存在的问题进行总结和提炼不够，对相关问题仍未形成有效的解决机制。前期的基础研究积累不足，特别是对涉外合作高校的运行机制、问题处理机制、合作成效等未进行全面深入研究，致使在涉外大学联盟建设实践过程中，相关研究成果不足以为大学联盟的建设提供支撑，迟滞了大学联盟建设步伐。

研究不足的原因集中在两方面，一方面是国内高校深化改革尚未全面启动，大学联盟并未深入人心，未引起学术界足够的关注；另一方面是中国—东盟大学联盟是最近出现的新事物，尽管中国—东盟区域发展越来越受到重视，但由于长期以来中国与东盟国家的贸易额较低，且东盟国家的经济发展水平相对落后，不足以作为中国学习的对象，故包括教育交流在内的与东盟相关的研究成果积累不多、质量不高。由于标志性成果不多，资政效果有限，客观上未能推动中国—东盟大学联盟的建设进程。

5. 动力机制未解决无法激活相关主体的参与潜力

动力机制未解决主要表现在两个方面，一是内在动力问题。二战后至今，相当长一段时期内，欧美的经济社会发展相对亚非拉美等地区一直保持着较大的优势，包括中国在内的大多数人的留学目的地都是以欧美为主，留学归国后将发达国家经济社会的治理方式移植回国内。与此同时，当前中国提供的“共商、共建、共享”智慧逐渐引起了域内国家的重视，但域内国家还未做好学习、领悟和实践中国智慧的准备，因此，对参与和推动中国—东盟大学联盟建设仍不够积极，主观能动性未被充分激发。二是外在环境还未有效优化。除了域内高校办学自主权受到限制之外，为中国—东盟大学联盟提供政策支持、财政支持等方面的制度还未有效建立，引导域内外社会及企业参与大学联盟建设的机制仍未形成，不利于大学联盟充分发挥联盟的作用，无法激活包括高校在内各方主体参与联盟建设的积极性。

6. 经济社会发展不平衡问题致部分国家投入意愿不强

域内国家经济发展不平衡导致国家投入力度不同，社会发展不平衡导致社会对大学联盟的期待也不相同，从而使社会精英对大学联盟的关注不足，致使国家层面重视不够。从当前中国与东盟各国经济社会发展的情况来看，各国经济社会发展不平衡情况客观存在，对高等教育的投入力度也有一定的差距，对在建设大学联盟后贯彻落实相关的章程和改革措施的投入意愿不强，信心不足。然而，从东盟大学联盟20余年的发展历程我们不难看出，其发展受到限制的一个重要原因就是经费方面的投入不足，尽管设置了相应的经费募集机构，但由于域内经济实力较强的国家在大学联盟方面投入不足，引导不够，社会资金、企业项目和全球范围内的教育基金会等不敢也不愿跟进投入，致使大学联盟的发展举步维艰，部分成员高校对推进项目建设和改革的积极性不高。鉴于此，域内部分国家可以推动高校参与西方发达国家倡导的大学联盟，以降低在大学联盟建设中的责任，减少相应的资源投入。

五　共商共建共享：推进中国—东盟大学联盟建设对策讨论

当前，正值中国—东盟区域发展和“一带一路”建设对高质量人力资源需求的高峰期，也是域内高校获得发展的黄金期，是域内国家加强对中国—东盟自贸区建设经验及中国与东盟各国建设经验进行总结提升和再次实践的重要机遇期，需要加大力度、集聚智慧、增加投入，以和谐共商、携手共建、成果共享的原则和精神推进中国—东盟大学联盟建设，服务区域发展需求，具体可从以下方面入手。

（一）建立健全综合性的管理与服务机制

为进一步促进中国—东盟大学联盟建设，提升域内大学联盟整体实力，服务区域经济社会发展，应在国家教育合作层面上，建立健全综合性的管理与服务机制，设立常设性的管理与服务机构。首先，中国与东盟各国应在当前教育交流机制和各类专业性中国—东盟大学联盟基础上达成进一步的共识，构建一个“校院级”的大学联盟框架，同时设置一个常设的管理与服务机构，即“中国—东盟大学联盟管理与服务中心”（以下简称服务管理中心）。“校级”相当于大学联盟的领导机构，“校级领导”由各国教育部长层级人员担任，校长从“校级领导”中选聘或轮值；“院级”相当于专业性的大学联盟，“院级领导”由各专业性大学联盟民主选定后在校级备案即可；“服务管理中心”相当于校级的党办及相关行政部门，承担相应工作。其次，将现有的各类中国—东盟大学联盟纳入“校院级”大学联盟框架下进行管理，所有新成立的专业性中国—东盟大学联盟需在“服务管理中心”备案后才能运行。同时，要求各大学联盟秘书处按时按规定在“服务管理中心”官方网站披露联盟运行情况及其他信息。再次，建立健全质量监控机制，成立“校级”监督机构或委托第三方对各类大学联盟及其内部治理情况进行监督，并负责将大学联盟及其成员不履责、违反联盟规则等情况汇报给相关“院级”和“校级领导”，对违反相关制度的大学联盟或成员实施相应惩戒。从“服务管理中心”选址来看，可将其选在中国—东盟博览会永久会址——南宁，促其与中国—东盟博览会紧密结合，形成互动双赢。

（二）引导大学联盟紧紧围绕区域发展需求进行建设

一是域内大学联盟成员应注重规避自身不足，充分发挥自身在教学、科研、社会服务和文化传承等方面的优势，为大学联盟的发展壮大作贡献。二是域内大学要紧紧围绕区域发展对“五通”人才方面的需求开展合作。如可针对域内旅游文化资源丰富，旅游发展对环境污染小、对文化保护有益等因素，加大对以旅游和文化保护相关专业为重点的中国—东盟旅游与文化大学联盟的建设力度，培养具有跨语言交流能力的旅游与文化服务人才，发掘域内文化和旅游资源的内生动力，从区域发展整体角度促进旅游开发和文化保护，从而拉动域内经济社会发展。可以广西大学双一流学科群——土木工程学科群为基础，组建中国—东盟土木工程大学联盟，为中国—东盟区域发展和“一带一路”建设集中培养“道路连通”的具有跨文化交流能力的技术型人才，从而推动域内基础设施建设。三是有针对性地对域内不同国家、企业和群体提供服务。域内大学联盟在提供专业服务的基础上，要按照实际的需求提供相关综合性服务，如可进一步加大对域内国家地方党政干部的培训，进一步为域内行业发展提供针对性服务等。

（三）建立健全中国高校参与涉外高校联盟的约束机制

从当前国内高校发展的实际来看，部分高校一窝蜂走国际化道路，特别是加入涉外高校联盟不仅没有必要，还有可能造成资源浪费，影响高校人才培养。在加入涉外大学联盟方面，应建立以下机制。一是要建立准入机制和限制机制。准入机制，即达到一定的要求才准许加入；限制机制即对不同类型的国内大学参与涉外大学联盟的数量进行限制。如达到国家 A 类“双一流”建设标准的学校可以加入不高于 5 个涉外大学联盟，达到国家 B 类“双一流”建设标准的学校可以加入不高于 2 个涉外大学联盟，其他学校申请批准后可加入不超过 1 个涉外大学联盟。对加入涉外大学联盟的限制并不影响高校与国外大学建立双边合作关系，对准入机制和限制机制的引入，无疑会促使希望参与涉外大学联盟的高校加强自我约束，对参加的涉外大学联盟进行慎重选择，同时更好地履行在涉外大学联盟中的职责。二是要建立考核机制。国家除了要参考涉外大学联盟“校级”和“院级”考核结果之外，应建立健全国内的考核机制并按照考核标准进行考核。三是要建立退出机制。注重对考核结果的运用，对部分达不到国内准入标准或考核要求的高校，教育部门应要求其退出涉外大学联盟，对拒不履责的高校应给予相应惩戒。

（四）加大对推进大学联盟建设的研究力度

一是要对国际主要跨国大学联盟的发展情况进行深入研究，总结经验

教训，作为参考。二是要加大对东盟大学联盟整体情况的研究力度，重点研究以此为基础推进中国—东盟大学联盟建设的可行性或存在的风险。三是要对域内各国政府主体、有意向参与建设的高校主体等进行全面深入研究。一方面要加大对域内高校参与大学联盟建设的意向、政策支持、财政支持及成果转化等方面的研究力度；另一方面要注重研究意向高校教学科研特长、运行机制及在大学联盟中能够发挥的作用。四是要对域内国家对于大学联盟的政策支持情况进行全面的梳理，对益于和阻碍大学联盟建设的相关政策进行深入透彻的分析并提出建设性意见和建议。五是对经费募集机制及其来源进行研究，为大学联盟建设提供充足的经费保障奠定基础。

（五）解决大学联盟建设的动力不足和经费不足问题

一是要建立公平公开公正的资源共享机制，使大学联盟成员能够最大限度借力彼此的教学科研资源，减少本校在大学联盟成员优势学科专业方面的投入，借力实现自身高校综合能力的提升，使本校能够专注于自身有优势的教学科研工作，能够有精力和资源为大学联盟成员提供优质的共享资源；二是要根据具体国家对人才的需求，最大限度整合域内资源，为国家培养各类高质量人才，激发执政党和政府推动大学联盟建设的积极性；三是要加大对域内大型公共类、公益类、防灾减灾类等大型项目的人才培养补贴力度，相关资金可由域内国家筹建的教育基金中支出，也可从募集的项目资金中开支；四是建立一整套切实可行且保障有序的经费投入机制。增加大学联盟建设经费要从内外两个方面着手。从内部来说，既要激发成员高校教学科研人员投入教学科研工作的热情，使他们能够创造出更加优异的成果，通过成果转化或项目建设形式等吸引资金，也要推进域内国家现代化建设，增加国家层面的投入，从而使域内国家有更多的资源投入成员高校的建设，为所辖成员高校提供更为优惠的政策支持。从外部来看，既要加大域内相对发达国家在教育基金方面的投入力度，又要发挥域内国家从域外国家、基金和跨国企业等募集更多经费的作用。可借鉴西方吸引跨国公司订单的培养方式，吸引更多教育基金投入等，从而增加大学联盟及其成员的教学科研经费投入，极大激发成员高校的积极性和主动性。

Research on Founding China-ASEAN University Network in the Perspective of the Belt and Road Initiative

Hu Meishu

Abstract In pursuing the Belt and Road Initiative following the principle of extensive consultation, joint contribution and shared benefits, the development of the China-ASEAN Free Trade Area increases in a geometric ratio the demand for high quality talents, which urges to promote the founding of the China-ASEAN University Network that pools the wisdom of countries and higher education institutions within this region and contributes a China's Solution for regional development and economic globalization. This paper reviews construction of the China-ASEAN University Network and University Alliances active worldwide, discusses the significance, the practical foundations and the problems, provides a perspective and explores corresponding countermeasures for the construction of China-ASEAN University Network.

Key Words China-ASEAN; University Network; Belt and Road; Extensive Consultation, Joint Contribution and Shared Benefits; regional development

Author Hu Meishu, Assistant Researcher of China-ASEAN Collaborative Innovation Center for Regional Development.

会议综述

Conference Review

携手合作推动东亚经济发展

——“东亚峰会与东亚合作国际研讨会”综述

王玉主　李嗜成

【摘要】2017 年 12 月 16—17 日，“东亚峰会与东亚合作国际研讨会”在中国广西壮族自治区南宁市召开，来自东亚和东南亚各国的学者以及国内各研究机构和高校的专家学者代表共 100 多人参加了本次会议。本次会议以“对接发展倡议，推动东亚发展”为主题，围绕“变革时代下的东亚合作”、“东亚峰会国家的合作倡议”、“协调合作倡议实现区域繁荣”、“‘一带一路’与亚非经济走廊倡议的合作研究”等议题，与会专家学者进行了深入交流和研讨。本文对与会专家学者的观点进行综述。

【关键词】携手合作　对接倡议　共同发展

【作者简介】王玉主，中国社科院 APEC 与东亚合作中心主任、广西大学中国—东盟研究院特聘研究员；李嗜成，中国社会科学院研究生院，博士研究生。

随着美国特朗普政府实施“美国第一”政策并开始转向单边主义，全球化趋势出现逆转，东亚合作也面临新的不确定性。在新的国际环境中东亚地区如何加强合作，促进地区发展成为各国在东亚峰会上共同关注的问题。2017 年 12 月 16—17 日，中国社会科学院和东盟与东亚经济研究中心（ERIA）在广西南宁共同举办了 2017 年“东亚峰会与东亚合作国际研讨会”。来自各国的专家学者共同围绕“如何对接不同倡议、推动东亚地区发展”展开了深入研讨。

一　东亚合作面临的挑战

长久以来，在东亚很难建立一个统一的东亚共同体身份共识，原因在于：首先，东亚各个国家的政治体制不同；其次，东盟强调东盟的中心地位，希望把东盟作为核心；最后，东亚各国之间发展的不平衡使得区域性的身份认知很难在各个成员国之间达成共识。当前，全球及东亚局势正在发生深刻变化，“东亚共同体”已经不是一个清晰定义出来的目标，也无法像以前那样成为一股强大的动力和潮流。与会的专家学者认为，随着东亚的崛起，东亚经济成为全世界经济增长的引擎，这为促进东亚区域经济合作提供了宝贵机遇，同时也带来了以下挑战。

（一）反全球化浪潮不利于区域一体化发展

国际关系学院校长助理达巍教授在发言中指出，特朗普政府的全球战略相对于前几届美国政府发生了变化，即美国已经从一个全球体系的领导者变成了一个狭义的国家利益保护者。这是理解特朗普政府亚太或者是印太战略的一个基本背景。特朗普政府对国家利益的定义非常狭窄，重点是两个方面：首先是美国经济特别是就业问题，其次是美国本土的安全问题，这样的认识导致美国基本上是在后撤或者是放弃制度性的权力，从跨太平洋伙伴关系协定（Trans-Pacific Partnership Agreement，TPP）以及各种各样的合作机制当中退出，在经贸问题上趋向于采取贸易保护主义，与亚洲各国贸易摩擦不断。

（二）美国亚洲政策的不确定性

国际关系学院校长助理达巍教授认为，美国对东亚地区的战略定位是不明确的，导致它的东亚政策也是不明确的。特朗普政府的亚洲战略，从前几届政府的地区战略正在演化成一组破碎的政策。亚太地区正从一个在美国具有全球性战略意义的地区，变成一个普通的地区，造成美国政府在这个地区只有问题导向型的政策，或者是危机导向型的政策，而没有一个地区性的结构导向型的政策。另外，美国政府内部的博弈使得美国的亚太战略的未来是不确定的。

西安交通大学经济与金融学院副院长杨秀云教授认为，一方面，美国围绕它的国内经济发展问题继续维持和强化它在全球的控制力；另一方面，目前美国在东亚地区的战略和政策是不明确的，同时政策变化也非常快。比如，美国近期提出来的减税政策和提高利率的政策，对东亚地区资本的外流产生很大的影响。

（三）东亚地区主要合作机制进展缓慢

对外经济贸易大学国际经济研究院副院长庄芮教授在发言中指出，区域全面经济伙伴关系（Regional Comprehensive Economic Partnership，RCEP）推进过程中面临全球经济衰退和反全球化的挑战，导致 RCEP 进展缓慢。亚太地区的国家普遍都是出口导向型的经济体，而出口导向型经济体非常容易受到外部环境和外部市场格局的影响。现在欧洲和美国等发达国家经济环境不佳，对出口导向型国家造成了消极影响，大部分国家的贸易政策趋向于选择自我保护，不再开放。新加坡国立大学东亚研究所教授黄朝翰（John Wong）表示，从东亚现有各种合作机制来看，TPP 的政治意味过浓，而政治性太强会阻碍经济合作的深化；东盟虽然没有让政治因素影响经济合作，但一体化进程过于缓慢。马来西亚战略和国际研究院研究员费道思·罗斯李（Firdaos Rosli）认为，最近这几年东亚一体化呈现进展缓慢的趋势，还有很多倡议，比如亚太经合组织（Asia-Pacific Economic Cooperation，APEC），如果没有世界贸易组织（WTO）的推进，进展也会非常慢。

（四）不同合作倡议间缺乏协调

东盟与东亚经济研究中心（ERIA）高级经济学家庞西亚诺（Ponciano S. Intal）认为，现在整个亚太地区和东亚地区有各种合作的倡议，对于促进区域经济发展既具有积极意义，也给东亚带来了更大的挑战：一是如何促进不同合作倡议的协调，使所有的合作倡议的效应最大化；二是如何提升合作倡议的包容性。

（五）东亚地区国家经济发展的不平衡

西安交通大学经济与金融学院副院长杨秀云教授认为，东亚地区不同国家之间的经济发展，包括经济发展模式、经济发展速度和经济所处的发展阶段是存在差异的。这种经济发展水平的多样性和差异性，对促进东亚的地区一体化和经济一体化是一个巨大挑战。

（六）缺乏强有力的领导推动一体化的进程

新加坡国立大学东亚研究中心黄朝翰教授认为，区域经济一体化需要一个强有力的领导去推进，同时有效的一体化都必须要有一个促进地区经济增长的引擎。日本曾经是东亚经济增长的引擎，但现在东亚区域的整个贸易基本由中国主导，然而，中国和日本对于东亚区域经济一体化领导地位的竞争，将给东亚经济合作带来挑战。

二　东亚地区存在多种合作倡议，利益诉求多元

东亚地区进入了一个快速发展变化的时代，东亚的力量结构、利益结构、制度机构以及地区发展观念都发生了变化。在这个地区变化转型的时期，各个地区的国家都根据各自的背景以及各自的战略考虑，提出了各自的发展和合作倡议，这些倡议既表达了相关国家关于继续合作发展的一些规划，也展示了自己在地区发展中的利益诉求。

（一）“一带一路”倡议：贯彻正确的义利观

中国社会科学院亚太与全球战略研究院院长李向阳表示，“一带一路”建设要贯彻正确的义利观。中国企业在对外投资过程中，一方面要获取企业所需要的正常投资收益；另一方面还要在宏观层面树立好名声、好口碑，提高中国国家软实力。为实现这个目标，至少要从五个方面着手进行：第一，协调政府与企业、政府与市场的关系。“一带一路”倡议坚持政府引导，以企业为主体，以市场为基础。如果不是基于市场的机制，不

是由企业来作为主体，那么“一带一路”倡议将失去它的可持续性。第二，推进中国企业在走出去过程中履行社会责任。第三，搭建落实义利观的载体。目前关于“一带一路”的载体使用最多的就是经济走廊，中国政府已经发布了六大经济走廊建设的愿景的规划，经济走廊跟以往简单地修一条铁路、修一条公路或者是修一个电站不同，它是在互联互通的基础上配制产业园区、工业园区，从而能够使经济发展真正惠及当地民众。第四，中国企业在走出去的过程中，合作伙伴的选择至关重要。第五，“一带一路”要建成绿色丝绸之路，因为绿色丝绸之路既能满足微观层面的企业利润收益目标，又能实现国家层面的好名声、好口碑，提升国家软实力。

（二）韩国新北方战略：建立负责任的东北亚共同体

韩国对外经济政策研究院的副院长郑恒坤（Jeong Hyung-Gon）在发言中指出，韩国新北方战略政策涉及的合作国家包括蒙古、俄罗斯、韩国、朝鲜、中国以及东亚其他国家，通过加强与东北亚国家在基础设施、能源、经贸等方面的合作，以及与中国“一带一路”倡议、俄罗斯欧亚经济联盟的对接合作，旨在建立起一个负责任的东北亚共同体，以及实现朝鲜半岛的繁荣、和平与稳定。

北方经济委员会是韩国建立的首个负责新北方战略政策事务的组织，成立这个组织的目的之一是要和俄罗斯以及其他的东北亚各国紧密合作，聚焦于开发俄罗斯的远东地区，该战略包括 9 条政策建议，涉及铁路、港口建设、北极航道开发、造船、油气勘探、发电、创造就业以及农业、渔业。

（三）欧亚经济联盟与新北方航道：建立欧亚大陆之间的纽带关系

俄罗斯科学院远东研究所第一副所长希尔盖（Sergei Uianaev）在发言中表示，俄罗斯凭借独特的地理位置优势，被视为沟通西方和东方交通的桥梁，以及亚欧之间的桥梁。俄罗斯推动发展欧亚经济联盟和新北方航道，目的是加强欧洲和亚洲联系。2015 年 1 月生效的欧亚经济联盟，一个核心目标就是持续地发展欧亚联盟的经济纽带关系，以及与其他的合作组织，包括上海合作组织、东盟、欧亚等其他重要机构保持长期稳定的合作关系。例如，2015 年 5 月，欧亚经济联盟和中国签署了合作协议，创建了一个很好的多边合作机制，更有效地促进欧亚的合作以及区域一体化发展。

新北方航道由于其便捷性、经济性，对连接亚洲、欧洲发挥了重要作用。随着中欧之间贸易额的不断增长，新北方航道的作用不可忽视。中国和俄罗斯在利用新北方航道方面已经建立了合作关系，有利于促进两国在北冰洋地区交通运输方面的合作。

（四）东盟 2025：建设稳定、繁荣的东盟共同体

菲律宾发展研究院信息研究所所长希拉·斯亚（Sheila Siar）在发言中表示，东盟 2025 愿景是要建立以规则为基础、以人为本、繁荣稳定的东盟共同体，使东盟能够在整个国际社会中扮演和发挥更加积极的作用。东盟采取了一系列有利于东亚一体化的举措，包括：东盟和中国签署了一系列深化基础设施互联互通方面的合作声明；东盟各国领导人通过了关于推动 RCEP 谈判的联合声明。

（五）全面与进步跨太平洋伙伴关系协定：建立高标准的 21 世纪亚太地区贸易、投资规则

日本政策研究大学院大学研究员田村晓彦在发言中表示，美国退出 TPP 后，剩余的 11 个 TPP 成员包括日本、越南、马来西亚等国进行了努力的协商，取得了一定成效，包括：为了强调贸易自由化，将 TPP 改为全面与进步跨太平洋伙伴关系协定（Comprehensive Progressive Trans-Pacific Partnership，CPTPP）；CPTPP 在保持 TPP12 高标准的基础上，暂停了美国所要求的条款；主要成员国于 2017 年 11 月就 CPTPP 的核心内容达成了一致，新的协议希望吸引美国重新加入。CPTPP 的目标是在全球，尤其是在亚太地区建立一个高标准的、自由公平的 21 世纪贸易、投资规则。

（六）亚非自由走廊：建立亚洲与非洲连接桥梁

东盟与东亚经济研究中心首席经济学家木村喜在发言中表示，“印太战略”实际上还不能说是一个战略，依然只是处在一个概念的阶段。希望能够看到特朗普政府以建设性的态度，更好地推出一个开放性的印太战略。国际关系学院校长助理达巍教授认为，在制定印太战略这个问题上，特朗普是被两股力量推着走：一是美国的官僚机构，二是日本、印度和澳大利亚。特朗普本人对制定印太战略的动力不足。

东盟与东亚经济研究中心高级经济学家庞西亚诺（Ponciano S. Intal）在发言中指出，“亚非自由走廊”作为连接亚洲和非洲的桥梁，会促进东亚国家与中东和非洲的一些国家展开更有效的合作。相较于中国，印度现行的政策更多着眼于国内，通过亚非自由走廊建设能使印度变得更加开放。斯里兰卡外交部辅秘纳坎达拉（Amaralal Sumith Nakandala）在发言中表示，亚非自由走廊实际上起到连接的作用，主要是连接印度洋与太平洋两岸的国家。

印度发展中国家研究和信息系统组织研究员戴西（Priyadarshi）在发言中指出，印度同中国一样，本质上是一个发展中国家，经济发展潜力还很大，两国不仅是竞争对手，更多还是合作的搭档，两国在能源等各个领域也是处于竞争性合作的态势。在地区的合作中，两国要深化共识，发展多边合作。

三　以倡议对接提升“一带一路”倡议的包容性

（一）“一带一路”是中国为全球经济一体化贡献的中国解决方案

中国社会科学院亚太与全球战略研究院院长李向阳认为，“一带一路”倡议为全世界提供的最大公共产品就是出口市场。从最近中国政府表态以及中国形势来看，中国的对外贸易结构将从贸易顺差转向贸易平衡甚至是更注重进口这样一种模式，这为中国推动“一带一路”倡议、RCEP议程都会创造一个有利条件。在反全球化和各国贸易政策趋向于保护主义的背景下，这将有助于推动经济全球化的发展。

中国社会科学院世界经济与政治研究所所长张宇燕认为，自由贸易和自由投资可以让全世界的人最终都受益，而且经济增长有两个主要的来源，一个是技术的革新、技术的创新和发展，还有一个是基于自由贸易和自由投资的规则产生的生产领域要素的自由流动。现在无论是全球还是区域性的一些机制，在促进自由贸易和自由投资方面都扮演着非常重要的角色。中国的“一带一路”倡议是解决当前全球化面临的一系列问题的解决方案之一。

（二）“一带一路”是以发展为导向具有多边合作特点的发展倡议

东盟与东亚经济研究中心高级经济学家庞西亚诺（Ponciano S. Intal）认为，“一带一路”倡议具有多边性的潜力，可以造就多国之间的连接，对于亚洲和非洲的许多发展中国家经济的发展能够起到有效的促进作用。同时，“一带一路”倡议也可以与东盟经济共同体（ASEAN Economic Community，AEC）或 APEC 这样的机构进行互补，让各方议程更好地实现互联互通。“一带一路”倡议可以有效地解决一些阻碍区域一体化的瓶颈，这些瓶颈指的是发展中国家所面临的基础设施薄弱和资金匮乏等问题。

中国社会科学院亚太与全球战略研究院院长李向阳认为，现有的这些合作机制主要以规则为导向，即先制定规则，然后再促进贸易、投资自由化。而中国的“一带一路”是一个以发展为导向的合作倡议，从最终的目标来说，它仍然是促进东亚的经济一体化，只是选择了不同的路径，更重要的是它跟现有的以规则为导向的合作机制并不冲突，它们之间不是替代的关系，而更多是一种互补的关系。从贸易领域来说，在“一带一路”倡议推动下，中国与不同的国家签署了很多自由贸易协定（Free Trade Agreement，FTA）。同时，中国非常支持 RCEP、TPP 的发展。

中国社会科学院世界经济与政治研究所所长张宇燕认为，“一带一路”倡议是一个以可持续发展为中心的倡议，它关注的不仅仅是发展本身，同时也纳入了绿色发展的概念。

（三）推动各方发展战略与“一带一路”倡议的有效对接

马来西亚战略和国际研究院研究员费道思·罗斯李（Firdaos Rosli）在发言中表示，马中关丹产业园区，吸引了大量中资企业入驻，带动了中资企业到马来西亚投资兴业。目前，马来西亚东海岸经济特区还不是特别发达，面临资金不足和基础设施不完善等问题，与中国在通信、基础设施方面的合作潜力巨大，产业园区的建设在未来东海岸的经济特区的发展过程中肯定会发生很重要的作用，

泰国朱拉隆功大学亚洲研究中心执行主任苏迪攀·奇拉提瓦特（Suthiphand Chirathivat）从泰国经济走廊建设的角度，认为泰国在基础设施，比如高速公路、高铁、港口建设等方面有大量的投资需求，中国的“一带一路”倡议和泰国东部经济走廊建设可以有效结合在一起。

老挝外交部外交研究所副所长松奈克·万那克瑞（Sonexay Vannaxay）在发言中表示，老挝是东盟地区经济发展十分落后的内陆国家，中老铁路的建设对老挝的经济发展起到至关重要的作用。基础设施互联互通有利于老挝利用其独特的地理位置，发挥作为本地区中转枢纽的作用，更好地参与地区和次区域合作计划。另外，中老铁路也能够为当地带来巨大的经济效益和社会效益。

（四）促进“亚非自由走廊”与“一带一路”倡议的合作与协同

日本政策大学院大学研究员田村晓彦认为，“一带一路”倡议和其他的一些经济走廊以及基础设施倡议之间需要进行协同。无论是“一带一路”还是亚非经济走廊，它们的目标都是成为世界经济增长的引擎，关键在于发挥各自的比较优势，通过协同，形成合力。把印度的人力资源、日本的技术、中国的财力等积极因素，有效地结合起来形成合力，才能够形成一个互补性、创新性的计划。

东盟与东亚经济研究中心高级经济学家庞西亚诺（Ponciano S. Intal）认为，要本着一种开放的心态和促进一体化的态度，来实现东亚地区互补性的合作以及相互之间的协同，让“印太战略”不要成为和“一带一路”

倡议对立的一种策略，而是要更好地与“一带一路”倡议进行配合。

四　协调合作倡议的路径选择

推动东亚合作比较好的一种方式应该是以“功能性的方法”来实现，即它应该是基于考虑各方利益，鼓励各种各样能够促进区域和平与发展的倡议，推动东亚区域一体化继续向前发展。东亚和亚太地区存在各种不同的合作框架，各种合作框架之间存在“竞争性的合作”特点。竞争是必要的，良性的竞争有助于合作，而合作的目标则是共赢和共享。

（一）优化区域一体化进程

新加坡国立大学东亚研究所教授黄朝翰（John Wong）认为，优化区域合作一体化进程，首先要平衡好政治与经济的关系，地缘政治和地缘经济要互相配合、互相协调。推动经济一体化的进程要投资、贸易先行，以政治去推动经济的发展，避免过多的政治因素阻碍经济的发展。其次要选择一个合适的一体化规模，“10＋3”合作机制从经济因素与政治因素相结合的角度，是一个最佳的区域合作组织的规模。

对外经济贸易大学国际经济研究院副院长庄芮教授在发言中表示，在推动东亚合作中，需要平衡好高标准与发展的关系。RCEP希望建立一个现代化、全面、高品质、互惠互利的经济发展协议。然而，这个目标并不容易实现。对于一些发展中国家而言，标准不一定越高越好，而是合适即可。

（二）以东盟为中心，推动东亚合作

柬埔寨合作与和平研究所高级研究员查普·索沙里士（Chap Sotharith）从保持东盟的区域中心性角度，提出东盟要在区域一体化过程中扮演一个中心角色，承担起自己的核心领导责任。这意味着东盟在促进地区协同和一体化的过程中要确保政策具有普惠性，使所有参与的相关方都会得到好处，而不仅仅是惠及一个或者某个国家。随着东盟的发展壮大，它在各国间发挥着越来越重要的协调作用，它作为区域中心力量逐渐被世界所

接受。

新加坡国立大学东亚研究所教授黄朝翰（John Wong）认为，东盟经济合作是区域经济一体化过程中一个很好的范例。东盟一直都有通过谈判达成共识的合作机制，没有互相利用、互占便宜的想法，并且很好地处理好了政治与经济的关系。在推动东亚区域经济合作过程中，东盟应该处在一个中心的位置上。

中国社会科学院亚太与全球战略研究院院长李向阳指出，东亚地区有独特的多样性的特点，最好的模式是要支持东盟来做东亚地区一体化的领导者，所以中国会继续支持东盟在区域一体化当中发挥领袖作用。同样，中国也会承担起自己的责任。

（三）坚持以人为本原则推动东亚合作可持续发展

日本政策大学院大学研究员田村晓彦在发言中指出，地区一体化利益相关方不仅包括国家，还有公民。而个体公民才是最终的地区一体化利益相关方。各国选择不同的区域合作机制的时候，需要综合考虑本国公民的利益问题。泰国朱拉隆功大学亚洲研究中心执行主任苏迪攀·奇拉提瓦特（Suthiphand Chirathivat）认为，合作倡议在推进过程中，要秉承“让当地人参与到倡议的建设和推行中来”的原则，以实现最优化合作。

印度发展中国家研究与信息系统组织研究员戴西（Priyadarshi Dash）认为，各个国家在与不同合作倡议对接时，需要根据本地区的发展需要，判断这个倡议是否符合地区需求。合作倡议作为一个载体和框架，各国需从中找到合适的项目、合适的商业合作伙伴等，这样才能够真正抓住机会。盲目地由政府作为主导吸引投资项目，进行基础设施建设开发，或者盲目地进行城市建设，并不一定能够给当地带来实质的影响，甚至可能还会酝酿一些问题。

东盟与东亚经济研究中心经济学家李彦斐在发言中表示，过去东亚国家的发展普遍依赖美国市场。2008 年金融危机为东亚各国提供了创造一个内部共同市场的机遇，因此，东亚出现了各种不同的区域一体化倡议。另外，全球化带来的贫富差距不断加剧的问题是全球经济需求动力不足的一个原因。东亚各国应该协调不同合作倡议，携手解决贫富差距问题，这样才能从东亚内部创造更多的需求，有效地创造一个东亚共同市场。

（四）以开放的心态，加快区域一体化建设

山东大学政治学与公共管理学院刘昌明教授认为，随着东亚合作不断出现的问题，需要用开放的观念对待它。我们应以开放的心态对待不同的合作模式、合作理念。印度尼西亚大学国际关系学院教授雅克麦特·斯瑞普（Rakhmat Syarip）也认为，在推进东亚合作方面，各国要有一个开放的态度，在这一方面东亚各国是达成共识的。广西大学中国—东盟研究院副院长梁淑红教授认为，在推进经济一体化的时候，我们应该与时俱进地考虑问题，而不是静态地来考虑问题。江苏社科院研究员张远鹏认为，各个国家之间的倡议都应该是开放的、共享的，比如在基础设施、能源开发项目上面，应尽可能让更多的国家来参与，而不是一个国家独秀。

（五）提升发展倡议的包容性

中国社会科学院学部委员张蕴岭表示，所有这些倡议要更多地体现其包容性，让所有的国家、所有人都能够被纳入。印度尼西亚大学国际关系学院教授雅克麦特·斯瑞普（Rakhmat Syarip）认为，从战略角度来讲，不管是“一带一路”倡议还是亚非自由走廊都希望能够实现包容性，缩小各个国家发展的差异，通过彼此之间的对话，促进贸易自由化，使各国变得更加开放。同样，不论“一带一路”倡议还是亚非自由走廊都是在逐步推进的过程中逐渐成形的，在推动不同倡议发展过程中需要不断增加倡议的包容性。中国外交学院陈志瑞教授也认为，各个国家应该求同存异，实现国家之间的战略对接。

西安交通大学经济与金融学院副院长杨秀云在发言中表示，在实现经济一体化的过程中，需要促进不同国家之间文化的一体化、文化的交流。因为只有文化通过交流才能融入各国的意识形态里面，真正实现包容性的发展。

（六）加强政府间政策的协调，促进政策协同的一体化

菲律宾发展研究院信息研究所所长希拉·斯亚（Sheila Siar）在发言中

表示，对接不同的区域合作倡议，实现有效连接，政府与政府之间政策的一致性和协同变得越来越重要。东亚各国都形成了很多促进贸易自由化的方案，以前各个政府之间有一些不协同或者不一致的地方，带来了不必要的负担，这加深了我们对于实现政府与政府间政策协同重要性的认识。

北京大学查道炯教授在发言中表示，我们有很多不同的区域合作倡议，这背后都是基于要促进区域的合作和一体化。但是我们真正要把它落实到具体项目上的时候，要考虑如何才能够有效地帮助企业家建立连接性：一是贸易和投资的纠纷怎么样解决，如何以创新性的方式去解决这些争端；二是人员的流动性，尤其是跨境的流动，如何让人员的流动成为促进生产力发展的因素。

（七）深化多边合作机制，发展多边、去中心的网络化合作框架

中国外交学院陈志瑞教授认为，东亚需要整合多边合作架构，发展多边、去中心的网络化合作架构。东亚乃至亚洲是一个大国竞争的地区，大国竞争不利于亚洲的和平与稳定发展。大国一定要使用多样化的眼光看待亚洲以及这个世界。东盟与东亚经济研究中心经济学家陈陆荣（Lurong Chen）认为，东亚的一体化不仅仅涉及东亚或者东南亚，实际上还有俄罗斯、印度等国家也都必须参与进来。所以，提升区域一体化进程和发展会深刻地影响这个区域的国家以及相邻国家的发展，有助于形成一个更加稳定繁荣的东亚。

Summary of the " East Asian Summit and East Asian Cooperation International Forum 2017"

Wang Yuzhu Li Shicheng

Abstract On December 16 - 17th, 2017, the East Asian Summit and East Asian Cooperation International Forum 2017 was held in Nanning city of Guangxi Zhuang Autonomous Region, drawing over a hundred experts and scholars from

East Asian and Southeast Asian countries. The theme of the conference is Docking Development Initiative to Promote the Development of East Asia, and the experts and scholars conducted in-depth exchanges and discussions on issues including East Asian cooperation in the era of change, the cooperation initiative of the East Asian Summit countries, coordinating cooperation initiatives to achieve regional prosperity, and cooperation of the Belt and Road and African Economic Corridor Initiative. This article is a summary of major opinions of the experts and scholars at the conference.

Key Words competitive cooperation, docking development initiative, summary

Authors Wang Yuzhu, Director of the Center for APEC and East-Asia Cooperation, Chinese Academy of Social Sciences (CASS), Distinguished Research Fellow at China-ASEAN Research Institute of Guangxi University; Li Shicheng, Ph. D Candidate, Graduate School of CASS.

附　录

Appendix

中国—东盟区域发展协同创新中心简介

中国—东盟区域发展协同创新中心由广西壮族自治区人民政府主导，联合中共中央对外联络部、外交部、商务部、中国农业银行，由广西大学牵头，协同国内外重点高校、重要科研院所共同组建。中心以打造“国家急需、世界一流、制度先进、贡献重大”的中国特色新型高校智库为目标，致力于发展中国—东盟领域政治、经济、国防、外交等重大问题的合作与创新研究，培养“东盟通”特殊人才，服务“一带一路”等国家战略。

中国与东盟的合作虽然取得了巨大的成就，但随着外部环境和外生因素的变化，新问题也层出不穷，严重影响和制约着中国与东盟国家在政治和经济领域的合作与发展。为加强对中国—东盟区域发展重大理论与实践问题的综合研究，为中国—东盟命运共同体建设、中国—东盟关系发展提供理论支持、政策咨询和人才支持，中心于 2015 年 3 月 15 日在北京举行了第二轮组建签约。

第二轮组建签约后的中国—东盟区域发展协同创新中心由 28 个单位构成。主要包括牵头单位广西大学，核心单位 10 家（云南大学、暨南大学、南开大学、对外经济贸易大学、西南交通大学、中国人民解放军国防大学战略研究所、中国社会科学院亚太与全球战略研究院等），支撑单位 6 家（外交部亚洲司、外交部政策规划司、商务部亚洲司、商务部国际贸易经济合作研究院、中共中央对外联络部当代世界研究中心、广西壮族自治区人民政府办公厅），成员单位 11 家［南京大学商学院、外交学院亚洲研究所、中央财经大学金融学院、中国人民大学国际关系学院、厦门大学东南亚研究中心、中国—东盟商务理事会、安邦咨询公司、东中西区域改革和

图 1 中国—东盟区域发展协同创新中心组建签约仪式

发展研究院、广西国际博览事务局（中国—东盟博览会秘书处）、广西金融投资集团、中马钦州产业园区管委会]。

中心依据《理事会章程》要求，围绕中国—东盟命运共同体“讲信修睦”、“合作共赢”、“开放包容”的建设目标，秉承“精简、高效”的原则，实行理事会领导，学术委员会对学术问题把关的中心主任负责制。目前，中心共有 49 支共 229 人的研究团队，分别由协同创新中心主任、首席科学家担任主要负责人，分布在 10 个协同创新平台。发展培育期间，中心已产出了 200 多项应用成果和 400 多项高水平理论成果。这些成果均具有重要的经济和社会效益，为政府制定有关中国—东盟区域发展的重大项目决策提供了理论依据和支持，也为中国现代化建设、经济理论创新和话语体系构建做出了贡献。

发展目标

中国—东盟区域发展协同创新中心的建设，将以国家和东盟区域发展的重大需求为导向，以中国—东盟全面战略合作伙伴关系发展中的重大协同创新研究任务为牵引，以服务中国—东盟区域发展实践和理论创新重大需要为宗旨，提升科研、学科、人才“三位一体”创新能力，优化国际问题研究全方位创新环境，努力将中心建设成为集科学研究、学科建设、人才培养、智库建设、体制创新于一体，世界一流的区域发展理论创新高地、政策咨询智库和人才培养基地，打造中国高校特色新型智库，使中国—东盟区域发展协同创新中心成为具有国际重大影响力的学术高地。

- 科学研究

世界一流的区域发展理论创新高地。中共中央对外联络部、外交部、商务部和广西壮族自治区人民政府的共同支撑将使中心在科研上体现创新。建立知识创新机制、体制创新机制，营造有利于协同创新机制形成的环境和氛围，打造中国高校特色新型智库。

- 学科建设

建成中国—东盟区域发展国家特色学科。在研究的过程中，中心将凝练学科方向、汇聚学科队伍，构筑学科基地，制定学科建设规划，创新研究成果，形成新学科课程基础，有计划地举办全国或国际学术会议、接受国内外同行研究人员参与相关项目研究，发挥对外学术交流窗口作用，努力将创新中心建成本学科的全国学术交流和资料信息高地。

- 人才培养

国际知名的创新型人才培养基地。“7 校 2 院、2 央企”的协同机制，并有 5 所高校作为成员单位加入，实现人才培养“需求与供给”对称，可以建立跨国家、跨学科、跨学校、跨领域的人才培养平台。

- 智库建设

国际著名的中国特色新型智库。中国—东盟区域发展协同创新中心科研团队的组建涉及党、政、军、学、研、企各行业，既有理论研究人员，又有实践部门的案例支持，科研成果的决策应用性将更加突出“政、产、学、研、用”一体化。机制创新、制度创新作为协同创新中心建设的关键，可以为人文社科领域科学研究开设试验田，在探索高等学校科研体制改革方面发挥示范和辐射作用。

代表性成果

协同机制建立以来，中国—东盟区域发展协同创新中心的牵头单位和协同单位共承担东盟研究领域的各级科研项目 316 项，其中，国家社会科学基金项目 55 项，国家自然科学基金项目 24 项，中央部委课题委托 55 项；产出学术著作 191 部，学术论文 837 篇；200 多项应用成果为党和政府采纳；获奖科研成果 63 项。

平台与研究团队集成

中国—东盟区域发展协同创新中心围绕“讲信修睦”、“合作共赢”、

"守望相助"、"心心相印"、"开放包容"的中国—东盟命运共同体目标，加强10个创新平台建设。协同机制形成后，将集中形成6个研究团队。

中心打破协同单位原有界限，实行"校校协同"、"校院协同"、"校所协同"，以课题和任务为纽带，形成"你中有我、我中有你"的紧密型合作。为了充分调动协同单位的积极性和创造性，增强责任感，充分发挥协同高校在基本理论研究、人才培养、学科建设方面的优势，中共中央对外联络部、外交部、商务部和广西壮族自治区人民政府、中国社会科学院在科学研究、政策咨询方面的优势，以及中国农业银行、国家开发银行在现实案例、数据库建设方面的优势，中心对各协同单位在建设中的分工都有所侧重。

广西大学中国—东盟研究院简介

广西地处中国面向东盟开放的前沿地带，具备与东盟国家陆海相邻的独特优势，正积极构建面向东盟的国际大通道，打造西南中南地区开放发展新的战略支点，形成"一带一路"有机衔接的重要门户。习近平、李克强等党和国家领导人曾多次作出重要指示，肯定广西在中国—东盟合作中的重要地位，并明确要求广西要积极参与中国—东盟自由贸易区、泛北部湾合作、GMS 次区域合作，充分发挥中国—东盟自由贸易区前沿地带和"桥头堡"作用。2005 年，时任自治区党委书记刘奇葆作出指示，"要加强对东盟的研究，找到合作的切入点，认真做好与东盟合作的战略规划，提出行动计划"。时任自治区党委副书记潘琦、时任自治区人民政府常务副主席李金早批示，批准广西大学联合广西国际博览事务局，整合全区高校和相关部门的研究力量，在原广西大学东南亚研究中心（1995 年成立）的基础上，成立中国—东盟研究院，为正处级独立建制，以东盟经济问题为切入点，研究中国—东盟双边贸易以及 CAFTA 建设中的重大理论、政策及实践问题，并在此基础上辐射至中国—东盟关系研究。

2005 年 1 月中国—东盟研究院成立时，下设中国—东盟经济研究所、中国—东盟法律研究所、中国—东盟民族文化研究所，主要研究方向涉及中国—东盟关系及东南亚国家的经济、法律、文化及民族等方面的问题。为适应中国—东盟关系的发展变化，2011—2013 年中国—东盟研究院进一步细化研究领域，强化研究深度，调整运行架构，将机构设置增加、调整为 10 个国别研究机构（越南、缅甸、老挝、泰国、文莱、新加坡、马来西亚、印度尼西亚、菲律宾、柬埔寨 10 个国别研究所）和 10 个专业研究机构（中越经济研究院、广西大学 21 世纪海上丝绸之路研究中心、澜沧江—湄公河经济带研究中心、中国—东盟产业发展与生态环境研究中心、国际关系研究所、民族与文化研究所/骆越文化研究中心、法律研究所、中马产业园研究中心、中国—东盟战略研究所、中国—东盟财政金融政策研究中心），并启动建设中国—东盟研究国际在线研讨平台和中国—东盟全息数据研究与咨询中心，强化科研基础设施建设。

2013 年 6 月 1 日，中共中央委员、广西壮族自治区党委书记、自治区人大常委会主任彭清华同志就中国—东盟重大课题研究和中国—东盟研究团队、研究机构的建设与发展作出重要指示："广西大学中国—东盟研究院，在高校里很有特色，有独特的地位。广西在中国—东盟关系里面，不管是一个桥头堡还是一个开放前沿，都有一个独特的区位优势，我们把广西大学中国—东盟研究院办好，加强科研团队建设，有利于更好地发挥广西在发展中国—东盟合作关系中的作用。中国—东盟研究团队多年来积累了一些研究成果，对我们今后更务实、有效地改进中国—东盟、广西—东盟的关系很重要，希望继续把它做好。"

近年来，中国—东盟研究院以"长江学者"、"八桂学者"为重点目标，以"特聘专家"等方式引进国内外高校及研究机构的科研骨干，跨学科交叉组建研究团队。经过长期建设发展，中国—东盟研究院已成为全国从事东盟领域研究人数最多的机构之一：现有优秀科研人员共 121 人，其中专职人员 42 人，校内兼职人员 79 人（科研管理与考核在研究院，教学在其他学院），教授（研究员）共有 45 人，专职人员中拥有国家"百千万"人才工程人选 1 人、国家级有突出贡献中青年专家 1 人，教育部"新世纪优秀人才" 2 人、"八桂学者" 1 人、广西新世纪"十百千"人才工程第二层次人选 3 人、享受政府特殊津贴专家 2 人、广西高校百名中青年学科带头人 4 人、广西高校优秀人才 3 人。校内兼职人员中，院士 1 人、长江学者 2 人、中国科学院百人计划人选 1 人、全国教学名师 1 人。校外兼职研究人员 61 人，国外合作研究人员 9 人。

目前，中国—东盟研究院作为"自治区人文社科重点研究基地"，牵头建设中国—东盟区域发展协同创新中心，实施"中国—东盟战略伙伴关系研究'部、省、校'协同创新工程"，争取中国—东盟区域发展协同创新中心进入国家级协同创新中心行列。在此基础上，中国—东盟研究院拟申报"教育部人文社会科学重点研究基地"，未来将为中国—东盟关系领域的全面研究提供更广阔的平台。

广西大学中国—东盟研究院立足地缘和区位优势，研究中国—东盟双边贸易以及CAFTA建设中的重大理论、政策及实践问题，在国内乃至东盟国家有重要影响。以广西大学中国—东盟研究院为主要建设载体的“中国—东盟经贸合作与发展”211重点建设学科群已经成为广西该领域独占鳌头的强势学科，主要学科（专业）建设已经达到国内领先水平。

1. 中国—东盟关系发展战略、合作机制与规则研究

以教育部重大攻关项目“推进‘一带一路’海上丝绸之路建设研究”，国家社会科学基金项目“中国—东盟关系中政治与经济互动机制研究”、“《东盟宪章》《东盟经济共同体蓝图》等文件生效后的中国—东盟合作关系研究”等国家级项目为研究平台，以中国—东盟自由贸易区（CAFTA）发展进程为主线，涵盖中国—东盟合作及其影响因素（涉及地缘关系与政治、经济、民族文化、管理等方面）、中国—东盟自由贸易区（CAFTA）推进策略、CAFTA各成员国国别政策研究、中国—东盟关系发展趋势、南中国海问题等。该研究方向涉及政治学、经济学、法学、管理学、文学等五大学科门类11个二级学科，突出学科交叉协同研究的组合优势，研究成果直接服务于中国—东盟关系发展战略的制定与实施。

2. 中国—东盟经贸合作与区域经济一体化研究

以教育部哲学社会科学研究重大课题攻关项目“中国—东盟区域经济一体化研究”、国家社会科学基金重点项目“中国—东盟旅游与贸易互动关系研究”、国家社会科学基金项目“中国—东盟自由贸易区成员国宏观经济政策协调理论研究”、“中国西南地区与东盟区域农业合作研究”等国家级项目为研究平台，主要研究中国—东盟经贸合作细分领域、合作策略、推动战略，研究中国—东盟区域经济一体化进程及其影响因素，研究解决中国—东盟区域经济一体化建设的理论关键问题以及理论和实践相结合的现实问题。该研究方向是广西大学东盟研究领域传统优势的再持续，涉及应用经济学、理论经济学、国际关系学等多个学科，突出多校联合和部校联合的创新协同优势，研究成果直接服务于中国—东盟自由贸易区的推进和深化、中国—东盟博览会、中国—东盟商务与投资峰会。

3. 中国—东盟产业合作、资源综合利用与生态保护研究

以国家社会科学基金重大项目“CAFTA进程中我国周边省区产业政策协调与区域分工研究”、国家自然科学基金项目“自由贸易与跨境通道对地缘经济区的重塑——基于C—P模型的实证研究”等国家级项目为研究平台，研究中国—东盟产业合作与协调的相关政策、产业分布与资源要素禀赋、产业成长与资源综合利用以及与之相关的环境生态等问题。本研究方向特色在于文、理、工、农多学科交叉，实现自然科学与社会科学的有机结合。本研究团队汇集了院士、长江学者、八桂学者等高端人才，横跨文科与理工科两大截然不同的领域，证明人文社会科学与理工农科相结合确实能够实现效益倍增，科研成果充分体现部、省（自治区）、校协同研究服务地方经济发展的协同创新优势。

广西大学中国—东盟研究院获得全国东盟研究领域第一个教育部哲学社会科学研究重大课题攻关项目和第一个国家社科基金重大项目，成为广西人文社会科学研究的里程碑，成为中央有关部委，自治区党委、政府及相关部门，地方各级党委、政府的重要智囊单位，研究成果或入选教育部社会科学委员会专家建议，中共中央对外联络部、教育部内参和成果摘报，或获得党中央、国务院和自治区主要领导批示，在学术界和社会上有较大的影响，研究成果居国内领先水平。

展望未来，中国—东盟研究院将本着跨学科、跨区域、跨国家的开放式研究平台建设思维，整合国内外该领域研究力量，创新科研团队形成机制，融合政治学、历史学、民族学等多个边缘学科，研究中国—东盟关系问题，并扩展到跨国界区域性国际经济合作理论与实践问题。“中国—东盟区域发展”作为应用经济学一级学科的新设二级创新学科，以博士点和硕士点建设为契机，以“中国—东盟关系与区域发展”作为研究对象，试图形成完整的中国—东盟关系研究多学科互动研究体系，使本研究团队的理论研究具有前沿性、基础性、支撑性。

《中国—东盟研究》征稿启事

一、来稿要求作者严格遵守学术规范，引用的文献、观点和主要事实必须注明来源。独著或第一作者原则上应该具有副高及以上职称或具有博士学位。来稿一般不超过 15000 字为宜。来稿一经录用，我们将视情给予稿酬。

二、为规范排版，请作者在投稿时一律以 WORD 格式，严格按照以下要求：

1. 论文要求有题名（中英文）、内容摘要（中英文、200 字以内）、关键词（中英文、3—5 个）、作者简介（中英文）。

2. 基金项目和作者简介按下列格式：

【基金项目】：项目名称（编号）。

【作者简介】：姓名、工作单位、职务、职称、所在城市、邮政编码和联系方式（电子信箱和手机号码）。

3. 文章一般有引言和正文部分，正文部分用一、（一）、1、（1）编号法。插图下方应注明图序和图名。表格应采用三线表，表格上方应注明表序和表名。正文为五号宋体，题目三号宋体加粗，一级标题四号宋体加粗，二级标题小四宋体加粗，行间距 1.25 倍行距，脚注小五号宋体。

4. 引文注释均采用页下注（脚注）形式列出，参考文献不再列出。一般应限于作者直接阅读过的、最主要的、发表在正式出版物上的文献，具体参见附件“《中国—东盟研究》引文注释规范”。

三、文责自负。凡投稿二个月内未接到任何采用通知，作者可另行处理。切勿同时一稿多投。

四、本刊实行匿名评审制度，确保论文质量。

五、在尊重原作的基础上，本刊将酌情对来稿进行修改，不同意者请在来稿中说明。

六、未尽事宜由《中国—东盟研究》编辑部负责解释。

投稿电子邮箱：zg - dmyj@ gxu. edu. cn

联系电话：0771 - 3234354

著作约定与声明

如无特别声明或另行约定，来稿一经刊用，即视为作者许可本刊使用该稿件的专有发表权、发行权、复制权、网络传播权等。凡在本刊发表的文章获奖或被其他报刊转载、摘登等，请及时通知本刊编辑部。本刊允许转载、摘登和翻译，但必须注明出处，否则视为侵权。

《中国—东盟研究》编辑部

附：《中国—东盟研究》引文注释规范

1. 中文注释

对所引用的文献第一次进行注释时，必须将其作者姓名、文献名、出版社、出版时间、所属页码一并注出。具体格式举例如下：

（1）专著

王子昌：《东盟外交共同体：主体及表现》，时事出版社 2011 年版，第 109—110 页。

（2）译著

【美国】汉斯·摩根索著，杨岐鸣等译：《国家间的政治——为权力与和平而斗争》，商务印书馆 1993 年版，第 30—35 页。

（3）论文

徐步、杨帆：《中国—东盟关系：新的起航》，《国际问题研究》2016 年第 1 期，第 35—48 页。

2. 外文注释（以英文为例）

同中文注释的要求基本一致，只是论文名用引号，书名和杂志名用斜体。具体格式举例如下：

（1）专著

Robert O. Keohane and Joseph S. Nye, *Power and Interdependence: World Politics in Transition*, Boston: Little Brown Company, 1997, p. 33.

（2）论文

Amitav Acharya, "Ideas, identity and institution-building: from the 'ASEAN Way' to the 'Asia-Pacific way?'", *The Pacific Review*, Vol. 10, No. 3, 1997, pp. 319 – 346.

（3）文集中的论文

Steve Smith, "New Approaches to International Theory," in John Baylis and Steve Smith eds., *The Globalization of World Politics*, Oxford: Oxford University Press, 1998, pp. 169 – 170.

3. 互联网资料注释

互联网资料格式参照以上中英文注释的要求，同时需要注明详细的网址以及登录时间。

（1）中文资料

许宁宁，《中国与东盟走过了不平凡的 20 年》，新浪财经网，2011 年 7 月 28 日，http://finance.sina.com.cn/g/20110728/151310223248.shtml，登录时间：2015 年 9 月 6 日。

（2）英文资料

Richard Heydarian, "Japan Pivots South, with Eye on China", The Asia Times online, 26 January, 2013, http://www.atimes.com/atimes/Japan/OA26Dh01.html，登录时间：2015 年 12 月 22 日。

《中国—东盟研究》2017年总目录

《中国—东盟研究》2017 年·第一辑

《中国—东盟研究》2017 年·第二辑

《中国—东盟研究》2017年·第三辑

《中国—东盟研究》2017 年 · 第四辑